U0347891

华章经典 · 金融投资

彼得·林奇
教你理财

LEARN TO EARN

A Beginner's Guide to the Basics of Investing and Business

|典藏版|

[美] 彼得·林奇 约翰·罗瑟查尔德 著

宋三江 罗志芳 译

机械工业出版社
CHINA MACHINE PRESS

图书在版编目（CIP）数据

彼得·林奇教你理财（典藏版）/（美）彼得·林奇（Peter Lynch），（美）约翰·罗瑟查尔德（John Rothchild）著；宋三江，罗志芳译 . —北京：机械工业出版社，2018.7（2023.8 重印）

（华章经典·金融投资）

书名原文：Learn to Earn: A Beginner's Guide to the Basics of Investing and Business

ISBN 978-7-111-60298-9

I. 彼…　II.①彼…　②约…　③宋…　④罗…　III. 私人投资 – 基本知识　IV. F830.59

中国版本图书馆 CIP 数据核字（2018）第 128831 号

北京市版权局著作权合同登记　图字：01-2009-2995 号。

彼得·林奇教你理财（典藏版）

出版发行：机械工业出版社（北京市西城区百万庄大街 22 号　邮政编码：100037）

责任编辑：冯小妹　　　　　　　　　　　责任校对：李秋荣

印　　刷：三河市宏达印刷有限公司　　　版　　次：2023 年 8 月第 1 版第 20 次印刷

开　　本：170mm×230mm　1/16　　　　印　　张：16

书　　号：ISBN 978-7-111-60298-9　　　定　　价：79.00 元

客服电话：（010）88361066　68326294

一定要读的书

人类的投资史就是一部人类为个人幸福而奋斗、追求眼前欲望和未来尊严的历史。《彼得·林奇教你理财》洞察出投资思想史与资本社会的良性循环，从对英美股票市场300年历史的一次宏大审视开始，用渊博的学识和清醒的思索，勾勒出一幅恢弘的投资与增长的历史画卷。淡墨轻描处指点我们投资与理财的技巧，浑厚深沉处提醒我们萧条和危机只是人类社会螺旋上升的组成部分，投资致富是如此重要，而我们自己的智慧、思考和实践将决定我们的未来和方向。

深圳东方港湾投资管理有限公司总经理　但斌

通过投资理财专家宋三江、罗志芳富于智慧的再创作，我们有幸领略到彼得·林奇大师投资致富的经典学说。读书可以改变命运，研读此书，定能改变你的人生。

中国建设银行投资托管服务部副总经理　李春信

彼得·林奇在共同基金历史上声名卓著，他是能够与沃伦·巴菲特相提并论的 20 世纪世界级的股票投资大师，他的投资专著注定能够成为经典。与早期我国台湾出版的中文译本《学以致富》相比，本书更为通畅、更为精彩地演绎了大师的经典之作。

信诚基金管理有限公司总经理、首席执行官　王俊锋

翻译名著往往意味着跨语言的再创造，有幸拜读宋三江、罗志芳伉俪联袂翻译的这本投资理财名著，甚感耳目一新。本书可谓信、达、雅兼备，完美地再现了彼得·林奇深入浅出、生动幽默的文风。

华中科技大学经济学院院长、教授、博士生导师　徐长生

据我所知，彼得·林奇撰写的《战胜华尔街》和《彼得·林奇的成功投资》非常畅销、好评如潮。再读林奇的这本专著，感觉文风更加平易近人，颇有大道至简之气，相信能够引起更多中国读者的兴趣，给人更多的教益。

《证券时报》基金部主任　史月萍

大浪淘沙始见金，岁月流逝传经典。尽管国外资本市场风云变幻，但是，彼得·林奇当年成功投资股票的思想光辉却日见光芒，本书化投资之道为生活常识，不仅生动地解读了美国股市的百年历史，而且揭示了上市公司经营成败决定股价涨跌变幻的本质。由此看来，对方兴未艾的中国股

市和苦心摸索的中国股民来说，这本书不仅值得一读，而且值得珍藏。

现代国际金融理财标准有限公司董事长、

麦吉尔大学金融学兼职教授　刘峰

　　早在 2008 年，投资专家宋三江先生来我的课堂上学习性格色彩学时，就极具悟性地迅速将这一实用心理学学说引入投资领域，在其著作《基金理财之道》中，运用性格色彩学原理指导读者进行基金组合投资。《彼得·林奇教你理财》则从另一个角度彰显了宋先生的语言天赋，以及他天性所赋予的激情与创造力。

"FPA 性格色彩"创始人、福克思培训与演讲顾问有限公司创办人　乐嘉

　　股海无边，回头是岸。对于成千上万的股民来说，撇开众说纷纭的股评资讯，回过头来看看林奇大师的畅销名著，听听娓娓道来的教诲，必将受益匪浅。

申银万国证券有限责任公司副总裁　杜平

　　本书以历史的眼光，介绍了美国股票市场的前世今生，解读了美国上市公司的成功案例。语言轻松易懂，细细读来对选择股票有了许多新的领悟。

汤森路透投资与咨询业务中国区主管　周良

美国股市启示录

上海从容投资管理有限公司董事长　吕俊

　　毋庸置疑，被誉为"20 世纪最优秀的公募基金经理"的彼得·林奇，无疑是最合适介绍美国股市投资基础知识的人选之一。然而，这位伟大的投资家并没有像其他一些成功的投资人一样最后将自己的投资理论动辄上升到哲学的高度。因此，尽管《彼得·林奇教你理财》一书凝聚了彼得·林奇的投资智慧，但其首肯的英文版定位却只是"初涉投资的投资者基础知识指南"，其任务仅是"向高中生及以上年龄的人群普及投资和商业的基本规律"。

　　我相信，彼得·林奇对《彼得·林奇教你理财》的这一定位，并不是仅仅出于谦逊，而是因为他真的相信成功投资的根本在于基本的理性和常识，而非某些只有天才才能理解的深奥原理。《彼得·林奇教你理财》所反映的是他一以贯之的"战胜华尔街"的认知。作为一名真正的投资大师，彼得·林奇将金融工具和投资理论化繁为简和深入浅出进行诠释的能力也的确在《彼得·林奇教你理财》中得到了最充分的发挥。如果你是一位投资的初学者,《彼得·林奇教你理财》毫无疑问是引领你走上正确道路的最佳"指南"之一。

当然,作为一名职业投资者,我必须指出,应该考虑到中美资本市场客观存在的差异。如2009年当A股上证指数反弹到近3 400点时,国内有相当数量的股票基金的净值已回到股指此前5 000点时的水平。国内公募基金这种远远超越中小股票投资者的长期业绩表现很难在《彼得·林奇教你理财》中找到解释。因而,国内的投资者生搬硬套《彼得·林奇教你理财》中提出的一些投资原则是存在一定风险的。从这一意义上而言,这是一本更适合美国投资者的"指南"。而我更愿意将《彼得·林奇教你理财》定位于一部以投资语言写就的美国股市和美国资本的发展史,而以此为出发点来品味该书给予我们的启示。

显而易见,在彼得·林奇看来,历史和常识并不矛盾,历史首先就是常识最重要的组成部分,历史同时还是构筑理性最重要的基石之一。在他的眼中,美国的历史就是一部资本在美国这片土地上的成长史,但这一角度以往却无人涉及,因此彼得·林奇在《彼得·林奇教你理财》一书中开创性地从资本成长的角度重现了美国股市以及美国上市公司的成长史,这样前所未有的解读揭示了在美国崛起过程中资本、股市及那些相关的上市公司和传奇人物跌宕起伏的命运。这些内容构成了全书的主体部分,也成为该书区别于彼得·林奇其他著作最鲜明的特色。

我可以理解彼得·林奇在《彼得·林奇教你理财》中所展示出的深刻的历史感。原因应该是,任何一个从事十年以上专业资产管理工作的人,都会对时间之于投资回报无可替代的意义形成深刻的体会。一个优秀的基金经理对历史的兴趣和感受必然是与日俱增的，因为他已经深知要想成为一名成功的投资人，不仅仅需要了解当下的股市，更需要了解股市的历史，了解上市公司的历史，了解一个国家的历史乃至资本成长的历史，原因在于你所探寻的有关投资的真知灼见就蕴含于这些历史中。

我们必须承认，当历史进入近现代，中国的发展开始滞后于欧美。就市场经济而言，即使考虑到已经席卷全球的次贷危机，我们仍然无法否认美国在过去的两百年间已经发展为世界上最庞大和最成功的市场经济体系，其证券市场更是已经成为全球资本交易的核心市场。考虑到市场经济诸多规律的普适性，了解美国股市的发展史和美国资本的成长史无疑对于中国人而言有着极为重要的参考价值。

彼得·林奇眼中已经成为历史的美国工业时代的种种状况，在当下的中国却还是方兴未艾。如"美国品牌的兴起""工业时代的暴发户"以及"垄断和反垄断"这些内容，国内的读者都可以在中国当下的经济发展中轻而易举地找到极其相似的命题。这决定了彼得·林奇对美国股市及美国上市公司发展史的解读，对于当下中国的投资者解决自己的现实问题能够产生直接的帮助。

既然被誉为"历史上最优秀的公募基金经理"，彼得·林奇更擅长的还是对美国股市的主角——美国上市公司的分析。与他的其他著作不同，彼得·林奇在《彼得·林奇教你理财》中主要是从历史的维度详细描述了上市公司从诞生到终结的生命历程，中间以苹果电脑等美国知名上市公司成长的案例为线索。国内的读者以此框架来分析 A 股上市公司，想必应该是得心应手。此外，对于经常为"买入还是卖出"所困扰的很多投资者而言，这种历史维度的分析显然更具有对投资实践的现实指导意义。

在我看来，《彼得·林奇教你理财》生动的语言使这本"初涉投资的投资者基础知识指南"趣味盎然，称其是"最具可读性"的投资经典应该是实至名归。只是多年来，彼得·林奇的这本著作由于种种原因始终未有内地中译本面世，成为投资经典译作的一大缺憾。此次宋三江先生、罗志芳女士能够将其翻译成中译本和广大读者见面，无疑使彼得·林奇经典著作引入中国内地的工作功德圆满。毫无疑问，更多的中国投资者将通过该书从美国股市和上市公司的发展史中获得极有价值的启示。

补上投资这一课

　　一直以来，美国的初中和高中都忘记了教授最重要的一门学科，这就是"投资学"，这是美国中学教育体系令人扼腕叹息的缺憾。我们教授历史，却从未涉及资本主义的发展进程，以及公司对于改变和提高我们生活水平所起到的重要作用；我们教授数学，却从未谈及如何利用简单的算术帮助我们了解上市公司，推测公司的经营将会成功还是失败，以及我们是否能从持有的股票中获利。

　　在家政学的教授中，我们会涉及如何缝纫，如何烹饪一只火鸡，甚至如何确定家庭预算，核对支票账本。然而，我们没有教授学生有关尽早开始储蓄才是致富的关键，运用这笔储蓄投资股票才是一个人在购房之外最棒的举措，并且越早开始储蓄和投资越能从根本上保证我们未来不断提升生活质量。

　　我们教授爱国主义，可我们提到更多的是军队和战争、政治和政府，但对各行各业大大小小的企业却提及甚少，殊不知，它们才是一个国家繁荣昌盛的关键。没有投资者的资金，就不会有新的公司成立，这意味着无法雇用新的工人。此外，老公司也无法发展，变得更有效率，支付工人更高的薪水。于是，我们所知的这个世界将会面临分崩离析，没有人将拥有工作，美利坚也将从此远离幸运。

然而，在我们自己的课堂里，我们并没有教授经济系统是如何运转的、它的好处是什么，以及你如何能借助它的优势成为一名投资者。

我们完全可以乐在其中地进行投资，因为它很有趣味。学习投资可以丰富我们的人生经历，帮助我们实现富裕的财富人生。然而，大多数人人到中年（即视力开始变糟、腰围开始变粗的年纪）才开始知悉投资的奥妙所在。当然，一旦他们开始发现拥有股票的各种好处，就会叹息不已：早知今日，何不早日投资。

在我们的社会里，男人大都掌握着财政大权，女人只能袖手旁观而且无能为力。其实，对于投资来说，男女皆可。任何人的投资能力并非与生俱来，所以，当你听到有人说"他是个天生的投资家"时千万不要相信，因为所谓无师自通只不过是天方夜谭。

金融理财的原理实际上很简单，也很容易掌握。第一项原理就是：储蓄等于投资。把钱放进存钱罐或饼干盒里并不能算是一种投资，但只要你将钱存进银行，进而购买债券或公司股票，那你就是在投资。接受者会用这笔钱去建商店、买房子或新工厂，这样就会产生许多新的就业机会，而新的就业机会意味着为更多的工人提供更多的薪酬。如果融资者也能设法将部分赚来的钱进行储蓄和投资，那么，这一整套储蓄与投资转化的过程将周而复始地促进社会发展的良性循环。

这一原理适合于任何家庭、任何公司乃至任何国家。无论是比利时还是博茨瓦纳，中国还是智利，莫桑比克还是墨西哥，通用汽车还是通用电气，你家抑或我家，那些现在就开始储蓄并为将来投资的人，一定会比今朝有酒今朝醉的人更加富裕。为什么美国会富甲天下？不要忘记，我们曾经拥有世界上最高的储蓄率。

迄今为止，众所周知的事实是，你只有接受良好的教育，才能拥有锦绣前程并收入丰盈。然而，人们不知道的事实是，长期而言，你未来的财富不仅取决于你目前赚多少钱，而且取决于你将多少钱用于储蓄和投资。

花样年华就是开始投资的黄金时间，关于这一点我会在后续介绍更多。越早开始投资，你所收获的财富将越大。当然，本书所介绍的理财投资知识并不仅仅适合年轻人，它适合各种年龄段的初级投资者，只要他们仍然对股票感到困惑，或仍未有机会开始掌握投资的基本原理。

与父辈相比，人们的寿命已经变得越来越长，这就意味着，人们需要支付生活成本的时间也越来越长了。如果一对夫妇活到 65 岁，那么，他们很有可能再活到 85 岁，如果他们已经活到 85 岁，那么，他们也有很大的可能活到 95 岁。为了支付他们的日常开销，他们需要更多的钱，那么，最为确定的赚钱方法就是投资了。

事实上，65 岁开始投资也不算太晚。如今 65 岁的老人，很有可能再活 25 年，如果投资的话，财富能够继续增长，足以支付往后 25 年的生活开销。

在你只有 15 或 20 岁的时候，很难想象你变成 65 岁时的生活状况。但是，如果你坚持储蓄和投资，那么，你的钱将以对你有利的方式为你工作 50 年。如果你 50 年一直坚持储蓄和投资的话，投资复利的效果将令人惊叹，哪怕你每次储蓄投资的金额都不多。

投资得越多，你将越富裕，整个国家也会更加兴旺发达，因为你的投资将帮助更多的企业取得成功，创造更多的就业机会。

|目　　录|

开始留意身边的上市公司

当一群人要一起创业时，通常会先设立一个公司。世界上的大多数生意都是以公司的形式来运作的。"公司"（company）一词来源于拉丁文，原意是指"共事者"（companion）。

公司的正式名称为"股份有限公司"（corporation），而这个名词是由另一个拉丁文 corpus 演化而来的，在这里是指"主体"（body），意即一群人联合起来做生意。虽然英文中"尸体"（corpse）一词也来源于 corpus 这个词，但它和本文毫无关系，因为死人是不会做生意的。

在美国成立一个股份有限公司很容易，人们只需要去州政府登记注册，并支付一点手续费，就可以到任何他想去的州成立公司。其中特拉华州（Delaware）特别受欢迎，因为其法律特别有利于公司组织，但实际上每年每个州都有成千上万个新公司成立。如果在公司名称后面多加一个"Inc."，则表示这家公司已经登记成为股份有限公司，因为"Inc."是"股份责任有限"（incorporated）的缩写。

从法律的观点来看，股份有限公司是一个独立的个体，当公司犯错时由公司出面受罚，而这种惩罚多是以罚款的形式强制执行的。这也是企业主成立股份有限公司的主要原因，如果他们犯了错误而且被控告，是由公司出面受罚，而他们个人大可免除责罚。试想一下，假如你未经父母许可而擅自开车外出，却不小心出了车祸撞了树，你一定恨不得自己是已成立股份有限公司的人。

曾记否，埃克森瓦尔迪兹号油轮在阿拉斯加所造成的原油泄漏事故？当时，一艘油轮在威廉王子海湾搁浅，泄漏了 1 100 万加仑⊖的原油，造成的巨大污染需要花费数月才能清除。该油轮属于当时全美第三大公司埃克森，该公司的股东成千上万。

假如埃克森不是一个股份有限公司，所有这些股东都可能人人有责，遭到控诉，为这个本不是他们自身过错的原油泄漏事故损失他们终身的积蓄。即使埃克森是无辜的，他们也必须付费聘请律师来为自己辩护，因为在美国，除非被证明有罪，否则你就是无辜的，但你必须为聘请律师付费。

这就是成立股份有限公司的好处。公司的总经理和董事会会被起诉，但拥有该公司的股东则会受到保护，他们不会一开始就遭到控告。在英国，公司会在名称后面加上一个"有限的"（limited）字样，来表示所有者的责任是有限的，这和美国的做法异曲同工（如果有人问你"有限的"是什么意思，现在你就知道答案了）。

这就是资本主义体系的重要保护措施，一旦公司经营上出了差错股东就要被起诉的话，像你我一样的人就不敢贸然成为股票投资者了。为什么我们要为诸如另一次大型原油污染或是在汉堡包中发现鼠毛等商业上随时会发生的过失承担连带责任风险呢？如果不是责任有限的话，恐怕没有人敢

⊖ 1 加仑 = 3.785 411 8 升。

买任何一种股票。

私人公司和上市公司

在美国，绝大多数公司属于私人公司的性质。它们由个人或一小部分人拥有，最常见的就是由一个家族拥有。私人公司遍布世界各地的任何村庄、任何城市，例如理发店、美发沙龙、修鞋摊、自行车店、棒球卡店、糖果店、旧货店、古董店、二手商店、菜市、保龄球馆、酒吧、珠宝店、古董车行及当地的小餐馆等。医院与大学也是私人拥有的居多。

所谓私人公司，意指一般大众无法投资它。举例来说，你在睡意浓（Sleepy Holler）旅馆住了一晚，对其布置和运营印象很好，但你不可能当场去敲经理的门要求成为合伙人。除非你和老板关系密切，或是他的子女愿意与你喜结连理，否则，你几乎不可能成为其股东。

但是，当你到希尔顿或万豪投宿一夜，你也很喜欢这个酒店的时候，情况会与之前有所不同。你并不需要单独会见酒店经理或是与任何人的子女结婚才能取得股权。你只需打通电话给某个证券商，下单购买这个公司的股票，就能成为股东之一。像希尔顿和万豪这样在证券市场上公开发行股票的公司，就是人们常说的上市公司（虽然美国的私人公司要比上市公司多，但总体来说，上市公司的规模更大，这也就是大多数人都在上市公司工作的原因）。

不论是你还是你的父母、亲戚、邻居，只要买了股票，就自动成为那家公司的股东。一旦你付了钱，就会拿到一张股东凭证（certificate），证明你是公司的所有者之一。这张凭证是具有实际价值的，当然，你也可以随时卖掉它。

上市公司可以说是全世界最民主的组织，任何人都能成为它的所有者。

它是一个真正人人生而平等的舞台，不会因为你的肤色、性别、宗教、星座、国籍不同，或是你有拇指外翻、青春痘、口臭的毛病，而影响你成为股东的权利。

即使麦当劳的董事会主席对你怀恨在心，他也不能阻止你成为麦当劳的股东。麦当劳的股票从星期一到星期五，在公开市场交易，在每天6个半小时的交易时间段内，任何人只要有钱，就可以以当时的价格购买任何数量的股份。同样，你也可以投资美国其他13 000家像麦当劳一样的上市公司中的任何一家，而且这些上市公司会越来越多，几乎无处不在，它们从早到晚一直包围着你，若想淡忘，谈何容易！

究竟耐克、克莱斯勒、通用汽车、盖璞服饰、波士顿凯尔特人篮球队、联合航空、史泰博文具、温迪汉堡、可口可乐、哈雷、太阳眼镜城、新潮喜剧、惊奇漫画、柯达、富士、沃尔玛、乐柏美餐具、时代华纳和温尼巴哥等这些公司有什么相同之处呢？如果有的话，那就是，它们同样都是上市公司。你可以玩一个字母表游戏，从A到Z，能找到以每一个首字母命名的上市公司。

从室内到户外，从学校到购物中心，上市公司随处可见。从衣食住行到阅读、办公用品等，几乎都是上市公司出产的；而从出品香水到制造小刀的公司，从生产澡盆到生产热狗的公司，从生产螺钉到生产指甲油的公司，你都可以随心所欲地拥有其股权。

你的床单可能是西点史蒂文（WestPoint Stevens）做的，早晨起床用的是通用电气的闹钟，洗澡用的是美标（American Standard）的卫浴设备，洗漱用的是宝洁的牙膏和洗发水、吉列的剃须刀、美体小铺（Body Shop）的乳液以及高露洁的牙刷。

再穿上雾里看花（Fruit-of-the-Loom）牌内衣，以及从海格或莎拉买来的盖璞或极限牌的裙子或裤子，这些衣服是用加利的布料与杜邦化学的纤维缝制而成的；接着穿上你用花旗银行 VISA 卡在福洛克买的锐步球鞋。从起床到现在，虽然还没用早餐，但是你已经与这么多上市公司打上交道了。

餐桌上，放着通用磨坊的麦片、凯洛格的玉米片和华夫饼、施格兰的柳橙汁（施格兰的威士忌要比其果汁饮料更出名）、菲利普莫里斯公司生产的安德曼糕点（菲利普莫里斯公司同时还生产奶酪、热狗和万宝路香烟），而你的吐司面包正热烘烘地从吐司大师牌烤面包机中端出来，这家公司自1920 年至今长盛不衰。

咖啡壶、微波炉、暖炉及电冰箱等，都是由上市公司制造的，而你和家人采购食品所在的较大的超级市场，也都是上市公司。

你可能会搭乘公交车去学校，所坐的那辆通用汽车是由伯利恒钢铁公司的钢铁、PPG 的玻璃窗、固特异的轮胎、苏博瑞工业公司的轮子（轮子上的铝是苏博瑞工业公司从美铝公司购买的）组合而成的。汽油可能来自埃克森、德士古或其他众多上市石油公司中的一家，车险是投保安泰的；而这辆公交车本身可能是兰得洛巴士公司所拥有的，该公司在许多学校覆盖的街区内运营公交系统。

学生书包里的书极有可能是由一家上市书商发行的，像是麦格劳 - 希尔、霍顿 - 米夫林或是本书的出版公司西蒙 - 舒斯特公司。西蒙 - 舒斯特公司隶属于派拉蒙，派拉蒙至今仍拥有麦迪逊花园广场、纽约尼克斯篮球队及纽约游骑兵职业冰球队。不过 1994 年，派拉蒙遭到并购，成为上市公司维亚康姆旗下的一家公司。

并购事件在商场上此起彼伏，在华尔街，商业上的收购与攻防大战不断上演，比派拉蒙、环球影城或 MCA 所拍过的战争片还要多。环球影城是

MCA 的分支机构，MCA 曾被日本人并购过，现在则属于施格兰。

你在学校吃的午餐可能是由同样制造爱国者导弹的雷声公司的艾玛那雷达系列公司做的。你也可能到学校附近的汉堡店用餐，如麦当劳、温迪汉堡或英国大都会公司旗下的汉堡王（Burger King）。可口可乐和百事可乐也都是上市公司；百事可乐还同时拥有塔可钟、必胜客、菲多利和肯德基炸鸡，所以，投资百事可乐的股东也同时间接投资了上述这些公司。

大多数贩卖机里装的糖果，像是好时巧克力、箭牌口香糖、图斯卷，都是上市公司做的；当然，士力架巧克力除外，因为它是属于私人公司玛氏家族的。

下午回家以后，当你拿起电话打给自己的朋友时，你至少在接受一个上市电话公司的服务；如果你拨打的是长途电话，则至少涉及三个上市公司：地区性的纽约电信（NYNEX）或太平洋电信（PacTel）为你提供当地的电话服务；美国 Sprint 电信、MCI 电信或美国电话电报公司（也就是以前的Ma Bell 公司）为你接通长途电话，最后再传达给当地的电话公司。

你可以购买任何上述公司的股票，或是其相关厂商的股票，譬如生产线路转换器的公司、发射通信卫星的公司以及制造电话的厂商。

你的电视机也是上市公司制造的，当然大多是日本的上市公司。假如你要安装有线电视，那有线电视台应该也是上市公司的。在美国三大电视网中，哥伦比亚广播公司（CBC）最近被西屋合并，国家广播公司（NBC）则属于通用电气公司，美国广播公司（ABC）正被迪士尼合并。而西屋公司、通用电气、迪士尼都是上市公司。同样，拥有 CNN 电台的特纳广播电视公司业已同意与时代华纳合并。

如果想投资《危机》《幸运转轮》和《奥普拉脱口秀》等电视节目，你可以购买国王节目制作公司的股票；如果你想投资《辛普森家庭》或《警网》

等节目，你可以购买鲁珀特·默多克新闻集团的股权。默多克新闻集团拥有20世纪福克斯电视，上述两个节目便是属于福克斯电视的。尼克隆顿和MTV都属于维亚康姆旗下，而维亚康姆也是布洛克巴斯特电视的母公司。

大部分电视广告的产品都是由上市公司制作的，例如，国际公众企业集团就是其中一家。

要想列举1 000个有名的上市公司，可能比说出10个有名的私人企业还要容易。尽管不乏私人的家族企业，但在同业佼佼者中，我们很难找到哪家公司不公开发行股票的。当然，像前文所提的生产玛氏巧克力、星河巧克力（Milky Way）和士力架巧克力的玛氏公司，或牛仔裤制造商李维斯是私人企业。少数保险巨头，像约翰·汉考克是合资公司，但预计维持不了多久也会成为上市公司。

几乎所有连锁店、速食店、主要制造商或生产品牌产品的公司，你都可以成为它们的股东，只要你愿意，而且花费也不会像你想象的那么多。事实上，你只需支付比奇幻王国（Magic Kingdom）通票稍多一点的钱，就可以成为迪士尼王国的股东；或只要支付20个巨无霸汉堡和薯条的钱，你就可以像华尔街上许多大亨一样成为麦当劳的股东。

不论你年纪有多大，或者一生中可以买多少股票，当你走进麦当劳、玩具反斗城或电路城，看到许多顾客大摆长龙购买商品时，你一定会兴奋异常，因为你知道那些商店利润中的一部分，已经因你采取的投资行为而收入你的囊中。假如你购买了电路城或百事达公司的股票，如果你向电路城购买录像机或向百事达租用录影带，你应该能够意识到从这次消费中可以双重获利。

这是我们美国生活中重要的一环，也是我们的开国者们始料不及的。从美国东岸到西岸，已有超过5 000万的普罗大众，成为13 000多家不同的上市公司的股东，成功成为股东是普罗大众有机会参与国家发展与繁荣的最好方式，这是一种双赢的机制。一家公司成功发行了股票，就可以用投资人的钱来增设商店、扩大生产或改良产品，使它们能出售更多的产品给更多的顾客以赚取更多的利润。一旦这家公司从此变得越来越强大兴盛，它的股票也就变得更有价值，投资人也因妥善利用了资金而得到回报。

与此同时，这家兴盛的公司就有能力来提高员工薪资，并让员工得到稳定的升迁；而公司因获利增加就会付给政府更多的税，政府也就有更多的预算用于教育、造桥铺路以及其他社会公益事业。于是，当人们开始投资上市公司时，也就推动了整个社会繁荣的良性循环。

投资人就是这个资本社会良性循环的第一环。你能存下越多的钱，就能买到越多的上市公司的股票，你得到的回报可能就越高，因为你只要明智地选择上市公司并且耐心地等待，你所投资的股票就会在将来给你无穷的回报。

第 1 章

美国股市的前世今生

资本主义的诞生

当人们开始制造并出售货物或者有偿提供劳务时，资本主义便诞生了。在人类历史长河的大部分时候，资本主义可以说是一个陌生的概念，因为很少有人能有机会使用钱来交易。若干年前，普通人在他的一生中都不曾买卖过一件物品。

农奴、奴隶和仆人为土地的主人工作，为的是获得简陋的小屋可以栖息，以及获取一小块可供自己种植蔬菜的土地。他们的劳动没有任何现金报酬。

人们不会因为领不到薪水而抱怨，因为即使得到了钱也无处可花。那时候，走街串巷的小贩们会自发形成一个小集市，但也只是偶尔为之。国王、王后、王子、公主、公爵、伯爵还是把他们所有的财产，如房屋、家具、牲口、牛车、珠宝、器皿等都安放于家中。即使有机会转让土地获得一大笔利润，同时又能节省割草的工夫，人们也不愿意出售某块土地，所以，城堡前绝不会出现写有"待售"字样的招牌。那时，人们获得地产的方式，要么是世袭传承，要么是武力争夺。

从最早期的犹太教到后来的基督教，做生意逐利是被禁止的活动，借贷和收取利息可能导致你被逐出教堂，将来也不得好死。银行家名声不好，人们只得偷偷摸摸地造访他们。通过交易赚钱、超过别人的念头被认为是自私自利、大逆不道的，而且违反了上帝创造有序世界的旨意。当今，人人都向往提高自己，但是，如果你生活在中世纪，向人提出追求发展、超越自我的希望，你的朋友们肯定会给你白眼。因此，在那个年代，追求优越生活的想法无异于痴人说梦。

如果你想了解更多关于交易市场形成以前，或是为薪水工作并能自由支配金钱之前人们的生活状况，你可以去拜读罗伯特·海尔布隆纳（Robert Heilbroner）的经典之作《世界哲学家生平》（*The Worldly Philosophers*）的第1章，其中的内容非常精彩。

在18世纪晚期之前，世界各国开始兴起商业贸易，国家之间的交易方兴未艾，市场逐渐渗透到世界的每一个角落。市场上流通着充足的货币，有足够多的人买卖东西，商人获利颇丰，过着舒适的生活。这一代的商人如店主、商贩、船主和贸易者越来越富有，甚至比拥有土地和军队的王侯将相更富有、更有权势。银行家也去掉伪装，开始公开放贷。

早期的投资者

历史书籍归纳了很多美国成功的原因，如适宜的气候、肥沃的土壤、广阔的疆土、权利法案、天才般的政治制度、不断流入的勤劳移民，以及国土两面临海有利于阻止外敌入侵等。除此之外，本土的发明家、追梦者和策略者、银行、货币和投资者也都是美国成功的因素之一。

在美国的开国故事中，我们读到了土著印第安人、法国捕猎者、西班牙征服者、迷航的水手、寻宝的士兵、戴着皮帽的探险者以及在第一次感恩节晚餐上的清教徒。但在这一切的背后，有些人肯定要为这些探险的船只、食物和开销付钱。这些开支中的大部分来自英国、荷兰和法国投资者的腰包。没有这些投资者，就永远谈不上什么殖民地的出现。

詹姆斯城（Jamestown）建立后，清教徒在普利茅斯岩石城（Plymouth Rock）登陆，尽管在东岸有成千上万亩⊖荒地，但是，如果没能得到国王或王后的许可，你就不能航行到那里，在森林里开垦一块土地，种植烟叶或者和印第安人做生意。

在那个年代，国王和王后支配一切，普天之下莫非王土。如果你想要在皇家土地上做生意，就必须得到皇家许可，也就是取得"公司执照"之类的东西。这些许可类似现代的公司经营执照，经商人士不能无照经营。

宗教组织如宾夕法尼亚的贵格会获得了执照。商人也同样获得了执照，如詹姆斯城的建立者。一旦获得了皇家允许，就可以在土地上定居并开垦一块殖民地，接着就该考虑融资问题。于是乎，最早的股票市场也就应运而生了。

最早可以追溯到 1602 年，荷兰人就开始买入荷属联合东印度公司的股票。这是世界上第一只公开交易的股票，与此同时，人们从事买卖股票交易的阿姆斯特丹桥也成为世界上第一个股票交易所。投资者蜂拥而至，试图得到股票经纪人的垂青，当拥挤的人群失去控制时，警察就会介入维持秩序。荷兰人动辄花费几百万的基尔德银币（Guilder，旧荷兰货币）去赢得拥有荷属联合东印度公司的股权（这家公司，如果用字母简称，应该叫作UDEI）。

⊖　1 亩 =666.667 平方米。

　　毫无疑问，这家荷兰公司卖出股票得到了几百万基尔德银币，然后用这些钱去建造几艘船只。这些船只航行到印度，然后向东行驶，带回来远东的货物，当时这些货物在欧洲很畅销，赚取利润自然不在话下。

　　乐观的投资者为荷属联合东印度公司的股票支付日益高涨的价格，期望公司能给他们带来财富；悲观的投资者则通过一种聪明的做空手段来下注股票的下跌，这种做空的方法在17世纪就被发明了，至今仍被做空者沿用。对于荷属联合东印度公司来说，乐观者被证明是对的，因为公司股价在最初一年的交易中暴涨了一倍，股东还拿到了定期分红即股息。这家公司存续经营了两个世纪，直到1799年解体。

　　美国人大都听说过亨利·赫德森的故事，他如何驾驶半月号航船，从现在的纽约出发，沿着赫德森河而上，试图找到通往印度的航道，结果重演了当年克利斯托弗·哥伦布的航行错误。你有没有想过是谁为这次荒唐的航行付费？我们都知道，哥伦布是从西班牙国王费迪南德和王后伊莎贝拉那里得到的经费，但赫德森是从前面所述的荷属联合东印度公司得到赞助的。

　　另一个荷兰企业，荷属西印度公司出资将第一批欧洲人送往曼哈顿岛定居。彼得·米努伊特（Peter Minuit）代表荷属西印度公司完成了历史上最有名的地产生意，即用一个60元荷兰币（相当于我们的24美元）买下了整个曼哈顿。可惜的是，这家公司没能存续足够长的时间，否则，它就能在纽约市拥有自己价值连城的办公楼。

　　借鉴荷兰人出资成功探险新大陆的经验，英国人步其后尘。伦敦弗吉尼亚公司（Virginia Company）拥有从南北卡罗来纳州到弗吉尼亚，以及一部分纽约州的大片土地的排他权利。该公司赞助了对詹姆斯城的第一次探险，在那里印第安公主拯救了被其亲戚暴打的约翰·史密斯（John Smith）船长。

詹姆斯城的拓荒者只是在那里工作，并不拥有那里的土地，一开始我们就指明了这个问题。他们受雇在那里开垦土地、种植作物和建造房屋，但一切的地产、利润和生意均属于远在伦敦的股东。对于在詹姆斯城创造的利润，当地的定居者分文未得。

经过詹姆斯城拓荒者 7 年的抗争，规则终于有所松动，他们可以拥有私人的地产。其实，这为时已晚了，因为最初的殖民地破产了。但从詹姆斯城我们得到了一个重要的启示：人们一旦拥有了地产并在公司拥有股份，会比没有股份的人更加努力地工作，感到更加幸福，而且可以把工作做得更好。

其余沿海岸线的地方，即从马里兰州到缅因州的排他性经营权给了另一个英国公司，即普利茅斯的弗吉尼亚公司。在当时的地图里，新英格兰的大部分地区是北弗吉尼亚的一部分。当清教徒在普利茅斯岩石城仓促上岸时，他们其实冒犯了普利茅斯公司的领地。

每个美国学生都知道清教徒如何冒着生命危险去争取宗教自由，他们如何乘着"五月花号"（Mayflower）驶过凶险的海洋，他们如何熬过新英格兰寒冷的冬天，他们如何与印第安人交朋友并从他们那里学会烹调南瓜，但学生们对他们赚钱的传奇故事一无所知。

我们不妨在此重温一下这个故事。清教徒离开英国，在荷兰住下来，荷兰就是第一个股票市场的诞生地，但这并非说明清教徒们是因为关心股票才待在那儿。过了几年，清教徒在荷兰待得厌倦了，决定迁徙。他们当时有三个目的地可以选择：一是南美的奥里诺科河（Orinoco）；二是荷兰人控制下的纽约；三是伦敦弗吉尼亚公司给他们的一块土地。

他们由于缺钱而无法前进。他们需要船只和补给，但他们身无分文。没有经济援助，他们可能永远滞留在欧洲，果真如此，我们可能再也不会听到他们的故事了。所幸的是，托马斯·韦斯顿（Thomas Weston）应运而生。

韦斯顿是一个有钱的伦敦五金商人。他在美国新英格兰地区有获取地产的门路，此外他还有筹措资金的能力，他和他的朋友们认为资助清教徒将是一笔很好的投资。于是，他们提出一个自己认为清教徒不会拒绝的方案。

韦斯顿的集团自称为探险者，其实他们从不探险，而是答应募集资金把清教徒送往美洲。作为回报，清教徒答应一周工作4天，并连续工作7年以使殖民地有利可图。7年后，合作关系解除，双方分配利润，此后，清教徒可以自谋出路。

清教徒被迫接受了这些条款，并准备启程。但在最后时刻，韦斯顿向他们摊牌，并改变了合同。现在，清教徒不能一周工作4天，而是要一周工作6天。这意味着除了星期日，清教徒将没有时间种植自己的菜园、缝补衣服，或者研习他们的宗教。

与韦斯顿争论无果后，他们决定不签合同就起航，但又苦于航行费用短缺，因为韦斯顿虽然已经支付了一些费用，但拒绝再给他们分文。他们不得不卖掉为航行中准备的一部分黄油来支付港口费用，乘坐他们在荷兰建造的船只"快速号"（Speedwell）起航。

不料"快速"号漏水，他们被迫返回港口，怀疑是船长、水手和韦斯顿合谋而为。他们中的大部分人只好挤上另一艘更小、更慢的船"五月花号"。

他们拥挤在"五月花号"船上，驶向他们的梦想之地弗吉尼亚，可是他们偏离了航向，错过了他们的目的地。意识到航向错误以后，他们试图转向南走，但科德角（Cape Cod）的岩石和浅滩阻挡了他们的去路。与其冒着在不熟悉的危险海域沉船的风险，他们不如选择在普罗温斯敦（Provincetown）港口抛锚。

从此处再度起航，他们向普利茅斯进发，并在那里建造了自己的房屋，种植了庄稼。由于韦斯顿中断了资金供应，而他们又需要新的资金来源，于是他们就与以约翰·皮尔斯为首的另一群投资者和拥有土地的普利茅斯公司达成了一项新的协议。

他们每人都有 100 亩土地可供使用。与此相对应的是，皮尔斯可以拥有 100 亩土地的所有权。除此以外，他和其他投资者可以得到 1 500 亩土地以支付拓荒者其余的行动开支和定居费用。

内忧外患接踵而至，一方面他们要应对如何熬过严冬、如何与当地土著人相处等问题，另一方面他们不得不担心如何偿还两批投资者即皮尔斯和韦斯顿集团的债务，其中后者为他们大老远来到这里已经支付了很多钱。我们通常认为清教徒只专注于上帝，其实他们也有同我们一样的问题，就是如何支付账单。

在普利茅斯殖民地运作一年后，"五月花号"航船空载而归，没有毛皮，没有宝石，没有谷物，没有任何投资者可以变卖的货物。普利茅斯殖民地在亏钱，而且每况愈下，也就是华尔街上所说的厄运不断。这使得投资者非常恼火，就像其他一无所获的投资者一样。更为糟糕的是，他们还不得不继续向殖民地增加更多的资金供给，因此成本不断提高。

公元 1622 年，韦斯顿已经厌倦普利茅斯公司以及对清教徒这种高成本又没有收益的投资，因此，他把手中普利茅斯公司的持股转让给他的"冒险家"同伴。与此同时，约翰·皮尔斯恰巧在偷偷摸摸地打其他投资人的主意，想得到公司的控制权，成为"普利茅斯企业王国的经营主宰者"，但他并没有得逞。

历经 5 年的时间，清教徒及投资人为投资回报率的议题争论不休，清教徒认为投资人的支援不足，投资人却认为利润太低。直到 1627 年，合作关系终于破裂，愤怒的投资人最后将所有持股以1 800英镑的适中价格卖给清教徒。

但是清教徒连区区1 800英镑都拿不出来，因此，改为以每年支付200英镑的分期付款的方式购买殖民地。这成为美国历史上第一个利用杠杆操作进行投资的例子，亦即投资人用借来的钱去投资比他们实际所能负担的更多的投资标的。这比后来被撰写成书并被拍成电影《门口的野蛮人》的20世纪80年代著名的雷诺兹－纳贝斯克（RJR Nabisco）并购案还要早。同时，这也是美国历史上第一个由员工接管公司生意的例子。

现在到了整个故事中最为有趣的一部分。清教徒接手公司后，决定采用公社方式经营：将资源集合在一起，不容许个人拥有任何私人财产。但是，清教徒当时的领袖威廉·布拉德福德（William Bradford）州长敏锐地发现公社方式并不可行，他意识到如果没有私人财产，人们就没有努力工作的动力。在公社制度下，辛勤工作和无所事事的人得到的回报（食物、住房等）相同，如此一来，谁会想方设法辛勤工作呢？

随后，一些有远见的人向布拉德福德州长建议改善目前的状况，使农夫可以拥有自己的耕地，渔民可以拥有自己的船只，而辛勤工作者可以得到应有的回报。作为回馈，他们以付税的方式支持社区建设。布拉德福德州长所实施的这种自由企业体系，与今天美国企业所采用的体系基本相同。

不过，独立自主并不能解决清教徒的财务问题，不论他们如何辛勤工作，他们的债务还是由1 800英镑增长到6 000英镑。原因在于，为求早日还清债务，他们又从荷兰带来更多的同胞，扩张渔船船队规模，希望能捕到更多的鱼，但他们从未捕到足够还清债务和维持生计的鱼。经过十年时断时续的冗长谈判，这些移民终于和贷款人在1642年将问题完全解决。

这些清教徒帮助现代美国建立了现代社会、政治、宗教及经济的基础，但是，对他们的投资人来说，除了破产外，毫无意义。韦斯顿、皮尔斯及其他投资人尽管不笨，但都是这项计划的最大输家。他们的失败凸显了一个事实：再好的计划都可能失败，因为投资本身就是有风险的事。对于这些图谋不轨的人来说，或许这正是他们在自食其果。

这是一个一般大众因无法参与股票买卖而避免损失的实例，原因是清教徒所拥有的普利茅斯公司不像荷属西印度和东印度公司一样是上市公司。但是，欧洲大众也透过其他机会进入了"新世界富矿带"，结果下场一样悲惨。18 世纪初期，还有注定厄运的密西西比公司和南海公司的股票，分别在巴黎及伦敦股市上市，并卖给了成千上万愚昧的投资者。

密西西比公司是诡计多端、唯利是图的约翰·劳（John Law）创立的公司。由于生意失败在一次争吵中把合伙人杀掉后，他离开苏格兰老家逃往法国。他用心良苦地结识了法国国王路易十五，当时路易十五仍未成年，摄政权在奥尔良公爵手上。

那时，结识皇室是飞黄腾达的不二捷径，约翰·劳以他能够解决法国政府巨额负债的说辞说服皇室。他向皇室所提的建议，是建立一个印钞机构大量印刷纸币，以偿还巨额债务。当时，纸币在世界范围内还是一个相对新鲜的概念，皇室非常赏识这项创举。因此，法国皇室让这位从苏格兰来的移民，拥有完全掌控法国皇家银行及皇家印钞机构的主导权。

不久，约翰·劳的纸币发行遍布各地。几乎是在一夜之间，约翰·劳从一个默默无名的小人物变成法国金融界的巨头，而他的财富也仅次于法国国王路易十五，成为法国最富有的人。

凭借如日中天的知名度，约翰·劳宣布他的第二个大计划：成立密西西比公司。这个计划的目的是从密西西比河流域带回巨大的财富。当年，法国的拓荒者考伯特（Colbert）、乔利埃特（Joliet）及马凯特（Mzquette）

最先发现密西西比河流经路易斯安那区，而该区随后又被法国占有。据当时这些来自美国返国的法国人描述，密西西比河就像第二个墨西哥，到处都是等待开采的金矿、银矿。因此，从未到过密西西比河或者美国新大陆的任何地方的约翰·劳提出一个令人信服的销售计划，说服人们对他们所听到的奇异的淘金故事坚信不疑。

就像摇滚音乐会场的摇滚乐迷一样，疯狂的巴黎人涌进离约翰·劳的住所很近的狭窄街道，申请购买密西西比公司的股票。他们怀揣钞票，争先恐后地拉拢约翰·劳的员工以期购买申请被接受。这股抢购热潮使得密西西比公司的股价不断攀升，以至于其票面价值远高于金矿本身的价值。但是，投资人仍然不断盲目追涨。

几乎每一个住在法国的人都成为密西西比公司的发烧友，幻想着这个实际上并不存在的密西西比河金矿能让他们一夜致富。当时，除了约翰·劳的自吹自擂之外，并没有《华尔街日报》《晚间商业新闻》(*Nightly Business News*) 等媒体提供给这些投资人足够的资讯，揭穿约翰·劳的阴谋诡计。事实上，当时只要有人质疑劳和他的公司，就会被赶出城，关进遥远的监狱。

无论何时何地，当人们迷信到将其毕生积蓄下注到一个子虚乌有的事业上时，这就是所谓的"狂热"(mania) 或"泡沫"(bubble)。泡沫的模式大多很类似：疯狂的投资人付出荒谬的价格去买一个虚假的机会，股价却迟早会大跌。在密西西比泡沫破裂后，人们才知道约翰·劳的公司根本就是他所谋划的一个骗局，而约翰·劳本人只是金融版的绿野仙踪，这时候投资人急于将手中的股票脱手，可是没有人接手。许多人毕生的积蓄灰飞烟灭，法国的经济濒临崩溃，银行体系也受到拖累面临瓦解。与此同时，一夜暴富的约翰·劳本人也在一夜之间成为人人唾弃的骗子。

英国人如法炮制了一个类似密西西比公司的故事。1711 年，一个投机者效仿约翰·劳的做法，成立了南海公司。他向英国君主提出交换条件，如果英国国王核准他们在南海特别是在墨西哥和秘鲁经商的垄断权力，他就能帮英国君主偿还大笔军事债务。

1720 年，南海公司提出一个新计划，该公司将以 5% 的利息借款给英国政府，帮助政府清偿军事及其他债务。同时，南海公司开始大量发售该公司的股票，吸引了半数以上的伦敦人驾着马车涌向伦敦股票交易所，疯狂抢购股票，从而引发了严重的交通瘫痪和几星期的街道阻塞。

由于对南海公司股票的需求巨大，在英国议会尚未同意这个债务清偿协议之前，南海公司的股价一夜之间就已经暴涨了三倍。政府发言人甚至出面提醒投资人不要盲目投入，但在这次抢购浪潮中，根本没有人理会这个理性却孤独的声音。

南海公司因为出售股票而一夜暴富，启发了那些也想大发横财的人迅速成立公司发行股票。而他们募集资金的门道五花八门，譬如靠着一部永动机，或利用巴勒斯坦的盐田，从弗吉尼亚进口胡桃树，运用热空气烘干麦芽，以木屑制造木材，或者是新发明的肥皂等，无所不用其极。其中一个公司拒绝告知投资者他们将如何运用资金，它这样描述公司的集资目的：赚取巨额利润的投资计划，具体计划无可奉告。

当时，不论是皇室君主还是平民，商人还是奴仆，社会各行业各阶层的人都纷纷将他们的钱投入伦敦股市，期待能因股价上扬而赚取利润。但当泡沫最终破裂时，英国遭遇了与法国同样的命运。南海公司的股价一泻千里，许多人丧失了毕生的积蓄，英国的财政系统也因此面临土崩瓦解。

随后，南海公司的高管一一遭到起诉，他们的不动产也被没收，最后被判入狱，有些人还被送进专关重刑犯人的伦敦塔（Tower of London）监狱。科学家牛顿当时也深陷南海公司泡沫，损失惨重，他曾经自嘲地说："我可以发现天体运行的规律，却无法看穿人类的疯狂作为。"

南海公司的惨痛教训让股票市场声名狼藉，英国议会甚至因此通过一项法案，严禁任何行业的股票买卖行为。证券交易所被依法废除，所有交易商一律停止营业。而股票经纪人的名声更是一落千丈，比扒手、强盗、娼妓还要声名狼藉。

虽然股票市场起步不利，但是，股市也因此有了相当大的改善，最近几十年来更是有了长足的进步。

早期的企业家

移民初期，那些原本为他人工作的殖民地居民逐渐开展起自己的事业。

各种类型的公司在 18 世纪初建立起来。那些自己经营或与合伙人经营的商人很快发现了股份制公司的好处。因此，与欧洲相比，美国独立之后更容易接受股份制公司的理念。英国、法国、德国、日本这些工业国没有一个比美国设立了更多的股份制公司。

事实上，美国甚至还有一些 300 年前创立的公司今天仍在经营！当你想到这个国家曾经历过的战争、混乱、萧条和灾难后，你就不得不承认这是一个了不起的奇迹。子孙世代更替、产品更新、城市被焚、森林被伐、邻居被毁……几乎没有什么能从 18 世纪以后留存下来。但是，1702 年靠制造马车鞭子起家的杰·伊·罗兹父子公司（J.E.Rhoads & Sons）却存活至今。

19 世纪 60 年代，如果没有极富远见的经理人预见到铁路时代的来临，并清楚地意识到，在一个已不需要马车的年代，马车鞭子将被永远淘汰的话，杰·伊·罗兹父子公司可能很早就已消失了。该公司后来更新了设备，转而制造起了火车传送带。

1767 年，德克斯特公司（Dexter Company）在康涅狄格州的温莎洛克斯地区以磨坊生意起家。225 年后，该公司仍在运营，只不过不再经营磨坊生意。同杰·伊·罗兹父子公司一样，德克斯特公司的长盛不衰依靠的是其机敏的领导者和与时俱进的洞察力。碾磨已是夕阳产业，于是，德克斯特公司转型开始生产文具。从生产文具转为生产茶包，从生产茶包又转为生产胶水。时至今日，该公司在生产专为飞机制造的高科技涂料和黏合剂。

在巴尔的摩经营蔬菜种子的迪兰垂斯蔬菜种子公司（D.Landreth）成立于 1784 年，它曾为托马斯·杰斐逊在弗吉尼亚州的土地提供过种子。200 多年过去了，今天它仍在为杰斐逊的土地提供种子。由此看来，如果一家公司提供的产品可以经久不衰，那它可以永远依靠这个行业生存下去。

由于先前的这些公司都不是上市公司，因此人们无法持有它们的股票。德克斯特公司在 1968 年，也就是它 201 周年时才公开上市。独立战争时期，美国没有一家本土公司上市。独立战争以后，最早发售股票的是成立于 1781 年的北美银行，1784 年上市的纽约银行则是纽约证券交易所第一只上市交易的股票，时至今日它的交易仍在进行。

波士顿银行紧随纽约银行之后开始募集股票。随后，旨在偿还独立战争债务的美国银行也加入了募集队伍。

在殖民地时期，英国禁止美国设立银行，美国是在独立战争后才改变这一局面的。尽管如此，关于联邦政府资助银行的争议还是很大。美国早期的一些奠基人，特别是杰斐逊，从不信任银行家和他们发行的纸币。

也许是从欧洲祖先那里得到的所谓"机宜"，我们早期的股票投资者对银行股情有独钟，尽管他们对自己购买的银行股票知之甚少，却仍然愿意支付高价，且叫价越来越高，直到股价高得离谱。在华尔街，任何东西必定物极必反。就在 1792 年，银行股的股价轰然崩塌，那是华尔街历史上的第一次崩盘。尘埃落定后，纽约州立法机关立即通过了类似于英国早期的相关法律，将股票交易定义为违法，股票交易因此转而走入地下。

这对于新兴国家的投资者来说是一个很好的教训，也给我们今天的年轻投资者上了很好的一课。当你投资一家公司时，你只有在公司成功时才能赚到钱。而大多数公司的经营并不成功，这就是购买股票可能面临的风险：你投资的股票可能会变得一文不值。正确投资后获得的丰厚回报，必须是以承担相应风险为前提的。

持有查尔斯河大桥（Charles River）公司的股票，投资者们显得很兴奋，该公司承担在马萨诸塞州建造查尔斯河大桥的工程，约翰·汉考克（John Hancock）是公司创始人之一。1786 年，在第 11 届邦克山周年纪念日（Bunker Hill Day）上，查尔斯河大桥公司举行了股权发售仪式。在隆重的阅兵典礼和礼炮后，公司设宴款待了 83 位原始股股东，宴会上宣布将第一次公开向大众发行股票。那是一个欢乐的盛典，多年以后，当投资者获得股本分红时仍然享受着这份欢乐。

这些稳定的分红来源于征收的过桥费。对于过桥的顾客而言，他们可不像大桥的投资者那么快意。终于，在查尔斯河上造起了第二座大桥——沃伦大桥（the Warren Bridge），与查尔斯河大桥开始了竞争。当第二座桥征收的费用达到收回建桥成本时，建造方计划废除收费站，使人们能够免费过桥。第一座桥的拥有者们反对该计划，并且将一纸诉状直接递到了最高法院。最后查尔斯大桥公司以败诉告终，并且结束了他们营利性的"垄断"。

另一个与查尔斯河大桥公司命运相同的是宾夕法尼亚州的兰卡斯特高速公路（Lancaster Turnpike）。兰卡斯特高速公路公司（通过抽签方式）出售股权，股东也拥有丰厚的分红。同样，分红来自于费城到兰卡斯特 60 英里⊖的 "过路费"。过路客和过桥客一样，不喜欢这种收费方式，后来，他们选择绕道，驾驶他们的汽车穿过田野和丛林。

从某种意义上来说，后来出现的有轨电车公司、铁路和地铁公司承袭了高速公路公司、桥梁和运河公司原来的商业经营模式。

金融体系之父

我们都知道乔治·华盛顿是美国的国父，而亚历山大·汉密尔顿则可称得上是美国金融体系之父，但这一事实却从未在美国的历史书中提及。如果没有金融体系，那么，美国的政治体系也将无法运转，因此，汉密尔顿理应获此殊荣。尽管他枪法不精，是艾伦·伯尔的手下败将，但是，汉密尔顿在经济规划方面成就卓著，同时他也是纽约银行的创立者之一。

汉密尔顿意识到，没有财力，国家将无法发展。为了拥有足够的财力，国家需要银行。这在今天看来显而易见，但在当时，银行业的发展则备受争议。

就发展银行业方面，乔治·华盛顿支持汉密尔顿的想法，他本人甚至投资了位于弗农山的亚历山大银行（Bank of Alexandria），并成为该银行的股东之一。但是也有许多重要人物反对汉密尔顿的提议，托马斯·杰斐逊是其中最主要的反对者。杰斐逊是位温和的农场主，他坚信土地和耕作才是人类美德之所在。因此，他厌恶工厂，厌恶依托工厂并在其周边发展起来的城市。对杰斐逊而言，银行是万恶的根源，尤其是联邦政府设立的银行。

然而事实证明，杰斐逊确实不善理财。他挥霍掉了一大笔财富，1826

⊖　1 英里 =1 609.344 米。

年他在几乎濒临破产的情况下死去。杰斐逊挥金如土，尤其是在收藏品和图书上，他本人的藏书甚至比在他出生前业已存在百年的哈佛学院（Harvard College）的藏书还多。他是个修补匠，也是个书虫，更是个地地道道的农场主——这位温和仁慈的农场主，想把农活继续"分配"给其他人。

杰斐逊想让美国成为乡村化的国度，在这样的国家中，独立的自耕农可以成为地方上的政要，主宰公共事务。对于认为政府应由贵族阶层掌管的欧洲思潮，杰斐逊拒绝接受。

然而，杰斐逊永远都无法想象，有朝一日，他所憎恶的工厂会吸引成千上万的农民弃农从工，他永远无法想象那些工厂竟然会成为人们通往美好生活的大门，更无法想象那些看似存在许多问题的重工业将使美国人生活富裕。当然，没有大量的金钱，我们也无法修建公路、运河、高速公路、桥梁和工厂，可是这些钱从何而来？就是来自令杰斐逊深恶痛绝的银行！

尽管杰斐逊表示反对，但是第一家美国银行还是在1791年由国会通过，正式成立并运转了20年，直至1811年，一批新的银行"憎恶者"开始执掌国会并拒绝继续发行银行特许经营执照，该银行才被迫关闭。

1816年，第二家美国银行在费城成立，几年后，它又因安德鲁·杰克逊（Andrew Jackson）当选总统而陷入困境。来自田纳西州荒野的杰克逊，身上始终带着火暴性格。因为他像胡桃树一样高大（身高185厘米，在那个年代这样的身材算是非常魁梧了），人们叫他"老胡桃树"。他生长在乡间小屋，皮肤粗如树皮。尽管给人适合野外生活的印象，但是杰克逊却体弱多病，大部分时间待在室内。和前任总统一样，杰克逊认为各州的权力应该比联邦政府更大。

好景不长，第二家美国银行因1819年席卷全美的金融恐慌而倍受责难，那时，一大批企业倒闭，人们失去了他们的积蓄和工作（这是第一次出现的连环式恐慌反应，恐慌造成的破坏席卷全美）。西部的农民和东部的工人联合起来，一起声讨银行，银行成为千夫所指制造恐慌的罪魁祸首。因此，在恐慌结束的十年后，当杰克逊当选为总统时，他听从了那些人的建议，把所有的钱从联邦政府支持的银行中取出，转存到各个州的银行里，第二家美国银行到此宣告终结。从此，各个州政府控制了银行的所有业务，它们有权派发特许执照。很快，人们发现，没有什么比开设一家银行更令人快意了。

数以千计的银行涌现在美国城镇的大街小巷上，就像当今突然出现的快餐店一样。由于各州银行有权发行自己的货币，很难确切知道每个州的货币到底价值几何，这在商贸往来上造成了许多困扰，许多商家索性不接受任何一家银行发行的货币。那时，在美国境内旅行和出国旅行一样：从一个地方到另一地方，你不得不操心货币兑换的事。

就银行业这一领域而言，美国和欧洲分别选择了两条不同的发展方向。欧洲有几家大银行，下设许多分支机构，而美国却有大量银行独立经营。到 1820 年为止，美国已有 300 家林林总总的银行，相比之下，英格兰只有少量银行。今天的美国，如果把储蓄、贷款和信用行业统统算在内，整个国家的银行金融机构也已过万，而英国的银行还不到 15 家。

许多美国当地的银行实际上都是小本经营，它们缺乏必要的资金帮助它们渡过经济危机，尤其是在经济危机时有来袭的年代。1810～1820 年开张的银行有一半在 1825 年之前便关门歇业，1830～1840 年开设的银行，也有一半在 1845 年之前歇业。那时的银行不像现在的银行，存在里面的钱得不到任何安全保障，一旦银行破产，人们将失去所有的存款。那时的银行可没有什么存款保险制度。

因此，当时银行并不是存放资金的安全场所，然而，即便如此，也无法阻止人们将钱存入银行。银行吸纳这些储蓄，再把钱贷给桥梁和运河的修建商、公路和铁路的建设项目，美国的繁荣和发展离不开这些项目。银行把钱贷给铁路、桥梁或钢铁公司，这些钱又来自于人们在银行的存款。换句话说，推动经济发展的原始动力来自于普罗大众的资金投入。

当政府为某一项目募集资金的时候，通常有四种途径可供选择：税收、银行贷款、出售彩票和债券（第 2 章有更多关于债券的介绍）。当公司需要资金的时候，可以向银行贷款、出售公司债券或发行股票。但在 20 世纪前叶，向公众发行股票仍然是公司最后才动用的筹资手段，这种筹资手法流行得非常缓慢。

现代经济学之父

到处都是开放的市场，人们疯狂地买卖，对许多人而言，整个情形已经失去控制。亘古未有这种情况：那么多人，用自己的方式，为自己谋求利益，其中不见任何章法。

于是，经济学家应运而生，他们是一类新兴的思想家。数千年来，虔诚的哲学家们一直试图帮助人们找出如何按照上帝的意愿去生活，他们在如何组建政权、如何运作政府组织以及谁是领袖的问题上激烈地争辩。而经济学家会告诉我们，当人们被赋予自由追求财富权力的时候，社会将会如何发展。

第一位早期的经济学家是位苏格兰人，他智慧超凡，名叫亚当·斯密，他生活的时期正好是美国大革命时期。斯密谢绝一切聚会、野餐，习惯于在家里思考和写作。他如此全神贯注，常常给人心神恍惚、茫然出神的感觉。他写就了一部旷世巨作即《国民财富的性质和原因的研究》，这部巨著就是当今简称的《国富论》。

1776 年《国富论》问世，这一年美国宣布独立。可惜的是，亚当·斯密当时并没有得到应有的、足够的赞誉。他完全值得被载入史册，拥有和约翰·洛克、本杰明·富兰克林、托马斯·潘恩等伟大思想家一样的耀人光芒。那些革命先驱宣布政治自由是实现公平社会的关键，是人们得以安居乐业、和谐共存的根本。但他们不曾提及经济体制或财务问题，斯密做到了，他提出了自由经济的理论。

斯密认为，当一个人在谋求自己福利的时候，社会整体的福利也将大大提升，这比一板一眼的计划经济奏效得多。他的观点今天看来显而易见，但在 1776 年，这可是异乎寻常的想法：数百万人任意制造、出售自己的商品，任由它们自由流通，如此便能构建出一个井然有序的社会，在那个社会里，人人都能得到衣服、食物和房子。但如果 100 个人里有 99 个决定制售帽子，只有一个决定种蔬菜呢？那整个国家必是帽子大泛滥，而肚子空空如也！还好，这个时候，斯密所说的"看不见的手"开始发挥作用了。

当然，市场中不会真有一个"看不见的手"存在。根据斯密的想象，在幕后有这么一只手，它能保证合适数量的人去种蔬菜，合适数量的人制作帽子。事实上，他所说的就是市场经济中的供求关系。譬如，如果帽子生产过量，那么大量的帽子会在市场上积压，迫使卖帽者降低帽子的出售价格。低价将使一些帽子生产商退出制帽行业，转向生产利润更高的商品，比如种植蔬菜。最终，会有足够的蔬菜种植者和帽子制造者提供数量合适的蔬菜和帽子。

当然，在现实世界里，事物不会运行得如此完美。但是，斯密揭示了自由市场运作的基本原理，它们至今仍然成立。当一种新产品（譬如电脑）存在有效需求时，越来越多的公司参与生产这一类产品，直到产品达到饱和，商场开始降低它们的售价。这种竞争对你、对我、对所有的消费者来说都是一件好事，因为竞争促使商家提供质量更好的产品，同时价格更为低廉。于是每隔几个月，便会有价格更低廉的新产品问世。如果没有竞争，即使商家坚持出售老掉牙的产品，消费者对此也无可奈何。

看不见的手使得从泡泡糖到保龄球的所有产品都能达到供求平衡。因此，我们无须国王、国会或政府部门来决定国家该生产什么、该生产多少以及由谁来生产等。市场能自动自发地解决所有问题。

斯密认为，想要超越别人具有积极的意义，并非如宗教领袖或舆论一直反对的那样（他们认为超越别人是一种负面因素）。他认为，为自己谋利并不等同于完全的自私自利。这能促使人们尽其所能地为自己的工作效力，譬如促使他们发明创造、加班工作以及为自己的工作加倍努力。试想一下，如果人们得不到什么好处，我们将遇到多少糟糕的木匠、伐木工人、医生、律师、会计、银行家、秘书、教授、中锋和四分卫，因为人们的成功从未得到过奖赏！

除此之外，斯密还提出"累积定律"（law of accumulation），这种效应使得为自己谋利的动机也能够间接地为所有人谋利。当一个企业的老板变得越来越富有的时候，他会扩大经营，从而会雇用更多的人，如此一来，那些被雇用的人也会变得更为富裕，而其中的一些人也开始有能力发展自己的企业，如此循环往复。资本主义能创造出机会来，人们经过努力可以抓住机会改善生活，可是在封建农业社会，一小部分权贵拥有大片土地并在家族内部世代相传，如果你生为农民，你出生和死去的时候同样是身无长物，你的孩子和权贵的孩子将重复你们的故事。

当斯密写下这本书时，在其后的整个世纪中，许多伟大的思想家正试图为每件事物寻求定律。科学家们已经发现了许多物理定律，包括万有引力定律、行星运动定律，还有一些化学反应定律。人们相信，在有秩序的宇宙中，如果存在行星运动定律和树上掉苹果的万有引力定律的话，也应该有商业运转的规律、政治活动的规律和人们应对不同场合所需的规律。举例来说，如果你能发现钱流转的定律，那么，你就能精确预言谁将会拥有多少钱。最后，我们还是需要关注供需定律，以及货币流通的定律，并希望找到一个公式来精确描述上述两者间的关系。当然，经济学家致力于寻找新的理论，试图将这纷繁复杂的市场归结于一个简单的等式。

美国最早的百万富翁

根据史料记载，早在殖民地时期，美国就已经出现了一批百万富翁。其中一位是伊莱亚斯，他是来自马萨诸塞州塞伦市的海运贸易商（未曾参与黑奴交易），是当时全美最富有的人。现在，他的豪宅已经属于国家公园，并对外开放，供人参观。距离此地几百尺之遥，就是纳撒尼尔·霍桑所写小说《七个尖角的阁楼》的故事发生地。霍桑声名远扬，而伊莱亚斯却默默无闻，这种强烈的对比足以说明，在教育领域文学与金融孰轻孰重。

向南几百里，一位叫罗伯特·奥利弗的巴尔的摩商人也赚取了巨额的财富。在独立战争中后期，罗伯特·莫里斯成为首富。

莫里斯拥有一个买卖船只的财团，他的船只往来于欧洲与西印度群岛，向欧洲运送粮食、烟草，带回服装等产成品。同时，他还领导了一个秘密组织，向美国独立运动的军队提供装备，他自己的公司也获得了来自军方的合同。在颁布美国联邦条例后，莫里斯负责财政事务，并成为亚历山大·汉密尔顿及其第一国民银行的主要支持者。

莫里斯奉行精英治国的理念，为像他这样（或他自以为）的绅士的优越权而争辩。他坚决反对杰斐逊关于中小农场主是国家的基石并应获得选举权的观点。

就像许多后继者一样，莫里斯借助银行贷款建立了他的商业王国。由于他有丰富的政治资源，且是军队的重要供应商，因而他成为第一位大型防务承包商。

其后，就像现代的企业家一样（包括唐纳德·特朗普），由于过高的财务杠杆，在海运市场衰退的过程中，莫里斯的金融帝国崩溃了。当时，宣布破产是一个严重的事件，欠债不还是一项真正意义上的犯罪。莫里斯在位于费城的债务人监狱中被囚禁了三年，其间乔治·华盛顿曾经造访过他。有趣的是，莫里斯还在狱中组织了一场反对这种惩罚的战役，幸亏有了莫里斯，现在我们不再因为无力偿付债务而把人囚禁起来。如果时至20世纪90年代，我们还设有债务人监狱的话，一定是人满为患，因为每年都有超过80万的美国人宣布个人破产，主要是由于信用卡举债过多。

1815年，美国已经有了六位百万富翁，他们主要从事海运及贸易，其中最富有的是费城的斯蒂芬·吉拉德，1831年去世，享年82岁。吉拉德出生于法国，其父亲是一名船长，所以吉拉德自幼出海，后来成为一位国际贸易商。移居美国后，他投资于土地、银行股权及国债，并都取得了成功。随后他成立了自己的银行，并与一位叫雅各布·奥斯塔的年轻商人组建了一个财团，我们将在最后介绍这位雅各布·奥斯塔。

当吉拉德过世时，他拥有600万美元的不动产，这在当时是笔巨大的财富，但是现在还抵不上一位顶尖棒球手一年的收入。他的遗产被捐献给一所男子孤儿学校。由于吉拉德是名坚定的无神论者，所以他在遗嘱中规定，不准任何宗教派别踏足这所学校。

吉拉德遗留下来的净资产被雅各布·奥斯塔慢慢侵吞。奥斯塔是一位德裔的皮草商，后来他参股了一艘往返于美国到中国航线的船只，这是当时唯一还能牟取暴利的航线。随后奥斯塔有了第二、第三、第四条船，最后他拥有了一个舰队的快船。当时作为一个美国人，能建造起一只快船舰队是一件很伟大的事情，因为造船必须依赖银行信贷，而美国银行不会像英国银行那样慷慨融资。

在那个金本位的年代，货币是有真实的贵金属作为支撑的，银行能提供的货币，取决于其库存的真金白银。伦敦的银行有充足的金银储备，使其有能力为大亨们提供资金借贷。相比之下，美国的黄金、白银供给较少，像奥斯塔之类的企业家，很难获得满足其宏伟计划的融资。

当奥斯塔意识到在国际贸易中很难击败其竞争对手后，他开始专注于美国国内市场，并在此取得了巨大的成功。1848 年，84 岁的奥斯塔去世时，他留下的不动产达到了 2 000 万美元，是他老朋友吉拉德的 3 倍多。

在奥斯塔过世后，关于他财富的报道铺天盖地，公众愤怒地发现，奥斯塔为他的亲属留下了 1 900 多万美元的遗产，只有 50 万美元被捐赠给了慈善事业。这引发了一场全美范围内的讨论：如果遗产生不带来死不带去，谁应该继承它？公众认为奥斯塔应该为其部属而非亲属留下更多的财产，因为资本家最终应该为社会创造价值。

这场争论一直持续到现在，每个人都认同积极工作并获取报酬，但是在身后的财富分配上，公众有不同的想法。现在，奥斯塔的后代们不可能再继承他 95% 的财富，因为不动产遗产税高达 55%。现在的富人对遗产可以有不同的选择：他们可以把财产全都捐献给私人慈善机构或基金，用于资助学校、医院、避难所、艾滋病研究所、粮食储存机构等，或者他们可以什么也不做，通过遗产税将大部分财富留给政府。

股票的悄然兴起

1800 年，美国共有 295 家公司，但绝大多数仍掌握在私人手中，而非大众持有。当时人们对此存在争议：支持者们认为这种公司是一种民主的联盟形式，有助于社会利益最大化；反对者们认为这是一群不民主、龌龊且具有破坏性的自私的团体。

这是单个股票投资者沮丧的时期，虽然政府已经通过了有限责任的法案，投资者不必担心损失会超过其投资总额，但人们还是鲜有问津。在当时你很难找到朋友或者邻居，一起讨论热门的上市公司；现如今，这样的讨论随处可见。

在那时的报纸上，没有财经版，也没有财经杂志，更没有教你如何选择股票的书籍。实际上，也没有什么股票好选，只有十多家银行，两家保险商，两家煤气公司，一共就这些了。1815年3月的《纽约商业导报》上刊登了所有上市公司的名单，一共24只股票，到1818年共29只，到1830年也才31只。

股票最初的交易地点是在华尔街的一棵大梧桐树下，随后是在咖啡馆和租来的房间里。后来因为发生火灾，交易就转移到一个干草棚内继续进行。

人们无法想象那时的纽约证券交易所（通常简称纽交所，NYSE）的交易情形，你可能需要一边玩着游戏，一边等待你的股票成交。交易进行得十分缓慢，买卖交易可能上午11:30下单，下午1:30才能成交。1830年3月16日，只有1/3的股票有换手，这创造了股票历史上成交量最低的纪录。相对于1995年日均3.38亿股的交易量而言，可谓天壤之别。

直到1835年，股票交易才开始变得活跃起来，当时有121只股票在纽交所挂牌。整个国家当时致力于建设运河、高速路和桥梁，股权融资和债券融资为这些巨大的工程提供了资金。银行股也不再像20年前那样受到追捧，取而代之的是铁路股及其债券。当时，人们会不惜代价，买任何名字中带"铁路"字样的证券，甚至有人愿意以高得离谱的价格去购买铁路沿线的土地。如果没有足够的资金购买土地，人们就向银行借款，银行为这些铁路沿线的地产交易提供了大量的融资。农场主们弃农从商，转而变成地产大亨。

这是一个美国自生自灭的泡沫，如同英国 1836 年破灭的南海泡沫，股价和土地价格崩溃的速度和它们当初疯涨的速度来得一样快，投资者都急于变现。原本以为自己能成为富翁的投资者们，身陷无力偿还银行巨额债务的窘境。与此同时，银行的资金链断裂，无力偿还存款人的存款，纷纷倒闭。于是乎，货币供应量大幅下降，以至于社会购买力剧降，金融体系处于崩溃边缘，史称 1837 年经济大恐慌。

美国（包括全世界各国）的经济总是在经历催生泡沫和泡沫破灭的循环。在催生阶段，就业率充分、薪金上涨，投机者们用其所有的收入、典当首饰向银行举债，尽其所能去购买股票、债券、土地。当泡沫破灭时，投机者咎由自取，民众趋于冷静。

股票市场在 1853 年和 1857 年还有两次大跌，当时著名的伊利铁路（Erie Railroad）公司的股价，从 62 美元下跌到 11 美元。但还是有一小部分人持有股票，并提供日常交易，这也许是这个市场最理想的情况。股票市场再一次的下跌是由欧洲人引起的，他们并没有吸取前次美国人的教训，而将大量资金投入美国市场。到 1860 年前，有一半的美国股票被海外投资人持有，主要是英国人。

资本造就美国人的创造力

美国人曾被优雅的欧洲人认为是笨拙的、缺乏教育的下等人。所以，当他们看到一个个创造发明的奇思妙想从美国人脑袋里迸发出来的时候，有多么惊讶。美国人善于创造，主要是因为缺乏足够的劳动力，在一个地域广袤的国家，人口数量的不足促使发明新的机械用于生产。但是，即使发明家不断涌现新的想法，也不代表它们会被付诸实施。只有运用资本的魔力，人们才愿意投资让这些发明成真，并迎来了美国创造的黄金时代。

富尔顿发明了蒸汽船，乔治·卡伯特·洛奇发明了压榨机，弗朗西斯·卡伯特·洛厄尔完善了现代工厂，麦考密克发明了大型收割机，从而解放了辛苦劳作的农民。作为一名南部种植园的教师，艾里·惠特尼发明了轧棉机用于将棉花种子从棉花中分离出来，使得南方成为棉花生产基地。麦考密克的大型收割机、塞缪尔·克尔特的自动手枪和一种由三个美国人发明的新型挂锁，在1851年英国水晶宫的世界现代工业展览会上，格外举世瞩目。欧洲不仅对美国的产品感到惊叹，更为美国标准化的生产体系着迷，这意味着从商店里卖出来的每件商品的质量都是一致的。

同样，是资本将这些图纸上的发明，转变成为现实的产品。部分资金是来自银行的信贷，但更多的是股权融资，股票投资成为一种重要的个人理财工具，尤其是在海外。海外投资者通过新型市场投资，将资金注入美国的产业，150年后，美国又将大量的资金投向新兴的亚洲、非洲、拉丁美洲市场。

农耕机械的使用，彻底改变了农民自古埃及开始的5 000多年来亘古不变的农耕生活。农民过去主要靠人力和畜力耕地，弯腰的劳作交给了黑奴，他们是这种农耕方式的牺牲品，如同远古的美索不达米亚农奴一般。在黑奴制度的背后，传统的农耕方式是一个重要的原因。在强大的舆论压力之下，黑奴这种邪恶的制度被废除了，其中资本的力量功不可没，因为投资者们出资生产了农业装备（打谷机、收割机、圆盘耙、铁犁、现代化谷仓之类），这也从根本上改变了农耕方式。农耕装备替代了原先由农奴弯腰完成的艰苦劳作，奴役农奴再也不能取得任何经济优势了。

几家 100 年前就开始生产农业装备的公司如今依然存在：迪尔、国际收割机、卡特彼勒。它们主要生产、销售农业机械，涵盖锄地、播种、收割，其他的公司生产除草剂和肥料以驱虫除草、肥沃土壤。在机械和化肥的帮助下，美国成为世界上效率最高的粮食生产基地。每英亩[⊖]小麦、玉米的产量远高于历史上任何一个国家。确实，在我们丰收的庄稼下，是几亿英亩肥沃的良田。而欧洲、亚洲成百上千年来毫无节制的农耕，遗留下来贫瘠、过度开垦、失去肥力的土地。而且我们也不否认，依靠发明与创新，我们依然保持着美国土地的肥沃，美国的农场至今受到全球其他地方的羡慕。

当上百万爱尔兰人因为土豆减产而丧命，饥饿仍然威胁着人类社会的时候，美国生产的粮食始终多于本国的需求。

农业机械的产生，虽然改变了种植庄稼的方式，但是没有改变美国人的饮食习惯，相对而言还是单调而乏味的。大部分家庭自给自足基本的饮食，如面包、土豆、茎类蔬菜、干果，偶尔来片腌肉、熏肉，是一件让人愉快的事。人们还是用动物腰子做早餐，厨房里没有冰箱，所以，蔬菜和水果只有吃当季新鲜的。

在冬天，你可以吃黄瓜色拉、腌黄瓜色拉，或者干脆不吃色拉。如果你不生活在水边，则无法吃到新鲜的鱼。柠檬是一种奢侈品，橙子也只有一年一度的圣诞节期间才有供应。西红柿是一种来自墨西哥的异域水果，当时人们还认为它是有毒的。柚子只有在佛罗里达才能吃到。

由于没有冷藏卡车或火车来运送蔬菜，罐头行业也还没有加工保鲜蔬菜的能力，因此，大家都是在自己家里用玻璃瓶保存食品。和现在人们直接在超市里买牛排、羊肉和猪肉不一样，当时牛、羊、猪等活牲畜被直接赶

⊖　1 英亩 =4 046.856 平方米。

进城市里再屠宰，以保持肉类新鲜。

现在，有些舆论在怀念过往这些单纯和自然的日子，但如果他们经历了当时真实的生活的话，他们或许会改变论调，从早到晚辛勤工作，终日劳作才能让家里人吃饱穿暖。要知道没有现代化的产品和服务，主妇们的工作永远也做不完，先生们也是一样，还有什么值得满意的呢？

房子、衣服、窗帘、家具甚至肥皂，都是自己手工制造的，普通人几周才去买一件由公司生产的商品。人们每天花上几个小时做饭，再花上几个小时整理花园，再花上几个小时砍柴生炉子。炉烟是那个时候的主要污染源，人们每天在他们的房子和房子周围花上绝大多数的时间，享受房子周围新鲜的空气也许是人们怀旧的理由。

那时没有电视，也许是一件幸运的事，因为很多人也没时间看电视。我们现在所说的室内娱乐项目，那时候是在家庭中展开的，比如玩牌、字谜、作曲、讲故事、说笑话。如果这些娱乐真的这么有趣，为什么人们后来开始转向广播和电视了呢？

铁路的兴盛带动经济的繁荣

股票市场的日渐繁荣，部分应该归功于电报机的发明，这是爱迪生的一项伟大的商业发明。当时的电报机，是拿玻璃盒子罩起来的一台打印机，初看有点像现在的糖果贩卖机。每当一只股票成交，都会通过电话或者电报，将消息传到全美，甚至是全世界。从成卷的纸条中，我们可以读取股票成交的价格和数量等信息。任何能够看到电报信息的人，都能在1分钟的时间内，获悉交易情况。在爱迪生发明电报机前，如果你不在交易所里，就无法获知股票的表现。自从安装了电报机，每个投资人都能像置身于交易所内那样，跟踪自己的股票了。

在 1790 年到内战期间，美国的经济总量扩大了 8 倍。这意味着同样的人口，产出增加了 8 倍，总购买和总消费较殖民地时期增加了 8 倍。当时美国正处于成长为世界最大生产基地的阶段。内战结束，黑奴制度被废除（但种族隔离政策尚未被废除），人们开始向西部拓展，城市的发展不断提高，全美都卷入了这个浪潮。

到 1855 年，纺织厂如雨后春笋般地在新英格兰的河流两边冒了出来，在波士顿交易所挂牌的棉纺织企业竟有 46 家之多。当已经习惯了身穿军装的退伍军人结束内战返乡后，他们纷纷去买另一种新制服即成衣。肥皂、蜡烛、皮草、枫糖以前种种自家制作的产品，现在都能在商店买到。州与州之间的贸易壁垒被打破，大量的贸易开始往来于各州间。

联合太平洋和中央太平洋这两家铁路公司中标，负责修建横跨美国、由东海岸抵达西海岸的铁路。尽管受雇的爱尔兰裔、德裔和华裔工人之间时有冲突爆发，但他们最终还是一同完成了这条铁路的建设。

国会为全美的铁路建设特批了 1.7 亿英亩的土地，被认为是政府历史上最大手笔，也是最具有争议的地产授予。铁路公司出售了其中一部分给农场主，并用其中另一些土地作为抵押从银行取得了巨额贷款，用以支付劳工工资，购买铁轨、车皮及其他装备。直到今天，还有些铁路公司拥有当时政府拨给的巨幅土地，对它们而言，这是一笔难以想象的资产。

铁路承载着货物和旅客，同时也为股市带来了大量的买家。在第二轮铁路泡沫中，投资人向铁路企业提供了 3.18 亿美元，换取了 1.3 万英里的铁路，而联邦政府提供的只有土地。从这个角度看，并不是牛仔们和左轮手枪赢得了西部，而是铁路。没有大量资金和这些突破，美国不可能这么快取得版图的扩张。

我们怎么能错过铁路股？从东海岸到西海岸的投资者都集结到了这面旗

帜下。看着铁路沿着美国每个角落延伸，看着蒸汽火车头从身边经过，每个人都确信，铁路投资是一个不容错过的机会。依据1862年的《宅地法》，大量的农场主参与了铁路股、铁路土地以及这些相关土地公司的投机。一些铁路和土地计划开始变得不切实际，一些对金、银矿的冒险活动也在跟随铁路建设展开。

马克·吐温曾经说过，金矿只是说谎者编造的莫须有的"无底洞"，有时甚至连洞也没有，但那些人却忙于发行股票。那些兜售未经证实的矿产股票的人，要比带着平底锅和鹤嘴锹前往加州探矿的勘探者赚的多得多。这些骗局的受害者却得不到联邦和州政府的保护，当时也没有禁止公司披露虚假和误导信息的相关法律。

伟大的牛仔时代，虽然只持续了25年，但畜牧场也上市了。在1860年，美国有3 900万人口，却有3 800万头牛，基本上人均一头牛。牛仔文化深深影响了东海岸的大众，并使他们开始投资畜牧业。

到1869年，已有145家公司在纽交所上市。保险公司开始在华尔街成立。钢铁企业已经成长为巨人，从农业市场和欧洲移民中，吸收了大量的劳动力。

铁路已经延伸到美国的各个角落，在五大湖的运输尤其繁忙。船舶也在那里卸下煤炭与铁矿石，在附近的钢厂炼钢，同时也排出有毒的污染气体。即便如此，仍有大量的移民跨海来寻找工作。

在涌入纽约的人群中，有来自爱尔兰的，来自欧洲大陆的，甚至有来自遥远的中国的。他们来到此地逃避饥荒、战争、迫害、种族歧视、政治动荡等。他们领着极低的薪水，却从事着制衣工、肉包装、焊接工、铆接工、加油工等工种，长期暴露在不健康甚至是危险的环境中。他们之所以愿意忍受这样的工资和生活状况，是因为总比在家乡忍饥挨饿、战火不断来得好。如果原来的生活更好，他们为什么选择到美国来呢？

他们也意识到，如果他们留在波兰或是希腊，他们的未来没有前途，因为在那些国家，总有一小群贵族控制着土地、金钱、粮食、政府。在美国他们不止有希望，还有实现希望的可能。这难道不是一片充满着机遇的土地吗？工人们看到自己身边欣欣向荣，他们希望自己能分享这种繁荣，至少也要让自己的孩子分享到这种繁荣。

移民工人的后代有机会接受教育，成为医生、律师、管理人员，甚至成为他们父辈们为之辛勤工作公司的老板。

19 世纪后期，美国工人基本上不会去享受豪华假期或香槟晚会，至少绝大多数人如此，他们把钱存到银行，那时的银行也比更早期的国有银行运作规范。但当时的人们发现，拿着形形色色的纸币上街购物是一件麻烦事。所以，到 1860 年，一个新的联邦银行体系诞生了。自此以后，美国有了统一的货币——美元。

从美国内战到第一次世界大战期间，美国人的储蓄高达工业总产出的 18%。这些又为新兴的工厂与道路的建设提供了融资，工人们变得更有效率了。在同样的工作量下，他们能生产出更多的产品。

美国的货币供应较初期扩张了 40 倍，却基本上没有造成通货膨胀。当另一个新兴经济体苏联开始印发钞票时，他们的货币价值马上就崩溃了，物价飞涨。在 19 世纪下半叶，虽然美国也是一个新兴经济体，美国的银行也在拼命印钱，但美国的物价却一直保持稳定。美国快速投放货币，却没有引起通胀的原因在于，美国的工业产出是和货币供应同步增长的。

另一个帮助美国经济繁荣的重要因素是，当时采用了惩罚性的关税，阻止了进口。虽然现在我们听到了很多关于自由贸易及其优势的言论，但在美国经济高速发展、工厂满负荷开工的黄金时期，海外竞争者不能进入美国市场，国内的产业免于与海外厂商竞争。

创新还在美国持续进行着：电报、电话、汽车、橡胶轮胎。美国人在发明新的捕鼠器，发明新的任何机械用以替代过去由双手完成的工作。到1880年，甚至有议案建议国会取消专利局，理由是所有重要的发明都已经被发明了，这明显是一个谬误。

那时，有一种由本萨克（Bonsack）公司制造的卷烟机，最初被卡罗来纳的烟草种植商人詹姆斯·杜克所采用，这里所说的杜克先生就是后来捐建杜克大学的那个杜克。当时还有做火柴的机器，做面粉的机器（皮尔斯伯利面粉厂拥有一台），一种浓缩牛奶的机器（葵花牛牛奶公司拥有专利权），新的炼钢法（柏斯梅尔法），以及一种做汤罐头的机器（第一次用于金宝汤）。还有一种制造白肥皂的机器，这是宝洁实验室一次错误试验的结果。

一旦一种机器被发明了，就会有人来设计制造这种机器的机器，还要设计部件及维修用的设备。有些批评的声音认为，机器并没有像人们预告的机械时代已经到来的那样减轻人们的劳动负担，反而增加了工作量。当每一份工作被机器替代时，就会有两个工作机会被创造出来。随着机械的进步，工作变得越来越轻松。工厂制造的产品比手工的更便宜，在质量的稳定性上也超过了手工产品。提供给顾客的产品变得越来越便宜，而当一个产业被机械化后，员工的收入却越来越高。

美国品牌的兴起

在20世纪的历史长河中，曾经有过零食行业欣欣向荣的发展时期，在全美范围内生产和经销形形色色的果冻、果酱、饼干、糖果和口香糖的公司在证券交易所里出售股票。人们既可以把这些产品当作食物，又可将其用于投资。

　　长期以来，美国的零食品种单一沉闷，只有硬面包、冷水饼干、黄油饼干、方块苏打饼干和甜味小圆饼，它们不是街坊面包店制的，就是当地杂货铺的饼干桶里卖的。

　　那时候，全国最出名的饼干要数尤尼塔（Uneeda），其知名度堪比今天的可口可乐，它是全国饼干公司又称纳贝斯克公司的产品。在数十年间，许多小型的家庭作坊式的面包店并入两家地区性面包公司：中西部的美国饼干公司和东部的纽约饼干公司，在此基础上最后成立纳贝斯克公司。这两大饼干公司联手成立的纳贝斯克公司后来在世纪之交公开上市，出售股票的价值达 3 000 万美元。公司有 1 300 名原始股东，其中也包括社会名流，不过，实际上任何人只要愿意都可以买上一股。

　　在能干精明的阿道夫·格林（Adolphus Green）的领导下，纳贝斯克终结了美国人拿饼干桶装零食的习惯，让零食变得更富于趣味。纳贝斯克率先对糕点和饼干进行包装，以使它们保持新鲜干燥，不被伸进饼干桶的小脏手污染。除了继续生产淡味的尤尼塔饼干，纳贝斯克还推出一系列新产品：无花果牛顿饼干（以马萨诸塞州的牛顿镇命名）、优质咸饼干、巴诺姆动物饼干（1902 年）、洛娜高油曲奇饼和奥利奥饼干（1912 年），还有丽滋饼干（1934 年）。

　　时至今日，奥利奥饼干仍然是全世界卖得最好的饼干。如此悠久的畅销历史使我们几乎忘了它起初诞生于纳贝斯克实验室，而纳贝斯克实验室还发明了第一个趣味狗零食——牛奶骨头。

　　19 世纪末 20 世纪初，一位名叫阿马德奥·奥比奇（Amadeo Obici）的手推车小贩发明了一种叫"绅士牌"（Planter's Peanuts）的花生。奥比奇在宾夕法尼亚州威尔克斯 - 巴里城的大街小巷叫卖。一天，他决定在出售的花生上撒盐，结果这种撒盐花生大出风头。于是，1906 年，奥比奇与一个合伙人合作创办了一家花生和巧克力公司,这一品牌后来成为全球知名品牌,并继而成为雷诺兹-纳贝斯克(RJR Nabisce)旗下的一个部门。

还有亨氏番茄酱,其发明者是亨利·海因兹(Henry J. Heinz),他是宾夕法尼亚州的一个泡菜生产商。海因兹在1873年的经济恐慌中遭遇破产倒闭,后来却一跃成为全球泡菜大王、调味大王、番茄酱的推广者。他是从一种名叫"醢汁"(ketsiap)的东方食谱中得到这一配方的,其主要成分是腌鱼。海因兹略去了鱼的成分而代之以番茄,最终制成了番茄酱。

在殖民时代和19世纪初,美国人坚信番茄是有毒的。后来,一个有胆量的军人——被称为约翰逊上校,站在新泽西州塞勒姆县(Salem)法院的台阶当众吃下一个番茄,以此证明番茄并不是致命的食物。即便如此,这样的迷信仍然无法根绝。然而,一旦海因兹开始把番茄装进玻璃瓶中,人们就习惯于把番茄酱涂在一切食物上面了,这种习惯一直持续到今天。比如尼克松总统就喜欢在炒鸡蛋上面撒番茄酱。

番茄酱、芥末、橄榄、泡菜等开胃品,凡是你往汉堡包里塞的东西无一不是由海因兹最先开始大规模生产的。他在美国的六个州设立分厂,在世界各地建立分销中心和销售代表处,拥有2 800名全职雇员,同时还和20 000名农户签订合约,种植调味料中所需的农作物。

当海因兹正忙于制作他的番茄酱和其他56种调味料时,西尔维斯特·格雷厄姆则埋头发明他那著名的饼干。作为禁酒联盟的教长和讲师,格雷厄姆公开反对酒、肉、芥末,甚至反对亨氏番茄酱(据他称,番茄酱会引发精神错乱),他支持冷水浴、硬床垫、水果、生菜和全麦面粉,这些都是其零食新品种的成分。格雷厄姆相信,这种饼干不是普通饼干,它具有治疗欲望和平衡青少年荷尔蒙的功能,而肉类和脂肪的作用则恰恰相反。根据他的理论,食用格雷厄姆饼干的青少年性情更加平和,举止更有教养,从而更易专注于他们的功课。

正值格雷厄姆醉心于他的饼干圣战时，约翰·凯洛格也同样在和青少年的欲望展开奋战（他称之为"危险的欲望"），他的武器是脆玉米片。作为一名素食主义者、健康的追求者，凯洛格经营着一家位于密歇根州巴特尔克里克的著名疗养地。有一天，他正在试验一种面包新配方，试图改良当时很流行的"zwieback"（一种烤干面包），使之更容易咀嚼，这种面包太硬，经常损伤人们的牙齿。可是他让面包片留在烤炉上的时间太长，试验品成了薄片。但很快，凯洛格就使自己确信，经常食用这种薄片可以抑制冲动，使美国的青少年远离随之而来的危险。

凯洛格和西尔维斯特·格雷厄姆的同道之人可谓寥寥无几，但这并不妨碍整个国家从此倾心于格雷厄姆的饼干和凯洛格的玉米片。

凯洛格有个熟人叫波司特，他是一个语速飞快的推销员，也是凯洛格疗养院的病人。波司特入住疗养院是为寻求治愈他的神经衰弱，在那里他第一次品尝了凯洛格发明的碎玉米片，他很喜欢这种食品，但不喜欢每天早上凯洛格供应的焦糖咖啡。为了能喝上更好的饮料，他自己发明了波斯敦酒（Postum），一种以粮食为原料的烈性酒，味道有点像咖啡——至少他本人这样想。后来波司特还成立了一家公司批量销售波斯敦酒，连同他发明的一系列谷类食品，即宝氏提子果仁和宝氏粟米片。

此外还有赫尔希和他的糖果吧——准确地说，应该是米尔顿·赫尔希。米尔顿·赫尔希经营一家小糖果店，1893 年他参加了芝加哥世界博览会，看到德国的巧克力制造机，随即订购了一台。他利用这台机器生产包裹巧克力的饴糖，后来开始批量生产巧克力棒，1907 年他推出好时巧克力喜糖，1925 年又推出好时先生牛奶花生巧克力棒。1927 年好时股票开始在纽约证券交易所上市交易。

　　杰尔姆·斯马克尔出售由俄亥俄州苹果和约翰尼播种的苹果制成的苹果黄油和苹果酒。1897 年，斯马克尔成立斯马克尔公司 (JM Smucker Company)，100 年后，斯马克尔公司出售的果冻和果酱跃居全美之冠。

　　与此同时，整个美国有上千商标被注册，而宣传口号和广告语也进入美国人的词典，例如，"绝对纯粹"——来自英国皇家烘焙公司，"一按快门，何须劳神"——来自柯达；"飘一般的感觉"——来自象牙肥皂；"令雄鹿队扬名的啤酒"——来自施利兹；"所登新闻，皆宜刊登"——来自《纽约时报》；以及"适合脸色苍白者的粉红药丸"——来自被称为威廉姆斯博士的一位药剂师销售的维生素的广告。

　　所有这些产品的诞生促使人们为销售它们而开设新店。直到 19 世纪中叶，美国还没有超级市场。从未有人想过开一家大规模的杂货店，直到 1859 年情况才有所转变，一对茶叶迷，乔治·吉尔曼和乔治·亨廷顿·哈特福德，在后来的纽约世界贸易中心原址附近开了一家茶叶店。这是一家小公司，却起了一个夸张的名字：大美茶叶公司。后来，公司的名称改为：大西洋与太平洋茶叶公司 (A&P)，听起来规模更大。

　　这家位于纽约的茶叶店在纽约发展了五家分店，后来更扩展至其他州，那时吉尔曼和哈特福德已经开始把咖啡、黄油、牛奶等其他商品摆放到货架上。1912 年，他们已经拥有了 400 家连锁店，成为首家杂货超级市场，20 世纪 20 年代后期，他们已经在全美开设了 15 000 家分店，年销售额高达 10 亿美元。在这个国家，A&P 的名号已经妇孺皆知。

　　在日益增多的连锁店和邮购目录的帮助下，人们可以购买质量可靠的批量生产商品，而且价格远远低于流动摊贩或当地的独立经营商。在那时，小镇和农场收到邮寄包裹可算得上是重大事件，特别是如果它来自蒙哥马利 - 沃德公司（Montgomery Ward）（以其创始人艾伦·蒙哥马利·沃德的名字命名，沃德于 1872 年在芝加哥创办了第一家邮购公司），或来自西尔斯公司（Sears Roebuck and Company），该公司于 1887 年发行了第一份邮购目录。

起初，西尔斯公司只卖手表，但它迅速将销售范围扩展到其他普通商品。故事可追溯到一位阿拉斯加的勘探员，这名勘探人员向西尔斯公司下达了一份预付订单，订购 100 卷卫生纸，并将现金夹在信封内。西尔斯公司在回信中说，该公司不接受任何邮购目录以外的订单。客户的回复如下："要是有邮购目录的话，我就不需要卫生纸了。"

随着长途邮寄的商品数量增多，铁路的货运承载量越来越大，邮件在人们生活中日趋重要。邮件对资本主义的发展至关紧要，因为它是将批量生产商品送到公众手中最有效的方式。但即便如此，邮局仍然以其怠慢的服务而著称，商品的生产者们对此多有抱怨。快捷货运对业务如此重要，阿道夫本人甚至在经营纳贝斯克公司之余抽时间带头开展了一场改革邮局服务的斗争。

工业时代的暴发户

公司已建造了工厂、桥梁，支撑起现代美国。到 19 世纪中期，由公司承担的国家业务所占比例不到 1/4，但到了 20 世纪，公司已经开始对家庭生活的方方面面产生影响。

大规模生产成为时代的口号：货物可以从工厂运出送入火车车厢，分销往跨州沿线，使得以前小店铺的街道市场成为地区性市场，而商品的种类则几乎没有变化。这类市场的扩张是社会变革中革命性的变化，如同美国革命那样影响了人们的日常生活，甚至更为深刻。1820 年之前，2/3 的美国人穿的衣服是家庭缝制的，而到了世纪末大多数衣服来自成衣工厂。

公司名称和品牌名称，例如钻石、皮尔斯柏利、金宝汤、亨氏、博登、桂格燕麦、利比和宝洁成为家喻户晓的名词。家居产品变得像著名作家、画家、演艺明星或政治家那样广为人知。到 19 世纪 80 年代，象牙肥皂的知名度已经从西海岸直抵东海岸。1884 年，乔治·伊士曼发明了大规模生产照片胶卷的方法，十年后，用柯达相机和柯达胶卷拍照已成为国民娱乐。

机器时代和大规模生产的出现如此之快，使得人们几乎措手不及。物权法必须重写，需要重新制定新的商业规则、新的业务安排。一小部分人投机致富，走在同时代人的前面，而那些人还沉浸在疯狂的幻想中。这些人聚敛的财富简直令人类历史上最富有的法老、苏丹、当权者、国王、女王、征服者、帝国的缔造者都相形见绌。他们被称为工业时代的强盗式资本家（as robber barons，也就是我们现在俗称的"暴发户"），这一名词是在20 世纪 20 年代末期由历史学家马修·约瑟夫森首创的。

虽然他们中的一些人歪曲甚至篡改法律，为自己谋福利，但是此强盗非传统意义上的强盗，也不是违法分子。他们是高超的投机分子，其中大多数人出身贫困，他们奋力挣扎、密谋合作，以强权打通自己迈向美国工业之巅的道路，可算是把钱的能量发挥到了极致。

其中一位是杰伊·古尔德（Joy Gould），纽约州北部一个贫穷的农民的儿子，用坑蒙拐骗的手段建造了一个神话般的铁路帝国；安德鲁·卡内基，一个苏格兰纺织工的儿子，也拥有铁路，后来成为全国最有势力的钢铁巨头；科尼利厄斯·范德比尔特（Cornelius Vanderbilt），纽约码头上的一个无赖，打造了一支船队，控制航运业及后来的铁路运输业，但是尽管他腰缠万贯、功成名就，却仍多年居住在一栋铺着破破烂烂旧地毯的小房子里；丹尼尔·德鲁（Daniel Drew），一个放牛的，却为自己的利益操纵着证券市场；J.P.摩根，一个虔诚的基督教徒，创建的银行变得如此强大，连美国政府都要向他借钱；杰伊·库克（Jay Cooke），永远乐观的股票和债券交易商，他的投资公司强大到当它崩溃时整个国家几乎也随之崩溃；"钻石"吉姆·菲斯克（Jim Fisk），曾经的手推车商贩和马戏团票友，爱穿俗艳的衣裳，每根胖胖的手指头上都戴着戒指；罗素·塞奇（Russell Sage），狡猾的股票投机商和铁路大亨；利兰·斯坦福（Leland Stanford），一度担任加州州长，并利用他的政治影响力在那里建造铁路，中饱私囊，后来捐款创建了以他的名字命名的大学，即斯坦福大学。

最后一位重要人物是约翰 D. 洛克菲勒，一个蛇油推销员的儿子，他本人也是一名虔诚的浸礼会教友，这两方面造就了一个精明狡猾、令人生畏的资本家，他将所有石油企业组成巨大的垄断集团，任意抬高石油价格，并使其竞争对手臣服。关于这一点，后面会详细描述。

除了极少数的例外，强盗贵族的个人生活十分保守，他们往往笃信宗教，生活俭朴到与其银行账面资产极不相称的地步。他们中大多数人建造铁路或拥有铁路，而他们总是在谋划接管他人的铁路线。他们懂得如何操纵股票市场，使得铁路股票的价格发生波动，并利用这种机会赚取了数百万美元。

钻石吉姆·菲斯克被称作"赚同胞钞票的第一人"不是没有理由的；而杰伊·古尔德在鼓吹自己的伊利（Erie）铁路股票时简直无人能敌，这样一来，人们就要出高价购买这些股票。托古尔德的福，伊利被称为"华尔街的红衣女郎"（信用评级极为糟糕的公司的代名词），从 1873 年开始一直到 1942 年，从未给股东分过一次红利。

当杰伊·库克因铁路投资失败而关闭他的银行办公室大门时，这一行为同时触发了 1873 年经济大恐慌。在这场恐慌中，几家经纪公司倒闭，整个华尔街濒临破产。

而与此同时，1864 年到 20 世纪初，整个美国人口翻了一番，铁路网增至 7 倍，美国人足迹所至，到处都能听见火车的汽笛声。当时，有一位名叫乔治·威斯汀豪斯（George Westinghouse）的 22 岁的联邦军老兵，发明了空气制动系统；电灯取代了煤气和煤油灯；普尔曼（Pullman）则带来了他制造的火车车厢。

尽管铁路无处不在，但是人们的股票却在赔钱。总是有危机或丑闻把小投资者的口袋掏空，而强盗贵族们却趁机大捞一笔。1877 年，这些人中最成功的一位科尼利厄斯·范德比尔特在纽约去世，将高达 1 亿美元的财产全部留给他的儿子威廉·范德比尔特。

老范德比尔特在去世时，被认为是美国最富有的人。他的生财之道是船运业以及后来的铁路运输业，特别是纽约中央铁路公司。他经常被誉为商业巨擘，也经常被斥为势利的忘恩负义之徒，他用大众血汗建成的铁路创造了自己的财富帝国，却半个子儿也不曾回报大众。

对他至死一毛不拔的态度，公众们十分愤怒。范德比尔特本人却认为他建造铁路已经尽了义务，而他的财富就是他自己的业务。他的儿子威廉则更为直白地说："公众就是该死。"

在美国这个新兴市场，事情并没有按部就班地进行。许多当代的新兴市场也是如此。每隔几十年，经济就会崩溃，民众陷入恐慌，蜂拥而至银行提取存款，而由于大部分存款已被贷出，不可能立即偿还所有储户，银行不得不纷纷倒闭。一旦银行倒闭，整个社会资金匮乏，各类企业也相继破产，金融系统停止运转。股市会崩溃，而发行债券的组织无力支付利息，债券市场也会崩溃。

欧洲人在 1873 年经济大恐慌中输得很惨，一如他们早先经历的那样。由于我们经常面临经济崩溃和恐慌，美国获得了"骗子国度"的称号，做生意不能相信美国人，同样的情形最近也发生在一些俄罗斯的企业家身上。不过，我们是老一辈的赖账人。

在 1893 年的恐慌（大的经济恐慌似乎每 20 年出现一次）中，1/4 的铁路公司被迫宣告破产。1903 年出现了一次小的恐慌。不论有无恐慌，一些大公司仍在此期间开始发展，直至今天的规模，雇用数以千计的工人，为他们的股东赚得利润。在 1900 年世界版图上的半数帝国已经消失，但好时、桂格燕麦、箭牌、美国电话电报公司、杜邦、波士顿银行、美国烟草公司、美国钢铁公司和众多从标准石油分离出的公司（埃克森美孚、雪佛龙、美孚、阿莫科等）却在迈向兴盛的明天。

垄断和反垄断

19 世纪已经成为过去，很明显资本主义的运行方式存在一些问题。开始时，资本主义奉行完全自由，每个有想法的人都有机会获得成功。后来，它变成了由几家企业主宰的不公平游戏，也就是所谓的垄断。

你完全有理由说，垄断给我们的生活方式造成了巨大威胁，和美国遭遇的所有威胁一样，其恶劣程度仅低于阿道夫·希特勒的威胁。如果你操纵过垄断游戏，就会明白这个说法。举例来说，垄断的目的就是买断所有物业，这样一来需要租房的人就别无选择，只能支付极其不合理的租金。有能力这样做的操控者最后独占了所有的财富。

在现实世界中，垄断正是这样的，只不过它不仅仅发生在地产界。当某个行业只有一个寡头控制一切、主宰定价时，垄断就出现了。例如，在面包店垄断中，只有一家公司制作和销售蛋糕和甜饼，因此不管公司收多少钱，顾客都不得不乖乖掏钱，否则就只能不要蛋糕和甜饼。不论是面包店、玩具制造商，还是航空公司，垄断一旦形成，顾客就别无选择了。他们没有其他面包店、玩具制造商或航空公司可以去，因为所有竞争对手不是加入垄断，就是被排挤出去了。

你前面读到过的贸易公司——弗吉尼亚公司、联合东印度公司等，都是垄断公司。它们的宪章得到欧洲国王的许可，赋予了它们在新大陆广袤的领土上做生意的专权。在美国绵延数千里的海岸线上，这些公司控制着农业、渔业以及与印第安人的贸易。未经过他们的允许，没有人能与之抗衡。

第一个认识到垄断威胁着世界未来繁荣的人是《国富论》的作者亚当·斯密。他意识到自由竞争是资本主义的核心。只要有其他人出现并生产出更好更便宜的产品，公司就不敢马马虎虎，还指望能够蒙混过关。竞争使公司时刻保持警觉，迫使它们改进产品，尽可能降低产品价格，否则，它们就会把顾客拱手让给竞争对手。

到了 19 世纪中叶，美国经济非常繁荣，各行各业都有许多公司，竞争极为激烈。亚当·斯密认为，虽然这对社会来说是一件好事，企业主却未必喜欢这种状况。事实上，他们觉得竞争是一种威胁。他们烦透了不得不改进产品来击退对手。他们一直在寻找机会，对货物收取更高的价格，无论如何顾客都必须支付如此高的价格。

如果可能的话，某个行业的所有企业，比如面包店，将会结为联盟，决定对它们的饼干和蛋糕收取同样的高价。它们可能会签订协议来避免相互竞争，它们可能会形成战略联盟。实际上，在 19 世纪七八十年代，美国成立了一些固定价格的卡特尔，不过，国会通过了一些法律宣布卡特尔（或者也叫"联营"）是非法的。

19 世纪 80 年代初，一位名叫多德的律师想出了一个聪明的办法，让公司通过成立托拉斯来避开反卡特尔法。托拉斯是一种古老的方法，让一个经理来控制一些物业。在洛克菲勒石油公司法律部工作时，多德向洛克菲勒提出了他的想法。为什么不把一些石油公司集合起来形成一个托拉斯呢？这样，企业主可以固定价格，签订协议，避免竞争，而且所有这一切都将是合法的。

洛克菲勒立即联合石油业务上最大的40家竞争对手成立了一个多德式的托拉斯。显然，它们没有太大的选择余地。对拒绝邀请的公司，洛克菲勒就会威胁它们将以它们无法承受的低价来销售石油，迫使它们破产。

洛克菲勒的手段极其不友好，但是非常有效。他和他的40个同伙（尽管有些不太情愿）成立了"标准石油托拉斯"。一夜之间，它成为世界上规模最大、实力最强的石油生产商，控制了美国绝大部分石油井以及90%的炼油厂。现在，洛克菲勒和他最亲密的智囊团成为石油独裁者，可以随意提高价格。顾客别无选择，只能向洛克菲勒的石油公司支付高昂的价格，否则，他们就得不到石油。

这些独裁者还向铁路运输公司施加这一新发现的强大威力，迫使它们降低石油的运价。同样，铁路公司也别无选择。任何铁路公司如果拒绝降低运费，洛克菲勒就会把它驱除出局。毕竟，如果铁路公司不运其石油，就没有石油可运了，因为全国石油产量的90%以上是由托拉斯提炼的。

标准石油托拉斯把垄断延伸到行业的各个方面。从石油井到炼油厂，洛克菲勒主宰着一切。听闻他所取得的成功后，其他企业主也纷纷开始成立托拉斯。出现了糖托拉斯、威士忌托拉斯、棉花籽油托拉斯、铅托拉斯，还有詹姆斯·杜克和竞争对手成立的烟草托拉斯，他们联合成立了美国烟草公司。

此外，还有火腿托拉斯（斯威夫特兄弟）、水果托拉斯（联合水果）以及甜饼和饼干托拉斯。没有成立托拉斯的公司可以通过其他方式联合起来，比如合并。几家公司可以合并成立一家所谓的联合企业。通过合并，产生了国际收割机公司、杜邦、安纳康达铜业公司、钻石火柴公司以及美国熔炼公司，现在名为阿萨科（ASARCO）。铁路公司也行动起来，几家最大的公司进行了合并和收购。数十条铁路线合并成立了几家大集团：范德比尔特铁路、宾夕法尼亚铁路、山脉铁路、哈里曼铁路、古尔德铁路以及岩岛系统。当铁路公司时常陷入财务困难时，J. P. 摩根银行就会对它们进行重组。

西装革履，头戴高帽，摩根在华尔街上势力强大，1901年他收购了8家小钢铁公司，合并成立了巨无霸美国钢铁公司，这是迄今为止最强大的联合企业，也是美国第一家资产超过10亿美元的企业。

1895 ～ 1904 年，美国有1/3的公共企业在托拉斯和合并中消失了。在大多数行业，托拉斯和联合企业可以任意提高价格。它们在各个商业领域恣意施展它们的威力。

美国人目睹了发生的这一切，一个行业接着一个行业竞争对手消失了，托拉斯的主人迅速敛财，在罗得岛纽波特的海边建起了和军营一样大的避暑"别墅"。于是，公众开始奋起反对托拉斯。

人们意识到寡头公司将加强对小公司的控制，逼迫它们加入托拉斯或者破产，如果让这个趋势蔓延的话，所有东西的价格都会像脱缰的野马一样难以控制，全美国人的钱包都会被吸干。如果只有几家内行的企业控制着价格和工资，那么自由市场资本主义将不复存在。

这是美国历史上最可怕的一段时期，而且人们很少谈及这段历史。现在，美国这个有着125年历史的国家在经历了爆发式的快速增长和巨大繁荣之后，正进入一个新的时代，而且我们正逐渐失去我们曾经那么努力去实现的经济自由，败给了一堆托拉斯。

丑闻无处不在：作家厄普顿·辛克莱揭发了出售腐烂肉食的肉食加工

厂，这类新闻被称为"扒粪"新闻。人们加入工会以争取更高的工资，抗议托拉斯强加的降薪。在托拉斯控制就业的地方，工人根本没有谈判筹码，所以他们不太可能辞职另寻出路，换言之，他们根本走投无路。

工会、报纸、法院以及一些有胆识的政治领袖携起手来，共同抵抗托拉斯，把国家从贪婪的少部分人手中拯救出来。如果不是这些托拉斯克星，我们很可能陷入这样的境地，那就是一个普通美国人的富裕程度只跟一个俄罗斯农民差不多。那么，他们或许也跟俄罗斯一样要起来革命，那将是多么可悲。

幸运的是，除了托拉斯的主人，所有人、法院和政府都强烈反对托拉斯。1890 年，国会通过了《谢尔曼反托拉斯法》，可是，依照这个法律即将获罪的人却摇身一变，成立了所谓的"控股公司"，迁到了新泽西，从而避开了惩罚。因为新泽西州通过了自己的法律，方便将成为托拉斯的公司组成控股公司，从而避开了联邦政府的管制。美国钢铁公司就是这样一家利用法律漏洞而成立的控股公司。

1904 年，美国最高法院重拳出击，宣布一家最大的钢铁公司不合法。特迪·罗斯福当时担任美国总统，他重新严格推行《谢尔曼反托拉斯法》，起诉了 44 家主要的托拉斯公司。罗斯福是一位野营爱好者、猎人、多才多艺的野外生活爱好者，在西班牙与美国战争中，他赢得了著名的古巴圣胡安山战斗，此后被戏称为"狂野骑士"。不过，比赢得这场战争重要得多的是，他赢得了反托拉斯的战争，成为美国的"托拉斯克星"。1914 年，国会通过了第二部反托拉斯法，即《克莱顿法》。

从 1911 年标准石油托拉斯开始，美国许多最大的托拉斯相继被分拆，主要行业恢复了竞争。从此以后，政府就一直密切关注那些变得太大、太强，从而构成对某个行业有垄断威胁的公司。这种苗头一旦出现，政府就会发起反托拉斯诉讼，如果诉讼获胜，法院就将强制公司分拆成互相独立的较小的公司，从而恢复良性的同业竞争。

美国铝业曾经一度控制着美国的铝行业，直到被迫分拆。美国电话电报公司也经历了同样的际遇，它曾经是唯一的一家电话公司，后来法官哈罗德·格林在一个著名的判决中，强制美国电话电报公司分拆成八个部分，由母公司贝尔妈妈保留长途电话业务，其他七个子公司小贝尔（Baby Bells）运营本地电话业务。这次残酷的裁决之后，数十家其他公司应运而生，与贝尔母公司和子公司展开竞争，正因为如此，电话费越来越低。这对分居两地的情侣来说是一件好事，他们可以借此保持频繁的联系，避免像美国电话电报公司那样落得一个分道扬镳的下场。

美国电话电报公司是一个很好的案例，它表明垄断存在的问题，以及为什么竞争对所有人来说都最有利。在分拆前，该公司雇用了100万名员工，每100个美国工人当中就有一位在贝尔母公司工作。现在，贝尔母公司和七个子公司加起来只需要60万名工人，而通话量却翻了三番多。

竞争迫使电话公司削减成本，提高效率。它们还必须服从法规管理，比如必须向某个地区的所有人提供电话服务（否则，那些生活在郊区、开通电话非常昂贵的人可能永远也不会拥有电话）。我们得归功于竞争，它使得更少的工人可以创造更多的通话量，因此，我们支付的电话费也更低了。

你可能也知道，微软是世界上最大的软件公司。最近，它宣布了收购另一家大型软件公司直觉公司的计划。政府否决了这项计划，理由是微软一直觉的联合将形成软件业的垄断。获悉政府反对之后，微软决定放弃直觉公司。在华盛顿没有人愿意与托拉斯克星——联邦政府做斗争。

经过政府批准唯一豁免的垄断组织是美国职业棒球大联盟。由于它是美国的国球，国会网开一面，不对其强制执行反托拉斯法。选手们对此抱怨颇深，近期发生了棒球联盟大罢工后，国会威胁说要取消对棒球联盟的特赦。这虽然还未发生，不过迟早会有这么一天。

道琼斯工业平均指数的由来

1884 年，一位叫查尔斯·道的记者发明了一种方法，能让股票爱好者大体了解股票市场的情况。他列出了 11 只重要的股票，在每个交易时段，将每只股票的收盘价格记录下来，计算出总和然后除以 11。他把用这种方法得出的平均数发表在一份名为《顾客午讯》（*The Customer's Afternoon Letter*）的新闻公报上。

最初，道计算出的平均指数只是一种满足好奇心的消遣，但是最终这个指数让他名垂青史，成为著名的道琼斯平均指数（琼斯是道在这个领域的合作伙伴），它是一个多世纪以来股票领域的金融准绳。即使到了今天，当人们问起"市场情况如何"或是"市场如何收盘"时，他们仍然会谈起道琼斯平均指数。当人们说到"上涨了 30 点"或是"下跌了 50 点"时，他们使用的便是道琼斯数据。

原始的道琼斯平均指数包括 9 条铁路线，因为铁路在华尔街占据着重要地位，人们坚信铁路永远是美国的商业重心。12 年后，道又加入计算另一个平均数即工业平均指数，因为冶炼行业（如石油、煤气、冶炼、采煤、熔炉之类）将原材料加工成燃料、钢铁和橡胶，这些行业是国民经济的基石。所以，最早列入道琼斯工业指数计算的都是大型的、有影响力的冶炼行业的龙头企业，类似后来的微软和沃尔玛，但其中的大多数企业现在已经不复存在。

有人听说过美国科顿石油、芝加哥天然气、阿克来天然气、国家制铅、田纳西煤铁，或是美国橡胶吗？这些公司都是道琼斯最初列入工业指数计算的公司。现在我们唯一知道的只有通用电气，只有这个公司至今仍然是道琼斯工业指数的成分股票。

这对于投资者来说是重要的一课：商业活动如同运动项目，胜利的队伍或成功的组织不一定能一直保持领先地位。在商业或运动中谁都难能登峰造极，到达最高点后要保持则更难。20世纪70年代，扬基棒球队的黄金时代结束后，纽约人才发现这个道理，匹兹堡的斯蒂尔族人和波士顿的凯尔特人也是如此，还有田纳西煤铁、阿克来天然气、美国科顿石油也不例外。通用电气只是一个保持基业长青的罕见特例。

通过比较最初的道琼斯工业指数的公司和现在列入指数的30家公司，我们就能透视出美国经济所发生的巨大变化。麦当劳现在已经是指数列表中的公司之一，汉堡包是工业吗？除非你有钢铁般坚固的胃来消化它。但是，麦当劳在人们生活中的重要性让这个公司也加入了道琼斯工业平均指数的计算。道琼斯选择最初的工业时，再大的饮食公司都没能列入他的计算，但是，现在可口可乐公司也被列入其中。像可口可乐公司一样强大和有影响力的公司是应该列入的，但回想起20世纪20年代时，这个公司是如此之小，以至于很多投资者都对其不屑一顾。迪士尼也被列入了道琼斯指数，但是直到1940年才成为公众公司。道琼斯发明道琼斯指数时，沃特·迪士尼恐怕连第一只米老鼠都没画出来呢！

现代的道琼斯指数证明，美国不再严重依赖煤矿和钢铁行业的工业大亨，取而代之的是华尔街、饭店、银行、商人和娱乐公司，包括最近的一些计算机和软件公司，都在龙头企业中占据了一席之地。

企业城镇的兴衰

美国农业人口的数量急剧下降。1920年后，大部分美国人都迁居到城市，因为那里汇聚了大部分的公司和企业，他们在那里能找到工作。甚至还有些公司对城镇进行了建设，为员工提供良好的住所。美国钢铁造就了印第安纳州的加里，好时巧克力公司从头开始改建了宾夕法尼亚州的好时。好时至今仍是居住的好场所，但是其他几个企业城镇的结局并不好，最典型的例子是在芝加哥周边的伊利诺伊州的普尔曼。

要居住在普尔曼，就必须受雇于普尔曼公司，该公司生产铁路客车。近 9 000 名普尔曼的雇员及其家庭都住在位于公园和湖边的相同式样的房子里。早在"环保"成为流行词前，它就是环境保护的典范。公司将湖作为工厂能量供应的冷却盆，城镇厕所的污水则用作肥料。

学校设施完善，风景优美，人们过着安逸的生活，所以，普尔曼是一个快乐的城镇，直到后来，铁路客车行业不再景气，公司无法盈利。就像其他无法盈利的公司的做法一样，普尔曼降低了支出费用，包括员工的工资和福利。员工们很愤怒，开始罢工。罢工和对公司的愤懑摧毁了那个城镇，最终，公司卖掉了房屋和其他建筑，也停止了营业，普尔曼倒闭了。

由公司提供住宿、教育、医疗和其他人们赖以生活的生活保障系统是很危险的。假如公司经营良好，那么，提供社会服务是没有问题的，但是万一公司经营不善呢？这时候有两种选择，可以裁员和降低支出以减少赤字，为了生存可能不得不选择关闭学校、医院和公园。或者，还可以选择保留这些设施，而让公司破产。

当遭受损失的公司有机会令情况好转时，它可以寻求各种方法改变境况，若还是不行，那么无法生产的企业可以破产，工人能选择其他更有发展前途的企业。但是，若公司同时扮演着第二种角色，即医生、老师和其员工的照顾者，那么，唯一的选择可能就是继续经营，继续为员工带来福利。

这就是计划经济出现问题的原因之一。苏联的中央策划者喜欢建造钢铁厂，曾经一度苏联很擅长于钢铁生产，后来国家遍地都是钢铁厂。与此同时，生产鞋和服装的工厂则很少，造成了鞋和服装的短缺，经营这类产品的店铺门口排起了长龙，在苏联这是一个巨大的消费品潜在市场，人们期待有更多的食物和服装，但是这些策划者漠不关心，他们又建造了更多的钢铁厂，或许他们以为几百万的苏联人要开始穿钢铁制成的裤子。

在苏联，所有的资源（所有生产、购买或销售的产品）都由一小部分管理者控制着。但是，在市场经济体制下，假如有太多的钢铁厂，市场上的钢铁就会供过于求，价格就会下跌，钢铁公司就会亏损，人们就会停止对钢铁股票的购买，银行也将停止向钢铁公司提供贷款。继而钢铁公司会被迫减少生产，而且因为缺少资金，公司也无法扩张。

最终，未投资于钢铁公司的资金就能用于投资其他行业，可以建造鞋厂、牛仔服装厂、购物广场和住房开发等有需求的未饱和的市场。亚当·斯密所说的"看不见的手"自始至终都在起作用。

1929 年美国股市大崩盘

著名的 1929 年大崩盘之前，华尔街非常繁忙，办事员尤其忙碌，因为大部分文书工作还是依靠加法机和打字机等原始机器来完成。这些工作相当耗费时间，经纪行需要很大的仓库堆放档案。

在纽约证券交易所上市交易的所有公司的股票总价值为 870 亿美元，和纽约证券交易所今天 5.4 万亿美元的股票总价值相比简直是微不足道。现在仅埃克森一家公司的市值就超过 870 亿美元。在所有的上市公司中，埃克森的股东最多。

1929 年，股东人数最多的是美国电话电报公司，它是世界上最大的公司，但最大的行业仍然是铁路，其次是石油和钢铁。如果你不愿担心投资的安全，那就购买铁路股票。铁路公司的股息丰厚稳定，后来，电力行业取代了铁路行业的这一地位。

像美国电话电报公司一样，铁路在大崩盘期间的表现还不错，但是，在反弹期间的表现却不尽如人意。鲜有经济学家（更鲜有算命先生）预料到，铁路会长期丧失其领先地位，萎缩成公众生活中的阴影，而且铁路股票会在此后的几十年表现平庸不堪。股票是好是坏完全取决于是否生逢其时。

吸引投资者注意的是在很大程度上导致铁路行业没落的汽车行业。因为汽车行业的发展具有新企业的特征。汽车制造早期就是家庭式运营，全国各地的车库里都在制造小汽车。到世纪之交的时候，新英格兰、大西洋中部各州以及中西部地区都有汽车制造商。

后来亨利·福特出现了，他把小汽车放上流水线，开始大规模生产，就像杜克生产卷烟和亨氏公司生产腌菜的做法一样。他制造了一种物美价廉的汽车，博得大众的喜爱。福特生产的所有 T 型车都被抢购一空，但是公众无法购买福特的股票，因为福特是私有企业，仅由福特及其亲朋好友所有。另一方面，通用汽车是一家上市公司，到 1929 年，它的股票相当受投资者欢迎。通用汽车是当时除美国电话电报公司和美国钢铁之外最大的上市公司。就在福特专一生产 T 型车的时候，通用生产很多不同的车型以供客户选择。事实上，通用超过了福特，但福特很快醒悟过来，也增加了自己的车型。汽车行业实力稍弱的竞争者包括克莱斯勒、哈德逊和纳什。

现如今，连锁店在美国的城镇随处可见。最著名的就是 19 世纪成立于宾夕法尼亚的沃尔沃斯（Woolworth），它也是有史以来最早的一家连锁店，之后是麦考利、克瑞斯和克雷斯吉。A&P 公司在全美建立了超市连锁。1922 年，最早的购物中心"乡村俱乐部广场"在堪萨斯城附近落成。

很多现在最知名的药店、糖果店、百货商店和杂货店在 1929 年还是小公司，和美国钢铁等工业巨头或纽约中央铁路公司等实力雄厚的铁路公司相比简直是名不见经传。1929 年，处于领先地位的食品公司有联合果品公司、国民奶品公司以及博登。通用磨坊和皮尔斯伯利面粉厂是较晚进入市场的粮食和烘焙食品公司。可口可乐、箭牌、吉列和宝洁的股票价值总额分别为 1.34 亿美元、1.36 亿美元、2.26 亿美元和 3.45 亿美元。从这个角度来说，1994 年可口可乐几乎每天增值 700 万美元！

西尔斯公司是零售业的主力军，紧随其后的是其长期对手蒙哥马利－沃德公司。蒙哥马利的顾客喜欢称它为猴子沃德（Monkey Ward）。沃尔沃斯建立了全国性的小杂货店网络，所有的商品价格都不超过 10 美分。

城市周围开始形成郊区，但是郊区没有商场，因为郊区之间还没有建成道路和高速路。例如，在波士顿外围，你可以从市区搭火车或有轨电车到布鲁克林或内蒂克，但是，布鲁克林和内蒂克之间却没有通车。所以，如果布鲁克林建了一家商场，去光顾的只有布鲁克林的居民。那时候，道路匮乏，小汽车供应短缺。

人们去城里购物，去市区的百货商店购物，或者去镇里和村里那些价格高商品少的夫妻店里购物；如果住在穷乡僻壤，那就只能通过沃德或西尔斯的商品目录邮寄购物。

现在，每一个拐角都有一家商店，付费公路上每隔一个出口就有一个新的购物中心，所以很难想象有哪一家零售商能像西尔斯那样赢得购物者的欢心。在偏远的乡村，西尔斯所代表的远远不止邮购，它还是幸福的源泉，是消除烦恼的好方法，对于其几百万忠诚的客户来说，西尔斯不亚于商业世界里的天赐之物。佐治亚州的州长尤金·塔尔梅奇（Eugene Talmadge）有一次在对当地农民的演讲中说："你们仅有的几个朋友就是耶稣基督、西尔斯公司，还有我。"

快速发展的小型公司从今天的无名小卒成长为明天价值几十亿美元的公司，这类事情不仅发生在 20 世纪 90 年代，也同样发生在 20 世纪 20 年代，而且在其间的十年层出不穷。1929 年，办公设备不过是一个作坊式的行业，其中最大的五家公司是邮寄名单公司、巴勒斯计算器公司、IBM 公司、国家收银机公司和雷明顿－兰德公司。这几家公司的总价值从 900 万美元到 6 500 万美元不等。这五家公司中有四家（邮寄名单公司除外）后来成为行业巨头。

很多投资者在 1929 年大崩盘中输得一无所有，但是卖给他们股票的经纪行却挺过了这一场灾难。少数几家不太知名的经纪行破产了，但大部分经纪行没有破产。在那个时候，人们可以以 10% 的订金购买股票，这正是他们被大崩盘摧毁的原因。直到最后，他们所欠的债务远远超过最初投入的资金。经纪行必须催收这些债务，疯狂地要求客户变现资产偿还债务。尽管华尔街的公司也借钱买股票，但是贷款给它们的银行与它们同病相怜，延长了还款时间。散户股民就没有那么幸运了。

股市崩盘后患无穷

在美国历史上，没有哪次事件像 1929 年大崩盘那样带给人们如此持久的忧虑，甚至是在 1929 年以后出生的人都为之忧心忡忡，就连他们的孩子也都谈之色变。

美国成功地熬过了南北战争、革命战争、两次世界大战、朝鲜战争、越南战争，还有很多致命的冲突。美国人挺过了芝加哥大火、旧金山地震和火灾、洛杉矶地震、无数稍弱的地震以及几十次大大小小的飓风。美国人挺过了伤寒肆虐、肺结核肆虐、小儿麻痹症肆虐、旱灾、水灾、暴乱、罢工和情人节大屠杀。但是，回想起1929年的股市大崩盘，美国人仍然会惊魂不定。

这是有史以来最恶劣的一次集体恐惧，几百万人因此不再买股票，不再以过去的方式获利。很多人的思想深处潜伏着这样的想法：股市将出现另一次崩盘，它将吞噬人们毕生的积蓄，买股票的傻瓜将在街上流浪，穿着破毡，吃着冷豆子，在街上叫卖苹果和铅笔。20世纪30年代的人这样说："乔伊叔叔去卖苹果和铅笔了。"

当然，很可能会有下一次崩盘。1987年出现过一次大的崩盘，1981～1982年间出现了一次较小的崩盘，1973～1974年又出现了一次大的崩盘，但是股市最终总是会反弹。从积极的角度看，每次股市崩盘都是低价买进股票的绝好机会。

崩盘的主要问题是股市需要多长时间才能恢复。1972年，道琼斯工业平均指数达到了1 000点，但是10年之后落至800点以下。这段时间考验了投资者的耐心，但是这样的考验并不及1929年大崩盘的考验强烈。大崩盘之后，多只股票用了近25年的时间才得以恢复。25年的时间，漫长得足以让人厌倦等待，并发誓永远不再购买股票。

但是，也不能将复苏的缓慢归结于大崩盘本身，这与随后的大萧条有关。除了其所造成的"大"量的问题，这次大萧条实在是没有什么称得上"大"的地方，但我们还是称之为"大萧条"。有时我们就称之为萧条，尽管20世纪有太多的经济恐慌和萧条。

在为期大约10年的大萧条期间，货币稀缺，工作更稀缺。商店破产，员工失去工作和薪水，这意味着他们无力购买任何东西，所以更多的商店破产，更多的员工失去薪水。经济陷入一种紧张的状态，公司无法盈利。一旦公司无法盈利，股价就会下滑，并且停滞不前。

大多数历史学家会告诉你，虽然 1929 年大崩盘经常被认为是大萧条的原因，但大萧条其实不是 1929 年大崩盘造成的。那时，只有极少数美国人拥有股票，绝大多数人在大崩盘中没有丧失一分一厘。大萧条是由世界范围内的经济下滑、政府对货币供应的错误处理以及政府在错误的时机提高利率所导致的。美国政府本应将更多的货币投入流通，刺激经济，但恰恰相反，美国政府当时减少了流通中的货币，于是美国经济出现了急刹车。

吃一堑长一智，美国政府从这次错误中汲取了教训。现在，每当经济出现减缓，政府就会迅速增加货币供应，降低利率，以此增加流通中的货币，降低借款成本。低息的贷款可以鼓励人们购房，购买其他昂贵的商品，鼓励企业扩张。购房和企业扩张热可以刺激经济发展。经济复苏可能需要多次降息。自第二次世界大战以来，出现了九次经济减缓，但九次经济都复苏了。

1930 年之前，经济萧条和恐慌时有发生，但是自大萧条以来，还没有再一次出现这样的大萧条。所以，在过去的大约 50 年间，经济减缓转变为萧条的几率很小，事实上，九次经济减缓没有一次演变成萧条。没有人可以肯定自己这一生都不会经历一次经济萧条，但是到目前为止，如果你打赌说过去 50 年里会有一次经济萧条，那么你已经赌输破产了。

我们有没有可能找到永久性地应对经济萧条的办法，就像我们治疗小儿麻痹症一样？这样认为有几点理由。首先，通过联邦储备银行体系，政府随时准备好了在经济不景气的时候降低利率，将更多的货币投入流通，刺激经济发展。其次，社会保险和退休金已经覆盖了几百万人口，他们有钱消费。加上从联邦到地方各级政府的 1 800 万员工，美国拥有一支庞大的消费大军。只要这个巨大的群体还在消费，经济发展虽然可能会减缓，但不会像 20 世纪 30 年代那样突然停滞。

再次，我们在银行有了存款保险、储蓄和贷款的制度，万一银行破产，人们不至于丧失所有的存款。20 世纪 30 年代，几百家银行倒闭，存款人丧失了所有的存款，这本身就足以让整个国家陷入紧张状态。

奠定了所有其他变化基础的大变革，就是政府在经济调控中作用的提升。如今，政府在经济中起主导作用，但是在 20 世纪 30 年代，政府只起到支持作用，在 1900 年之前，政府的作用相当小。如果你听到有人抱怨管理我们生活的大政府，请记住：就是这个大政府"管理着空中交通以防发生撞机事件"，就是这个大政府的巨大购买力让我们不至于陷入第二次大萧条。

如果你认为不太可能再发生一次经济萧条，那么你就可以轻松一些面对股市的下挫。只要经济还在运转，公司就可以赚钱。如果公司还能赚到钱，它们的股价就不至于下降到零。大多数公司可以支撑到下一轮繁荣，那时股价就会回升。

历史不必重演。如果有人告诉你历史会重演，请提醒他们过去的半个多世纪都没有再出现经济萧条。那些因为害怕 1929 年式的悲剧而不敢涉足股市的人们，即将丧失拥有股票的所有利益，这是一个更大的悲剧。

股市崩盘的奇闻轶事

关于 1929 年大崩盘，有很多谣言、传说和无稽之谈代代相传。你可能听过其中一个：发了狂的投资者从纽约高楼的窗户上跳楼自杀。但是，根据威廉·克林格曼（William Klingaman）所著的《1929：大崩盘之年》所记载，这次华尔街灾难过后的几个星期，全国的自杀率并未上升；只有极少数人跳楼自杀了，而且这也不一定就是因为他们在股市中投资失败。

爱尔收音机公司的副总裁从莱克星顿大道希尔顿酒店的 11 层跳楼自杀，但那是在 10 月初，距大崩盘还有几个星期。大崩盘发生之后几天的

10 月 24 日，一大群人围着一个建筑工地，楼上有个男人坐在桁架上。围观的人想着那是一个正要自杀的著名投资人，但事实上那是一名建筑工人坐在那吃午饭。

英国政治家丘吉尔住在沙威酒店的时候，住在他楼上房间的男人从 15 层楼的窗户上跳下，摔成了碎片。这一事件被认为是股市投资失败所导致的，但是没有证据表明这起事件和股市之间有什么联系。除了跳楼自杀，这期间自杀的大多数商界人物都选择了开枪自杀等其他方式。

例如，乡村信托公司的詹姆斯·赖尔登开枪射中自己的脑袋自杀身亡；已婚的亨利·克罗斯比和他的女朋友因吸食过量鸦片死亡（这就是众所周知的华尔街丑闻，因为克罗斯比是摩根大通一位经理的儿子，但克罗斯比是一名作家，与银行没有任何瓜葛，银行和他也没有任何瓜葛）；一位纽约长岛的股票经纪人的妻子开枪射中自己的心脏自杀身亡（没有人知道为什么她不是开枪杀了自己的丈夫）；纽约曼彻斯特的一位电力企业的高管在卫生间开煤气自杀；费城的一名金融分析师在自己的运动俱乐部开枪自杀；罗得岛普罗维登斯的一名投资人在其股票经纪办公室观看行情时跳楼自杀；密尔沃基的一名投资人开枪自杀，并留下一张字条："我的身体应当用于科学研究，我的灵魂应当去找安德鲁·梅隆，并向我的债权人深表同情。"

那么，我们为什么会有这样的看法：大崩盘的牺牲者都是在纽约跳楼自杀？最主要的原因似乎是喜剧演员威尔·罗格斯。大崩盘之后，罗格斯很快就说："情况已经到了这样的地步。在纽约的酒店，服务员会问进来的客人，'你要房间是为了睡觉还是跳楼？'你必须排队才能轮到跳楼。"

但是，罗格斯只是在搞笑而已。他有资格搞笑，因为他听从了华尔街另一著名大亨伯纳德·巴鲁克的建议。巴鲁克很聪明，他在股市崩盘之前全身而退，罗格斯也是一样。艾迪·坎特和格劳乔·马克斯等其他喜剧演员就没有那么幸运了。

大崩盘的真正受害者是那些借钱（保证金）买股票的人。那时，你只要交 10% 的订金就可以购买股票。所以，如果你有 10 000 美元，你可以借 90 000 美元，购买价值 100 000 美元的股票。如果你买的股票价格在大崩盘期间下跌 50%，你剩下的就是只值 50 000 美元的股票，还有 90 000 美元无力偿还的债务。

大难不死的好公司

并非对每个人来说，大萧条都令人沮丧。货币稀缺，几百万人失业，所以总的来说，情况相当糟糕。但对某些公司及其员工和投资人来说，情况还好。

A&P 连锁杂货店公司就是最好的例子。当所有其他公司都在关闭店面的时候，A&P 却逆流而上，开设新店。A&P 的销售额和利润均有上升，因为无论情况多么糟糕，人们仍然要买食品杂货。1928 ～ 1933 年，国民收入降低了一半，但是无论收入怎么降，人们总还是要买食物的。

某些类型的公司可以安然度过经济萧条和衰退以及其他货币稀缺的时期。这些公司叫作消费增长型公司，它们出售一些便宜的东西，如啤酒、软饮料、零食等，或者必需品，例如人们生活中不可或缺的药品。像箭牌这样的口香糖和糖果公司也可以度过经济衰退，因为正如里格利先生所说："人们越悲伤，嚼的东西就越多。"

所以，1932 年《商业周刊》报道 A&P 连锁店的经营状况良好，这本没有什么好奇怪的。但是对于企业来说，总有威胁潜伏在某个地方。诡秘的是，你永远不知道这个威胁到底是什么。这是投资者犯下的最大错误之一。他们专注于自己所认为的最大威胁，也就是每个人都在讨论的问题（全球变暖、核弹头发射、波斯尼亚的战争和日本的贸易问题），但却忽略了小问题，而成就或击垮投资公司的正是这些小问题。

A&P 能够成功地应对大萧条，但是它要担心的是小猪扭扭这样的公司带来的威胁。田纳西州孟菲斯的一名商人独创性地开设了小猪扭扭自助商店。去小猪扭扭购物的人不用让柜台后面的员工把商品从货架上拿下来，她们（那时候购物的多是女性）可以在货架之间的通道上徜徉，自取所需的商品，然后拿到结账处。这很新鲜，自助服务意味着商店可以雇用更少的员工，而购物者可以接触到更多的商品。

A&P 到了一个关键的时刻。如果当初 A&P 没有充分重视，忽略了小猪扭扭带来的挑战，那么 A&P 恐怕已经像恐龙一样灭绝了。公司往往就是这样：它们可以应对大萧条，可以应对战争，臭氧层的空洞也奈何不了它们，但是它们却栽在竞争上面。

公司必须迅速适应市场变化，否则就无法生存。A&P 知道自己必须做什么，而且采取了行动。A&P 关闭了几千个小店，开设了几家自己的超市。

1935 年，全美只有 96 家超市，仅覆盖了 24 座城市。但是，小猪扭扭的理念很快流行开来。A&P 通过从小商店到大商店的策略转换，赶上了第二次世界大战后杂货店的繁荣时期。

美国的复兴

虽然第二次世界大战从整体上是对人类文明的一场摧残，但它使美国经济恢复了生机。美国兵回家后，城市周边的乡村形成了郊区。人们迅速地购买汽车、房屋、冰箱、洗衣机、电动真空吸尘器以及其他节省劳力的装置。机器在 20 世纪给家庭带来的变化，就正如其在 19 世纪给农场带来的变化。

对于每一项新发现、每一种省时的电器，以及每一种省力又省事的创新和产品，总有传统主义分子冷眼旁观、嘲笑讽刺，哀叹简约的日子已经一去不复返。在简约的日子里，饭菜是自己家里做的，汽车旅馆是夫妻小店式的，生活也更自然。但是，这些传统主义分子是在反对进步的大潮，因为人们看见这些新产品，就会发现它们的好处。对于家庭主妇来说，她们喜欢真空吸尘器胜过扫帚，喜欢洗衣机胜过洗衣盆，喜欢加工食品胜过炉灶旁的操劳。开汽车旅行的家庭喜欢在连锁汽车旅馆留宿，在连锁餐厅就餐，因为他们知道自己能在这些地方享受到什么样的服务。孩子们则很兴奋地看到霍华德－约翰逊连锁酒店、假日酒店或麦当劳。

对于上市公司而言，战后是一段非常繁忙的时期，每年都有几百家新上市的公司，但是绝大多数美国人都不买股票。1929 年大崩盘的余威尚在，人们决定不把自己毕生的积蓄放到股市去冒险，也就是在这个时期，大公司的股票价格都很低廉。少数勇敢的人购买了股票，获得了丰厚的回报。

投资者保护法应运而生

当投资者购买股票、债券或共同基金的时候，已经承担了足够的风险，不能再承受被虚假信息误导或被欺骗的风险。投资者应当像零售店里的顾客一样，不受欺诈、炒作和劣质商品的伤害。

当你买夹克的时候，希望它就是售货员所说的这种夹克，是由标签上的材料制成的，你希望支付的是公道的价格。这就是为什么政府要颁布公信广告法。你买股票的时候，必须了解公司的业绩是不是像它公告的那样好或那样差，公司的财务报告是不是可靠，以及你的回报从总体上说是不是和投资相匹配。这就是为什么政府需要通过严格的法规，规范股票经纪人、交易商、共同基金、职业基金经理、企业高管以及公司本身的行为。

大萧条之前，很多保护措施根本就不存在。公司不需要提交详细的报告，它们什么都不说，把问题掩盖起来不让投资者知道。那些提前知晓关于公司发展的正面或负面消息的人士，也就是所谓的内幕人士可以在消息公布之前买进或卖出股票，从这种"内幕交易"中获得高额利润。内幕人士在理论上不赞成内幕交易，但很多人还是照做不误。

1929 年大崩盘之前，强盗式资本家及其朋友为了自己的利益左右股价可谓司空见惯。他们知道如何操纵市场，让市场对自己有利，牺牲大众的利益，诱使他们先低价卖出股票，然后又以畸高的价格买进同一只股票。

很少有投资者会费尽心思去详细了解自己持股的公司，因为投资者知道，股价波动与公司的基本面关系甚微或者毫无关系。相反，投资者们费尽心机想弄明白要把赌注押在哪一边——这是不可能的，除非你是内幕人士。那时候买股票就像和普瑞斯玩扑克，普瑞斯可以看自己的牌，你却要蒙上眼睛。他们应该在股市上黏贴标签：自负投资风险。

大崩盘之后，议会举行了关于华尔街各种诡计的听证会，然后由政府介入加以阻止。当时成立了一家叫作证券交易委员会（SEC）的机构，负责制定法律，惩罚违规者。SEC 的出色工作赢得了世界的赞赏，某些股票市场不可能像美国的股市那样公允诚信，因此这些股票市场会牺牲小投资者的利益。

华尔街还有很多缺陷，你还是可以听到关于内幕交易的情况，但是，现在的犯罪者一般都难逃法网。公司员工（从高管到信件收发员）在知晓即将发生影响股价事件的情况下买卖股票属于违法行为。朋友、亲戚、银行经理、律师，甚至在厕所里偷听到内幕消息的人，都不得利用内幕消息牟利。SEC 对这一点规定得相当严格。

假设你是波音公司的副总裁，你刚听说中国同意购买 500 架新的大型喷气式客机。你的第一反应是冲到电话前面，指示你的股票经纪人买进5 000多股波音的股票，但是你不能这样做。你甚至不能打电话让你的妻子/丈夫、女朋友/男朋友、孩子、孙子、阿姨、叔叔、表兄妹或壁球搭档买进波音股票，因为这将构成内幕交易，你可能会让这些人陷入一系列的犯罪。

人们进行内幕交易这样的事情是怎样被发现的呢？交易所和SEC有自己的警察和侦探监控股票的交易模式，一旦出现金额不正常的买进和卖出，立即发出警报，调查组立即开始行动调查是谁在交易。一旦发现这位大买家或大卖家和公司有任何关联，或者和交易员有任何关系，他们将四处调查，搜集足够的证据提出指控。

SEC还要监控公司、经纪行、共同基金等向公众披露的所有报告、报表和其他信息。公司必须每三个月发布一份关于其发展的简报，每年发布一次更详细的年报。公司必须披露所有的事实，不得有任何虚假信息。否则，公司会被罚款，公司高管或董事将被送上法庭。

公司的高管或董事在任何时候购买公司的股票都必须立即知会SEC，同时向公众做出相应的披露。这非常有助于公众了解这些内幕人士如何处置自己的投资，因为他们参与了公司的日常事务。如果几名高管或董事同时卖出股票，那就是他们不看好公司的前景。另一方面，如果他们大量买进，那就是他们非常看好公司的前景。

交易所要接受内部的合规部门以及SEC的监控。这些人就是股市的警察，他们负责监控交易大厅和计算机，寻找可疑行为。

股民逐渐重返股市

纽约证券交易所（NYSE）每隔几年进行一次检查，看看谁买股票谁不买股票。自20世纪50年代以来，购买股票的人数在渐渐上升。这是一种积极的趋势，股东越多，分散的财富越多。

大萧条之后的 20 年间，绝大多数美国人都不敢买股票，他们把钱存入银行，认为这样很安全。你可能听过这样的说法："我宁要安全，不要难过。"这样一来，钱是安全了，人却很难过，因为人们错过了 20 世纪 50 年代火红的牛市。1952 年，股东人数只有 650 万，仅占总人口的 4.2%，且 80% 的股票由 1.6% 的人持有。所有的利润都被一小部分人享有，这部分人不害怕股票，也了解股市的利润远超过风险。

在 1962 年（20 世纪 60 年代又是一个牛市的年代），股东人数增加了两倍，有 1 700 万美国人持有股票，约占美国总人口的 10%。股价越上升，买股票的人越多。到 20 世纪 70 年代，美国有 3 000 万股东，占总人口的 15%。

股市的情况不再像 20 世纪 50 年代那样是一个鲜为人知的秘密。从长期来说，股东人数打破纪录是一件好事，但是，热切的投资者将股价推升到危险的边缘。致命的是，到了 20 世纪 70 年代，大多数股票的价格都被高估了。几乎从所有的方面来说，人们的投资都远远超过他们买进的公司股票的价值。他们昏头昏脑，狂热地买进股票交易所出售的任何股票。

一个世纪总会经历几次这样的疯狂，无论这种疯狂何时出现，市场都会"矫正"，价格回落至更理性的水平，在股价最高的时候买进股票的人则感到震惊和沮丧。他们无法相信自己在如此短的时间内亏损如此惨重。当然，如果他们不把股票卖掉，也不会真正损失什么，但很多投资者恰恰就抛出了自己的股票，忍痛割肉。投资者在股价高估时以 100 美元的价格购进股票，几个星期后又以六七十美元的低价抛出。他们的损失就是新买家的收益，因为新买家赚到的钱就是卖家继续持有投资等待市场矫正可以赚到的钱。

20 世纪 70 年代前期，即残酷的股市矫正期间，多达 500 万股东集体退出市场，占人口的 3%。5 年后才有足够的人重返股市，美国的股东人数再次达到 3 000 万。

到 20 世纪 80 年代中期，股东人数达到 4 700 万之多。1/5 的美国人持有股票，其中 33% 通过共同基金投资。NYSE 交易的所有股票的市值超过 1 万亿美元。

1990 年，股东人数为 5 140 万，达到历史最高水平，通过共同基金投资的人数也在 10 年内翻了两番。一般的投资者已经不再有兴趣自己挑选股票，这项工作转交给了当时将近 4 000 只基金的职业基金经理。

1990 年，男性股东的平均年龄是 45 岁，女性股东是 44 岁；男性股东的平均年收入为 46 400 美元，女性股东是 39 400 美元。男性股东持有价值 13 500 美元的股票，同时女性股东持有价值 7 200 美元的股票。最近，年轻投资者的人数激增，年龄不满 21 岁的投资者达到 370 万，占总数的 7%，这是一种非常积极的发展迹象。

1995 年，NYSE 所有股票的市值达到 5 万亿美元，远远超过同样的股票在 1980 年 1.2 万亿美元的市值。大大小小的投资者在照常工作、娱乐、睡觉、生活的同时，他们投入股市的资金在 15 年的时间里为他们增加了至少 4 万亿美元的财富。从第 2 章开始，就让我们开始讨论如何让你的钱为你赚钱。

| 第 2 章 |

股市投资的基本原理

投资致富刻不容缓

许多人直到他们三十几岁、四十几岁甚至五十几岁时才开始攒钱投资，时至今日，他们总算意识到自己已经不再年轻，而且很快就需要额外的金钱来应付退休的需要（比如说拥有一座湖边的度假屋或者周游世界）。然而，令人遗憾的是，等到人们意识到他们应该投资的时候，他们已经错失了数以年计的投资股市的宝贵时机，他们的财富本可以更快地保值增值。

相形之下，这些人花钱如流水，今朝有酒今朝醉。他们的很多开销是必不可少的：譬如他们需要抚养孩子，支付医疗和教育的费用，缴纳各种保险费、物业费等。如果在支付了这些费用后确实无所结余，人们的确也是很难进行投资的。但是，通常的情况是，即使有所结余人们也不会进行投资，而是热衷于倾其所有去高档酒店奢侈消费或者为购买豪华轿车支付首付款。

不知不觉中，他们日薄西山般步入了退休的行列，口袋里除了一张社保支票外一无所有。可想而知，其结果是他们在退休后本该从容地享受生活的时候，却不得不节衣缩食，因为仅靠社保基金养老毕竟勉为其难。

如何规避上述悲惨的命运呢？最好的办法就是尽早开始攒钱投资。而且最好是在你还和父母住在一起的时候就开始行动。设想一下，还有什么时候你的消费会比这个时候更低呢？这个时候你没有孩子要抚养，而你的父母还在抚养你。如果你的父母不要你去支付房租，那就更好了。因为你可以找份工作，然后把收入都节省下来，为将来做些投资。总而言之，如果你还和父母住在一起时攒钱投资越多，你独立生活时就会越从容。

不管是一个月10美元，还是一个月100美元，或者一个月500美元，你都需要尽力而为有规律地攒钱投资。

据报道，许多二三十岁的年轻人开始搬回家和父母一起住，以便享受免费的住宿、电视、录像机、健身等服务。这一趋势预示着美国已经产生了寄居的新一代，其特点是没有勇气融入社会、独立生活。这种情况的正面报道我们鲜有耳闻，只有《华尔街日报》近期刊登过一篇正面文章："X一代开始为退休储蓄。"

这则报道的大意是说，那些寄居在家、被称为"迷惘的一代"或"X一代"的二十几岁的年轻人已经开始悄悄为了未来储蓄，他们这批人中储蓄的比例高于那些在"婴儿潮"期间出生的父辈（那代人喜欢现期消费而不是为将来省钱）。X一代意识到他们无法指望退休金安度晚年，他们看到自己的父母为了还信用卡利息而挣扎，他们不想重蹈覆辙，他们要追求财务独立，所以住在父母家中时就开始为之努力。

这是一个非常积极的变化趋势，我们只能期待更年轻的一代人会追随"X一代"的做法，而不要重蹈覆辙地成为车奴。可惜的是，许多孩子都迫不及待地要买豪华轿车，以至于在职场上立足未稳就沦为车奴。

兜风的时候，开着一辆崭新的雪佛兰轿车而不是一辆二手车，那当然很酷。但从长期而言，这种酷的代价很高。什么是酷的代价？让我们考查以下两个例子：乔和萨莉。

乔是沃尔玛的一名职员。他住在父母家里，为了购买一辆价值 20 000 美元的带有敞篷的雪佛兰轿车，他节衣缩食攒钱支付了 2 000 美元的首付款，又借了 18 000 美元的汽车贷款，当然他的父母不得不为这笔贷款担保，由他来偿还贷款。这是一笔五年期利率为 11.67% 的贷款，也就是说，乔每个月要还给金融公司 400 美元。当他第一次封上信封吻别 400 美元时，他的确很难受。但是，当他开着雪佛兰四处兜风时，他的朋友都赞叹奇酷无比，这时他已经完全将当时的难受感觉抛之脑后了。

几个月后，乔的雪佛兰车门上有了刮痕，地毯上有了污渍，车驶入停车场时再也听不到赞叹声。现在，这只是一辆普通的车了，但是，乔先生却负债累累，身陷分期付款的压力之下。为了负担这辆好车及其兜风约会的花销，乔不得不加班加点，以至于无暇顾及兜风约会。

五年后，乔先生早已厌倦了他的雪佛兰车，这辆车也早已威风不再。他终于付清了汽车贷款，还多付了 6 000 美元的利息。也就是说，乔为他的车花了 26 000 美元，这还不包括各种税费、保险费、油费和维修费。

这时，雪佛兰轿车已经污渍斑斑，引擎也嗡嗡作响。如果转卖这台车，估计乔也只能卖 5 000 美元。因此，乔 26 000 美元的投资回报只是一辆价值 5 000 美元的旧车。

萨莉同样也住在父母家里，她在沃尔玛做收银员，工作岗位与乔近在咫尺。但她不崇尚酷车，只是拿自己积攒的 2 000 美元买了一辆二手的福特车。因此，她就能每月投资 400 美元到一只股票型基金，而不必支付汽车贷款。

五年后，当乔还在支付他最后一期汽车分期贷款时，萨莉投资的股票基金市值已经翻番了，萨莉这时已经拥有了 30 000 美元的资产。她仍然在开福特二手车上下班，但她从来不用担心车身上的刮痕和污渍，因为这只是她的交通工具，而不是一项投资。

当我们结束这个理财故事时，萨莉已经有了足够的钱来付自己房子的首付，并搬出父母的房子，但乔还在"啃老"。他曾经想和萨莉约会，但萨莉却喜欢上了带自己看房子的房产经纪商。

学会让钱为你工作

一旦你让钱为你工作，它将成为你很好的朋友，不费吹灰之力，你的兜里就会因钱生钱。譬如，你在自己的储蓄账户存上 500 美元，存款利率是 5%，一年后，你不用靠修剪草坪或清洗五辆汽车就可多赚 25 美元。这样看来，你的钱会自动生钱。

这 25 美元起初看来并不起眼，但连续 10 年每年储蓄 500 美元会发生什么呢？在你投入第 10 笔储蓄的那年年末，你已经连本带利拥有 6 603.39 美元了，其中 5 000 美元是你的本金，再加上 1 603.39 美元的利息。

如果你将这 500 美元投入股市而不是存入银行，那么，在你享受生活的同时，就可能赚更多的钱。平均而言，如果把钱投入股市，那么你的本金每 7 ~ 8 年就可能翻一番。许多聪明的投资者学会了利用这一点，他们意识到对未来而言投资致富和劳动致富同样重要。

沃伦·巴菲特现在是美国排名第二的富翁，他就是运用储蓄进行股票投资发家的。开始的时候，他就像许多其他孩子一样靠送报纸挣钱。他攒下每一美元，并在很小的时候就懂得钱的未来价值。对他来说，在商店里看到的一台 400 美元的电视机，不仅仅是一件价值 400 美元的消费品，他还在思考如果把这笔钱用于投资而不是消费，这 400 美元 20 年后到底价值几何。正因为如此，他从不花钱买不需要的东西。

如果你及早储蓄和投资，终有一天单靠钱生钱就够你生活所需，就像你有一个有钱的姑妈或舅舅寄给了你下半辈子所需要的所有现金，而你甚至不需要写感谢信，也不必在其生日的时候前去探望。这就是所有人都向往的财务自由的机会，自由地去自己想去的地方，做自己想做的事情，而钱则自动生钱。如果不在年轻的时候就养成每月定期储蓄并进行投资的习惯，这一切就如天方夜谭。

有鉴于此，最好的情况是你从工资中直接省下一部分用于投资。次好的情况是，你是个月光族。最糟的情况就是用信用卡赊账消费，负债累累，在这种情况下，你是在付利息给别人，常常是付给信用卡公司，信用卡公司在赚你的钱，而不是你用钱生钱。

从希尔斯到壳牌再到那些发行信用卡的银行，都希望你用信用卡分几次支付账单。他们在用自己的钱为你买单，实际上这是你在不知不觉中向他们贷款。他们为你未付的款项向你收取很高的贷款利息，可能高达 18%。看来，他们从你身上的资产回报率甚至高于从股市所得，换句话说，对信用卡公司而言，投资在你身上比投资股市的回报更大。

如果你用还款利息为 18% 的信用卡买了一台 400 美元的电视机，那么，你每年要为这笔贷款多支付 72 美元。如果你每月只用最低额度还款，并让欠款一直累积，到最后这台 400 美元的电视机将花去你 800 美元。数百万的信用卡持卡人都不太明白这个道理，否则，全体美国国民信用卡消费产生的银行贷款不会高达 3 400 亿美元！据估计，1995 年使用信用卡向银行支付的利息将达 450 亿美元，也就是说，每年人们为了超前消费，需要额外支付 450 亿美元。

消费者为了获得所谓的"即时的满足"付出了高昂的代价。他们查阅广告、货比三家也就省下了几块钱，然而用信用卡贷款支付，最后却多损失了几百美元。对此，他们甘之如饴，甚至从来都没想到过自己潜在的损失。

45年前，在大莱卡还没有发行第一张可以在多家商社使用的信用卡之前，人们只有在手头有了足够的现金时才去商场买东西。他们为电视机、电器、家具、旅行等开销而储蓄，这可能要花上他们6个月、9个月甚至几年的时间才能存够钱，但他们从来不用付利息。

也许你不相信，用这种原始的方式来购物虽然得不到即时的满足，但也常常很有乐趣。因为当你为买电视机而攒钱时，你就可以坐在客厅里谈论拥有电视机的乐趣，可见想象电视机、洗碗机或一套新的服饰本身就是一种乐趣。

那时，人们感到自豪的是，为了一次性支付购买某件物品，他们可以努力工作，做出一定牺牲。而向银行借款会使他们惶惶不安，所以，一旦偿还房贷，他们就会邀请所有邻居来家庆祝。直到20世纪60年代美国人才开始使用信用卡，直到80年代大多数家庭才开始习惯使用住房按揭贷款、汽车贷款、信用卡透支消费。

时至今日，许多家庭正处在最糟的情况下：银行在赚他们的钱，而他们在股市投资或银行理财中一无所获。他们每年支付的银行利息少则几百美元，多则几千美元。如果是在为房子或公寓付息尚可理解，因为它们的价值会增长，但为汽车、家电、衣服或电视机付息则不然，使用时间越长，它们越不值钱。

负债的结果和储蓄投资的结果刚好相反，欠债越多，你就会越痛苦。在美国的家庭中，入不敷出的家庭比比皆是，政府自己也债台高筑，负债高达5万亿美元。现在，美国纳税人缴纳的每一美元中有15美分是用来偿还国债利息的，而且这一数字还在上升。政府之所以会债台高筑，就是因为它的支出超过收入，缺口部分就向个人、养老金、银行、国外政府等一切债权人来借。我们经常听到关于平衡预算、削减赤字的讨论，但每年都会在原来的基础上增加 1 000 亿美元、2 000 亿美元、3 000 亿美元的新赤字。

我们可以想象一下，去年你用信用卡消费了 1 000 美元，今年你用同一张卡买了 900 美元的东西。除了华盛顿之外，所有地方的人都会说你又增加了 900 美元债务，因为你的信用卡贷款总额达到了 1 900 美元。只有华盛顿人看法不同，他们说你减少了 100 美元的债务，因为你去年欠了 1 000 美元，今年只欠了 900 美元。

这就是为什么政府一边在庆祝削减赤字，一边赤字还在不断增长。譬如，今年新增债务 2 000 亿美元，他们却说这是减少了债务，因为去年他们借了 2 500 亿美元。这根本不是削减，而是新的 2 000 亿美元负债加利息，需要我们的孩子乃至孙子去偿还。长此以往，债务还将累加，除非政府能停止使用"信用卡"，量入为出地使用税收收入。而现在的政府正处于最糟糕的状态，是我们不应该学习的坏榜样。

美国人也曾是一个喜欢储蓄的民族。各种收入水平的人都尽量多地攒下闲钱，一般存在当地银行的储蓄账户里。他们从利息中获益，最终可以将这笔钱用于房屋首付，或买东西，或留作不时之需。与此同时，银行有了这些储蓄可以贷款给购房者、房产商及各类企业。

一个高储蓄率的国家可以集中财力投资于公路、电话网络、工厂、设备和一切可以使公司生产出价廉物美、行销海外的商品的创新科技。日本就是一个实例，日本在第二次世界大战中几乎被摧毁，但它居然恢复了过来，并成为世界经济强国。日本一开始卖塑料玩具和小玩意，"日本制造"曾一度成为笑柄，但很快美国的大马路上三辆汽车中就有一辆日本车，日本电视更是普遍进入美国家庭，"日本制造"成为高科技和高品质的象征。

日本之所以可以重建它的产业和城市，就是因为它的高储蓄率。现在日本仍是一个储蓄大国，美国在这一方面要奋力追赶，因为我们早已抛弃了曾经的储蓄习惯。当我们每年从年收入中省下 4% 时，日本人、德国人、中国人、印度人和许多其他国家的人省下了 10%、20% 甚至更多。我们在使用信用卡方面领先于世界其他国家，其实质是我们在借钱购买当下想要却无力支付的东西。

为了自己也为了这个国家，请竭尽所能攒钱投资吧！

股票投资更胜一筹

可供选择的投资有五种基本的类别：把钱存在银行储蓄账户和类似的账户；购买收藏品；买房；买债券或买股票。下面让我们逐一解析它们的利弊。

储蓄账户、货币市场基金、国库券、定期存单

以上这些投资方式又称为短期投资。短期投资有它的优点，可以支付利息，而且可以在相对较短的时间内收回本金。把钱存放在储蓄账户，或购买国库券和定期存单一般不会亏钱（货币市场基金虽然没有这种承诺，但是在货币市场上赔钱的可能性也微乎其微）。

但是，短期投资有一个最大的缺点，就是利息率低。有时，你在货币市场账户或储蓄账户中获得的利息还跑不过通货膨胀率。从这个意义上来说，银行储蓄可以说是一种失败的投资。

通货膨胀是价格上涨的一种比较学术化的说法。油价从 1.10 美元上升到 1.40 美元，或电影票从 4 美元上涨到 5 美元，这就叫通货膨胀。从另一

个角度来看，通货膨胀也就意味着货币购买力下降。

现在美国的通货膨胀率略低于 3%，这就意味着你拥有的每一美元，每年都在损失约 3 美分，按照这样的贬值速度，10 年后你就损失了 30 美分。

储蓄和投资的首要目标就是要抵御通货膨胀。你的钱就犹如逆水行舟，不进则退。在此情形下，投资回报率只有超过 3% 才算保本。

下面的表格可以清楚地说明，货币市场和储蓄所得的利息常常不能抵销通货膨胀造成的损失。如果再扣除利息所得税的话，那么，货币市场投资和储蓄在表中所显示的 20 年时间里有 10 年是亏本的投资。

通货膨胀率与投资收益率对照表

年份	货币市场基金回报率（%）	银行存款利率（%）	通货膨胀率（%）
1975	6.4	5.25	9.1
1976	5.3	5.25	5.8
1977	5.0	4.9	6.5
1978	7.2	4.9	7.7
1979	11.1	5.1	11.3
1980	12.7	5.2	13.5
1981	16.8	5.2	10.4
1982	12.2	5.2	6.2
1983	8.6	5.5	3.2
1984	10.0	5.5	4.3
1985	7.7	5.5	3.6
1986	6.3	5.5	1.9
1987	6.1	5.3	3.7
1988	7.1	5.5	4.1
1989	8.9	6.1	4.8
1990	7.8	5.8	5.4
1991	5.7	4.3	4.2
1992	3.4	2.9	3.0
1993	2.7	2.5	2.8
1994	3.8	2.6	3.0

资料来源：IBC 货币市场基金报告，美国劳工部，美联储。

这类投资的问题就在于：在短期内本金是安全的，因为这种投资一般不会出现损失，但是，长期来看，如果考虑所得税和通货膨胀的影响，本金就缩水了。所以这里值得注意的是：当通货膨胀率高于你从定期存单、国库券、货币市场基金、储蓄账户所获得的利息率时，那么，你的投资就是失败的。

拥有储蓄账户，你就拥有在任何时候提取现金、支付账单的便利。你也可以把钱暂时存放在银行，直到资本累积到一定程度再投资别处。在这两种情形下储蓄是很好的选择。但是长期来看，储蓄意义不大。

私人收藏品投资

收藏品可以从古董车到邮票、钱币、棒球卡或芭比娃娃。当你投资于这些物品时，你是希望将来能以更高的价钱来出售它们。其中有两个原因：这些物品越老就越有价值，人们愿意花更高的价钱来购买；另外，通货膨胀会侵蚀现金的购买力，从而抬高物品的价格。

投资收藏品的问题在于这些物品可能被遗失、盗窃、污损，受到火、风、水等的破坏。虽然可以投保，但保险金额会非常高。通常来说，这些物品虽然越持久越保值，但也会越破旧越贬值。因此，收藏者当然盼望收藏品可以随着时间而保值而不是跌值。

收藏是个非常特别的事业，成功的收藏家不仅对收藏品研究很精通，对于收藏品的市场价值也非常在行。这里面有很多东西要学，有一些你可以从书中学到，另外一些你必须从实践中学习。

对潜在的收藏家来说，尤其是对年轻一辈来说，买新车并不是一个好的投资。"投资"一词最近出现在汽车电视广告中，但如果你看了这则广告，请不要被蒙蔽。在车库中妥善保存而且不常被开的古董车可能是一个投资，但每年都开的新车就贬值得很快，甚至超过现金。没有什么东西可以比汽车更快吞噬你的银行存款，游艇除外。有鉴于此，别犯这样的错。

房产投资

买房是很多人最赚钱的买卖。与其他投资相比，买房有两大优点：你可以一边住，一边等待其升值，你还可以借钱来买房。下面让我们来算一算账。

通常房子的价值也跟随通货膨胀一起上涨。但是你不用一次性还清所有的房款，一般来说，首付 20%，银行会发放 80% 的按揭贷款给你。你需要就房贷而支付额外的利息，通常需要持续供款并付息 15 年或 30 年，这取决于你选择的付款年限。

同时，你居住在这套房子里，当楼市下跌时你不必仓皇出逃，而当股市变差时你需要尽快离场。只要你住着，房子就会升值，但你却不用为升值缴任何税。在你出售房子的时候，政府也会给你一定的税收优惠。

如果你购买了价值 10 万美元的房子，房子每年升值 3%，一年过后，房子将比你购买时增值 3 000 美元。乍一看，你会说那是 3% 的回报，与你从银行存款中获得的回报一样。其实还隐藏着一个秘密：在这 10 万美元中，你只支付了 2 万美元，所以，其实在第一年年底，你用 2 万美元获得了 3 000 美元的回报，这就是 15% 的回报率，而不是 3%。

当然，你必须偿还利息，但却可以从政府这里得到税收优惠（利息费用在年终报税时可作减税之用）。一旦你付清贷款，你就增加了对房屋的投资。这就是人们通常想不到的一种储蓄方式。

如果你用 15 年来偿还贷款，并一直居住，当你还清贷款的时候，假设每年 3% 的房价涨幅，你用 10 万美元买来的房子就会值 15.579 7 万美元。

让我们继续分析乔和萨莉的案例。他们都升到了经理助理的职位，领取同样的薪水。萨莉住在自己的房子里，而乔也与父母分居，他希望可以拥有自己的房子，但却付不起首付，所以他只能租公寓住。

乔每个月的房租比萨莉的房贷还款要少一些，加上萨莉还需要支付住房保险、草地养护和房屋维修等费用，所以，一开始乔口袋里的现金应该比萨莉多。从理论上讲，他可以把积蓄投入股市，从而积累他自己的金融资产，但是他没有。他把钱花在了添置音箱设备和高尔夫练习课程上。

一个不会省钱买房子的人，通常也不太可能存钱投资股市。一个家庭为了最终可以买房子而做出很多牺牲，这听起来很平常，但是你听说过一个家庭为了买第一只共同基金而做出很多牺牲吗？

通过拥有自己的房子，萨莉已经养成了储蓄和投资的好习惯。只要她还在偿还房贷，她就是在投资房产。既然她已经为了还房贷而投资房产，那么将来当她有盈余积蓄的时候，她还是会投资基金。

15年后，当她还清了所有的房贷，她完全拥有了自己的房产，但每个月最大的开销却不再需要支付。乔先生却仍然家无恒产，他甚至还要支付比当初更高的租金，它可能远比萨莉最后一期的房贷还款要高得多。

债券投资

你也许从媒体中听说过"债券市场""债市上涨""债券价格普遍下跌"等词，也许你认识买过债券的朋友，也许你还在疑惑"到底什么才是债券"。

美其名曰的"债券"，其实就是一张借条（IOU）。它是一张在上面印有美元价值和艺术画面的精美纸张，但其本质与用餐巾纸写下的借条相差无几。它们都是一种你借钱给别人的记录，大都要显示借款的金额和还款日期，也都要标明借款人为该款项所需支付的利息。

即使有时候叫"购买债券"，但当你购买的时候，你却没有买到任何东西，你只是借出了一笔款项。债券的卖家，也叫发行人，向你借了钱，债券本身就是这个交易的一个记录而已。

美国是世界上最大的债券发行人。当美国政府也就是山姆大叔需要额外资金的时候，它就会印上一批债券。目前存续的 5 万亿美元国债，就是美国政府向各界的借款，这些债权人包括国内外的机构和民众，甚至是外国政府。它们借钱给美国，凭证便是那些锁在保险柜中的"借条"。

最终，有借必有还，有借不还就会造成财政赤字危机。同时，政府还要为借款支付利息，这就让它觉得力不从心，常常使得政府捉襟见肘。美国政府对太多的人欠了太多的债，致使超过 15% 的联邦税收都只能被迫用来偿还利息。

年轻人最熟悉的一类债券恐怕就是美国储蓄债券。祖辈们往往把这类债券当作传家宝送给后辈们，这是一种间接遗产。与直接赠与相比，老一辈通过购买国债把钱借给政府。多年之后，政府偿还本金并支付利息给子孙。

美国政府并不是债券的唯一发行人，州政府和地方政府同样会通过发行债券集资。医院、飞机场、学校、体育馆、公司等也会发行自己的债券。所以，民间的债券供应量非常充足，你可以在任意一个证券经纪商那里买到债券，就如同开立账户买卖股票那样简单。

基本上，债券与我们前面讨论过的存款证和国库券非常相似。购买债券可以获取利息，你可以预先知道获得利息的时间和金额，以及什么时候可以取回本金。债券与这两者主要的区别在于存款证和国库券的持有时间较短（几个月到几年），而债券的持有时间较长（一般为 5 年、10 年甚至 30 年）。

持有时间越长，通货膨胀的风险就越大。这也是长期债券的票息率往往比短期债券的票息率高的原因，因为投资者会为承受更高的风险而索求更高的回报。

当其他条件都一样时，30 年的债券要比 10 年的债券支付更高的利息，相同道理，10 年的债券比 5 年的债券支付更高的利息，以此类推。购买者需要决定他们准备持有多长时间，额外的利息收入是否值得他们把钱拿来投资那么长的时间。这些都是需要深思熟虑才能做出的决定。

迄今为止，美国的债券投资者持有超过 8 万亿美元的各类债券，使得债券的受欢迎程度超过股票。与此同时，投资者也持有超过 7 万亿美元的股票。两者孰优孰劣的比较一直困惑人心，其实两者各有利弊。股票比债券风险高，当然潜在收益也更高。为了更好地理解这其中的玄机，让我们来举例比较分析：一是购买麦当劳的股票；二是购买麦当劳的债券。

当你购买股票的时候，你就是公司的股东，拥有一定的股东权力，对麦当劳还有那么一点小小的影响力。他们会给你发送报告，邀请你去参加股东大会。他们还会支付给你一定的奖金，当然，是以红利的方式。如果他们 16 000 家汉堡包店铺的生意很好的话，他们还会提高红利的数额。就算没有红利，如果他们把超级至尊汉堡卖得超级好，股票价格也会上升。你也可以卖掉股票以赚取高额利润。

但是，没有人能保证麦当劳长盛不衰，也没有人能保证你的红利和股价上涨。如果股价跌破你的购入价，麦当劳不会赔偿你的损失，他们不会承诺获利。作为股票的拥有者，你没有任何保障，必须自己来承担风险。

如果你购买的是麦当劳的债券，或者是其他任何债券，接下去的故事就完全两样了。在此情况下，你就不是公司的股东了，而是贷款人，把钱借给麦当劳一段时间而已。

麦当劳可以靠卖汉堡包赚很多钱，但是，他们不会想到给你分红。公司只会对股东分发红利，你肯定没听过他们主动提高票息率来犒劳债权人吧。

对债券持有人而言，最糟糕的情形就是眼睁睁着股价飙升，而自己却一无所获。麦当劳就是个很好的例子。从 20 世纪 60 年代开始，它的股价从 22.5 美元一路飙升至 13 570 美元，投资者赚了 603 倍，投入 100 美元就可以得到 60 300 美元，或者 1 000 美元得到 603 000 美元。购买其债券的人很难成为幸运者，因为他们只能一路获取利息收入，除此之外，他们收益甚微。

如果你购买 10 000 美元 10 年期债券，并持有到期，你得到的仅仅是本金和 10 年的利息。实际上，由于通货膨胀的存在，你得到的甚至更少。比如该债券票息率为 8%，10 年的通货膨胀为 4%，那么，即使你每年可以得到 8 000 美元的利息，可你还是因为通货膨胀损失了 1 300 美元。你 10 000 美元的初始投资在 10 年的通胀之后仅值 6 648 美元。所以，该债券的实际报酬率小于 3%，如果算上税项的话，那你的实际收益可能接近于 0。

不过，对债券持有人而言，好处在于：即使你错过了股价上升的盈利机会，但你也避免了股价下跌带来的亏损。如果麦当劳的股价相反，从 13 570 美元跌到 22.5 美元，股东会暴跳如雷，而债权人则可以一路笑到最后。无论股市发生什么，当债券到期日来临的时候，公司一定要对债权人偿还本金和利息。

这就是债券比股票风险低的原因了，因为它具有担保性。在你购买的时候，你就知道你会得到多少利息，而不用天天担心股价的走势。你的投资是相对安全的，至少比股票安全。

然而，持有债券一样会有风险。第一，若你在到期日之前卖出债券，那样未必能够全额收回本金，因为像股市一样，债市每天也会涨跌无序。如果高买低卖，自然就会遭受损失。

第二，当债券发行人倒闭，不能偿还本金。这种可能性取决于债券发行人。举例来说，美国政府不会倒闭，有需要时它可以选择加印钞票。因此，美元政府债券的持有者一般不会面临得不到本金的风险。

其他债券发行人，如医院、机场、企业等，就无法做到百分之百的担保了。如果它们倒闭的话，持有人将会遭受损失。不过，通常他们也不会倒霉到什么都捞不回来，总能拿回一些本金。但是，在极端情况下，投资人也会连本带利损失殆尽。

当债券发行人不能如期偿还利息和本金时，这种情况就叫作"违约"。为了避免违约，聪明的投资者通常会在购买之前了解发行人的财务状况。有些债券是由第三方担保的，那这也算是一种保证。市场上还有一些机构会对债券做出评级，这样投资者就能事先获知哪些债券的风险高，哪些风险低。大公司一般可以获得较高的信用评级，譬如麦当劳发行的债券发生违约的可能性接近于零。偿付有困难的小公司，一般信用评级也较低。你一定听说过垃圾债券吧？那些就是评级最低的公司发行的债券。

如果你购买了垃圾债券，你就冒了收不回本金的风险。为什么垃圾债券的票息率比普通债券高？因为投资者需要高回报来应对高风险。除了垃圾债券中的"垃圾王"，一般垃圾债券违约的可能性仍然是较低的。

其实，持有债券最大的风险还是通货膨胀。我们已经看过通货膨胀是如何侵蚀掉一项投资的。如果投资股票的话，长期来看，还是可以抵抗通货膨胀，并实现一定的盈利的。如果投资债券，就很难达到这一点。

股票投资

股票是你除了房子以外最好的投资。你不用像养马或者养宠物那样去饲养一只股票，它也不会像汽车那样会发生故障，更不会像房子那样需要整修。你会因为火灾、盗窃或洪水遗失你珍藏的棒球卡。股票购买的凭证也会被偷窃或焚毁，果真如此也不必惊慌，公司还会再补给你一张。

如果你买债券的话，只是借出去一笔款。当你投资股票的时候，你是在购买一部分公司股权。如果公司繁荣昌盛，你可以分到一杯羹。如果它分红，你可以得到回报，如果它提高红利金额，你就赚得更多。几百个成功的公司都有每年增加红利水平的惯例。这是持有股票的好处——保值增值。但是，它们从来不会提高债券的利息收入。

我们可以通过以下的表格分析比较股票相较其他投资品种的优越性。由此可见，或许在市场调整的年份或单纯的一年里难分伯仲，但长期来看，股票投资更胜一筹是不争的事实。

各投资品种的年度回报率			（%）
	1945～1994 年	1984～1994 年	1989～1994 年
标准普尔 500	11.9	14.4	8.7
小盘股	14.4	10.0	11.8
美国国库券	4.7	5.8	4.7
通货膨胀	4.4	3.6	3.5
美国政府债券	5.0	11.9	8.3
中期政府债	5.6	9.4	7.5
公司债	5.3	11.6	8.4
住宅	—	4.3	2.9
黄金（从 1977 年）	6.4	0.7	0.1
白银（从 1950 年）	4.6	（4.2）	（0.8）
日本股票（从 1973 年）	14.6	16.6	（4.2）
外国债券（摩根大通全球政府债券）	—	—	9.1
新兴市场股票（摩根士丹利新兴市场基金）	—	—	22.7

超过 5 000 万的美国人（约占美国人口的 20%）已经发现了这个秘诀，并开始通过购买股票来盈利。这些并不都是驾驶劳斯莱斯（Rolls-Royces）的富人，大部分的股票持有人都是普通的打工一族：教师、公车司机、医

生、木匠、学生、你的朋友和亲戚、隔壁邻居等。

投资股票宜早不宜迟，不必等你变成百万富翁或千万富翁的时候再来投资股票。即使你失业，或还没上班，或没有盈余来投资股票，你也可以尝试进行个股的选择游戏，这样是最好的无风险训练。

飞行员要在飞行模拟器里训练，这样他们可以在不造成真实事故的前提下得到充分的学习和锻炼。你也可以自行构建自己的投资模拟器，在不遭受损失的前提下学习投资。即使尝试失败，也未尝不是一件好事，毕竟失败是成功之母。

朋友或亲戚可能会规劝你远离股市，他们甚至会告诫你投资股票就像赌钱一样，因为股市不比赌场稳妥多少。他们可能用实际例子来证明这一看法，我们也可以用上面的这个表格反驳这些人的论据。如果股票市场是一个赌场的话，那么，为什么这么多年以来它还是那么受欢迎，回报还是那么高呢？

当人们在股市中持续亏钱时，这并不是股票的错。股票的价值总体来说是随时间上升的。99%的亏钱个案是由于投资者不会制订投资计划，他们在高价时买入，在股票调整的时候他们往往耐心不够或是太过惶恐而匆匆地在低价卖出。他们的实质是"高买低卖"，你不应重蹈覆辙，你需要的是制订自己的投资计划。

本书旨在帮助人们理解股票的实质，认识发行股票的上市公司。尽管这只是一个基础性的介绍，但我们希望它可以成为你整个投资生涯的指南。

长期投资分享股市盛宴

要成为一个成功的投资者，你不必是一个数学天才。你也不必是一个会计，虽然有时候掌握财务常识可能很有帮助。只要你可以做五年级的数学题，你就有了基本的技能。接下来你需要的就是一个投资计划了。

投资股票，年轻人比老年人更有优势。你的父母或祖父母可能对股票要比你更熟悉一些，这可能是太多次失败的结果。当然，他们也比你有更多的钱投资，但你有最有价值的一样东西，那就是时间！

通过下面这个例子，你可以发现时间在投资复利中的价值，越早开始投资，结果越明显。其实投资得早，即使是一笔小钱，都比一笔大钱投资得晚要来得更有价值。

你听过一句老话，叫"时间就是金钱"吗？现在这句话应该被改成"时间创造金钱"。这是一个双赢的结果。让时间和金钱发挥双重作用，投资回报自然不菲。

如果你已经决定投资股票，而不是债券的话，你就做出了一个很明智的决定。当我们这样说的时候，我们是假定你是一个长期投资者。如果你的钱只能投资 1 年、2 年或是 5 年，那么，股票并不是第一选择。因为从这一年到下一年股市会怎么样没有人会知道。在股市调整的那几年，你如果把钱取出来的话，就会遭受损失。

对于投资股票来说，可能需要坚持 20 年或 20 年以上。因为股票的调整需要足够长的时间来恢复，投资的盈利需要日积月累。每年 11% 的回报是股市过去以来的记录。尽管没有人能够准确地预知未来，但以过去的经验来看，如果持有股票 20 年可以获得年投资回报率 11% 的话，投资者 10 000 美元的初始投资将变成 80 623 美元。

要想得到每年 11% 的投资回报，你必须忠诚地对待你购买的股票，就像忠实于婚姻一样，因为你已经建立了你的钱和你的投资之间的"婚姻"。只有耐心持有，才能成就你的股票天分。有时候，决定投资者好坏高低的并不是投资智慧，而是投资的纪律性。

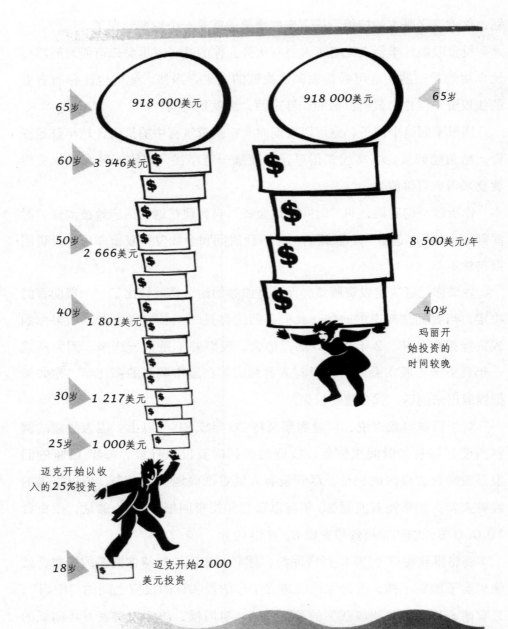

65岁　918 000美元

918 000美元　65岁

60岁　3 946美元

50岁　2 666美元

8 500美元/年

40岁　1 801美元

40岁

玛丽开始投资的时间较晚

30岁　1 217美元

25岁　1 000美元

迈克开始以收入的25%投资

18岁　迈克开始2 000美元投资

不要轻信那些让你卖出股票的"建设性的提议",做一个坚定的投资人,忠于你的股票。这个是 50 年前一个股票经纪人弗雷德·施韦特(Fre Schwed)在他的经典著作《客户的游艇在哪里》⊖里面给的建议,到今天仍然适用。

人们常在寻找各种战胜华尔街的秘籍,其实一直以来最好的秘籍便是选择一家盈利能力强的公司的股票长期持有,股价下跌并不是一个好的卖出理由。

自诩是一个长期投资者很容易,其实,现在已经很难找到一个人不说自己是长期投资者了,但当股市调整之日,真正的考验才刚开始。

本书后面会讲到很多关于市场下跌、调整、熊市等的内容,没有人可以准确地预期到熊市何时到来,但当它真的来临时,90% 的股票会集体下跌,这时投资者就慌了。

他们从新闻电视里听到"灾难"来形容这样的市场,他们开始担心自己的投资会跌到零,因此匆忙离场,即使割肉也在所不惜。他们安慰自己说,拿回一些本金总比什么都没有强。

就在这个时候,这些本来号称是长期投资者的人,突然变成了短线投机者。他们让感性占了上风,忘记了最初的想要分享好公司利润成长的投资理念。他们因为股价下跌而惶恐,匆匆卖掉股票而不是耐心等待它反弹。没有人强迫他们这样做,是他们自愿的。

可他们自己并没有意识到这一点,而是陷入了一直尝试去选时的漩涡。如果你说他们是选时者,他们肯定会否认。但是,根据市场波动来卖股票的行为实质就是选时者。

选时者试图预测短期市场波动和股价变动,并据此获得盈利而退场。但

⊖ 本书机械工业出版社已出版。

是，没有多少人可以用这种傻瓜都懂的方法真正赚到钱。如果真是这样，那这个人早就成了亿万富翁，而不是比尔·盖茨和沃伦·巴菲特了。

你试图选时，但结果往往是追涨杀跌。人们觉得自己运气不够好，但其实这是因为他们追求的是不现实的结果，没有人可以长期战胜市场。人们还认为在市场调整的时候投资股票是非常危险的，但他们忘了，踏空同样也是有风险的。

关键的几天往往可以成就或是摧毁你整个投资计划。这里有一个很典型的实例：在 20 世纪 80 年代股市上涨的 5 年中，股价每年的涨幅大约为 26.3%，坚持长期持有的投资者资产会翻番，但其实这 5 年的大部分利润是在 1 276 个交易日中的 40 个交易日赚取的，如果在那 40 个交易日中你选择空仓的话，你的年均收益可能就会从 26.3% 降到 4.3%（其实定期存款也可以获得 4.3% 的收益率，但风险更小）。

因此，如果想得到最多的投资回报，最好的方法就是买入并长期持有。你可能会经历调整，但只要你不卖出的话，你不会有真正的亏损。相反，你能全面、完整地享受到股市的盛宴。

共同基金的特点

综上所述，我们可以得出两个结论：第一，你应该选择投资股票；第二，一旦买了，就要尽可能地长期持有。接下来的问题就是，是由你自己来挑选个股，还是委托别人来帮助你投资股票。

如果你厌倦了整天面对财务数据，或者压根儿不关注柯达的盈利情况，也不关注到底耐克鞋和锐步鞋孰优孰劣，那么，选择投资基金就是简单的方法。

帮助那些既想投资股票又不知道怎么去分析股票的人，这正是共同基金产生的原因。你需要的只是拿现金去购买基金的份额，你的钱与很多其他人的钱一起交由投资专家去投资股票。你希望基金是由专家来管理的，因为你指望他们帮你正确地选择股票，并进行适时的买卖。

共同基金除了有专业的基金经理来管理投资之外，还有一个优点：它会投资很多股票，也就是说，当你购买了一只基金后，你一下子就变成了几十个，甚至是几百个上市公司的股东，无论你投资的是 50 美元还是 5 000 万美元，而这比买一只股票的风险要低得多。

一般的基金投资门槛很低，起点购买金额只需 50 美元或 100 美元。购买多少金额，多久买一次都取决于你自己。你也可以选择每个月、每 3 个月、每 6 个月投资固定金额的基金。间隔的时间长短并不重要，贵在坚持。

你能看出这种定期定额投资方式的智慧之处吗？那就是没有了选时的忧虑。在市场下跌的时候，你每次购买越买越便宜，所获基金份额越多，市场上涨的时候，你越买越贵，所获基金份额越少。时间一长，你的总体成本被拉低了，利润变得更可观了。

另外一个吸引投资者的地方就在于基金的定期现金红利，有可能一年两次、一年四次甚至每个月一次。你可以用这现金去购买任何东西（比如电影票、CD、太阳眼镜）来犒劳你自己。你也可以把这红利用来购买更多的份额，这叫作"红利再投资"（reinvestment option），一旦你这样选择了，它就会为你自动转成基金份额。你投资得越多，转成的份额就越多，以后就可从基金的盈利中获取得越多。

你可以在报纸上查到所购买基金的业绩表现情况，就像你要找迪士尼的股票表现那样。基金净值每天都随投资组合中的个股变化而变化，那就是你要选一个好的基金经理的原因，他们选的股票表现越好，你的基金就会赚得越多。

如果你不想继续持有基金了，那也很简单，你可以将基金份额全部赎回或是部分赎回，兑现你的投资本金和盈亏。但是，除非你有紧急情况，赎回基金是最后的选择。因为你的目标是扩大盈利，持有基金的时间越长，潜在的盈利机会和盈利空间就越大。

当然，在持有基金期间，投资者需要支付管理费和其他开支。这些费用从基金资产中列支，一般基金的费用往往在 0.5%～2%。也就是说，你买了一只基金后，每年要付 0.5%～2% 的费用，当然，基金买卖股票还必须付一定的佣金。

一般来说，专业的投资管理人员比业余的股民更有优势，对业余股民来说，投资只是一种兴趣、一个爱好，可对专业人员而言，这是一份工作。他们接受过关于分析上市公司及财务报表的专业培训，他们拥有图书馆、高性能的电脑和一群研究员来支持。一旦公司有任何消息，他们第一时间就能获悉。

另一方面，专业投资管理人员也有他们的局限性。玩桌球，我们比不过专业桌球运动员；动脑部手术，我们比不过专业的脑科医生，但是，我们却有机会击败华尔街的专业人士。

有一部分基金经理喜欢购买相同的股票，他们觉得与别的基金经理购买相同的股票很安全，他们不愿涉入不熟悉的领域。因此，他们会失去发现黑马股的乐趣并错失盈利的机会。他们往往会忽视新的、业务不大的小公司，而这些小公司会变成盈利能力很强的公司、市场的大赢家。

基金的发展历史

历史上最早的基金成立于 1822 年，由荷兰的威廉一世（King William I）发明，之后流传到苏格兰，并在那里得到发扬光大。苏格兰人非常节省，不愿意把钱花在零散购买股票而带来的高昂佣金上,他们认为节省的钱可以买到更多的基金。

共同基金后来又传到了美国,但是,直到 19 世纪才真正兴旺起来。那时,共同基金被称为"股票信托"(stock trusts)——最早的记录是 1889 年发行的纽约股票信托。股票信托在 20 世纪 20 年代流行起来,并改名为"投资公司"。

美国本土第一只真正的共同基金是萧路姆斯赛利斯基金(Shaw-Loomis-Sayles fund)。它成立于 1929 年 11 月,也就是在股市大崩盘后的几周。由于基金生不逢时,以至于基金净值一路下跌,直到 1932 年才触底。到了 1936 年,当经济萧条尘埃落定时,全国近半的投资公司已经濒临倒闭。

投资者从中得到了一个很重要的教训:股市下跌,基金也难逃一劫。这一点直到今天都仍然适用。即使是华尔街最优秀的基金经理都无法在大熊市中保护你,无论是在 1929 年、1972 ~ 1973 年、1987 年、1990 年或者将来可能出现的 2000 年、2010 年、2020 年的萧条时期。无论是你自己投资股票,还是交由专业人士来打理,面对熊市都在劫难逃。

1940 年,也就是 1929 年大萧条后的第 11 年,美国国会通过了《1940 年投资公司法》(Investment Company Act of 1940)。这个至今仍然沿用的法案规范了共同基金的运作,它要求每一只共同基金都必须将投资和运作的细节告知投资者,这样投资者可以很明确地知晓该基金的性质,以及他们所需要付出的费用等。

每个在美国登记的共同基金(目前超过 6 000 只)都需要将它的投资策略、风险水平等公之于众。它要解释如何来进行投资,要揭示它的投资组合、前几大投资标的及其持有份额。它还需要公布基金公司收取的管理费和其他销售费用。它需要就前几年的盈亏情况做出说明，让投资者明白它的历史表现到底是好是坏。

除此之外，共同基金还需遵守严格的投资规定，比如，单股的持有比例不得高于 5%，以达到分散投资、降低风险的目的。

同时，美国证监会保持日常监管，使基金管理人自律，不违反条例。总的来说，美国共同基金业的自律性较高，与监管机构也保持着比较良好的沟通。

最近，在证监会的支持下，很多基金开始减少宣传单中的官样文章和法律术语，很少有投资者会去看这些，本来只是政府的规定，这些内容既浪费时间又浪费金钱，而且这些印刷品的成本都是从基金财产中扣除的。该行动的目的是让投资者尽可能地理解整个产品，而不是提前去商学院学习。如果该活动成功的话，基金公司和投资者都将从中受益。

20 世纪 60 年代晚期，沉寂了很多年的共同基金又开始进入公众的视野。在此期间，基金销售人员变成了老师、店主、文员等，他们利用周末或晚上的时间做兼职的基金销售。但这导致了一个很糟糕的结果，很多普通人购买了基金，但却是在错误的时机，当时正值 1963 ~ 1973 年，股市经历了自 1929 年大萧条后最严重的一次熊市。在这次熊市中，一些共同基金下跌了 75%，又一次证明了持有基金一样会有风险。投资者惶恐地赎回基金，亏损离场，把现金都存入银行，发誓再也不轻信基金销售人员的鬼话了。

此后，十年之内几乎很难再让投资者购买基金产品。即使是业绩表现好的基金，也无人问津，优秀的基金经理发现很多便宜的好股票可以买，但是没有投资者的资金，他无从购买。

当股市于 20 世纪 80 年代开始繁荣的时候，基金业也跟着繁荣起来。

这期间共成立了 5 655 只基金，在过去的两年中就成立了 1 300 只基金，几乎天天都有新的债券基金、货币市场基金、股票基金成立，加盟到已有的 2 100 只股票基金中。照此发展速度，很快这个市场上股票基金的数量将会超过股票本身的数量。

投资基金的九条建议

如果要详细描述不同类型的基金，可能用一本书的篇幅都不够：单一行业基金、多行业基金、小市值公司基金、大市值公司基金、混合基金、国内基金、国外基金、成长型基金、价值型基金、收入型基金、成长收入型基金等比比皆是。基金类型的区分太过复杂，还有很多基金中的基金。

基金的宣传单浩如烟海，选择合适的基金既费时间，又耗精力，简直可以把人逼疯。不过，只要方法得当，人们照样可以放松地和家人快乐相处，不必枉费心机选择基金从而白白花费治疗精神病的费用。

有关基金选择的方法，我在此提出了以下九条建议。

第一，你可以直接在基金公司（如富达基金公司等）处购买基金，也可以通过股票经纪商购买，不过，有时候股票经纪商未必代理你想要的基金产品。

第二，股票经纪商也要盈利，所以，有时候他们会重点向你推荐他们自己的产品。说服你购买他们自己的基金产品也许是他们的目的，但不是你的兴趣所在。每次当他们给你推荐产品的时候，你需要仔细思量，你可以要求他们提供全部产品的清单，你有可能找到与他们推荐的性质相仿但业绩表现却好很多的基金产品。

第三，如果你是长期投资者，就不需要考虑是选择债券型基金还是混合型基金了，你的终极目标就是股票型基金。在 20 世纪的大部分时间里，股票的表现都要比债券好。如果你不是百分之百地投资股票基金的话，那就是自欺欺人了。

第四，选择合适的基金难于选购好车，但基金有历史业绩可以做参考。除非你访问过很多顾客，否则你不可能知道哪辆车好，但你可以通过基金评级来判断基金的好坏。归根到底是看基金的年投资回报率。一个过往 10 年平均年回报率为 18% 的基金一般要比同期年均回报率只有 14% 的基金更好。不过，当你根据历史业绩表现来选择一只基金的时候，请首先确认该基金经理是否仍然在任。

第五，长期来看，小盘股往往比大盘股表现出色。今天成功的小公司就很有可能变成明天的沃尔玛和微软，这就是为什么小盘股基金的长期业绩往往会优于大盘股基金。你需要的就是基金投资几个类似于沃尔玛这样的股票，可以在 20 年内翻上 250 倍。既然小盘股的波动性更大，那么，小盘股基金的涨跌幅度就要比其他类型的基金大。但只要承受能力足够强大，你就能收获颇丰。

第六，为什么要冒风险去投资新基金，而不去选择那些历史业绩表现优秀的老基金呢？你完全可以在《巴伦》（*Barron's*）周刊或《福布斯》（*Forbes*）等金融杂志上找到这些多年来表现突出的基金。《巴伦》每半年会刊登一次所有基金的表现及专业评级机构—理柏（Lipper）公司所做的基金评级，《华尔街日报》（*The Wall Street Journal*）则每季度就会刊登一次。

如果你想更详细地了解某一只基金的情况，你可以从晨星公司（Morningstar）那里获得，晨星公司追踪几千只基金，并且每个月会发布相关报告，并对这些基金进行收益及风险方面的评级，告诉你谁是基金经理人，投资组合中有些什么股票等。它可以提供迄今为止最详尽、最便捷、一站式的基金信息服务。

第七，有些投资者习惯经常转换于不同的基金，希望可以挑到表现最好的那只基金。其实，这么做往往事倍功半，徒劳无益。很多研究表明，一年表现好的基金在下一年未必一样出色，所以，尝试寻找表现最好的基金是得不偿失的事情，你最好还是挑选一只历史业绩表现优异的基金，买入并长期持有。

第八，基金的费用中除了从基金资产中列支的年度管理费之外，还有购入费用，叫申购费。目前，一般申购费平均在 3% ～ 4%。也就是说，在你购买基金的时候，你就已经损失 3% ～ 4% 了。当然，也有不收取申购费用的基金，而且它们的表现跟收取申购费用的基金没有特别的差异。你持有基金的时间越长，这些申购费就越显得无足轻重。如果一只基金表现优秀，10 或 15 年之后，3% ～ 4% 的申购费用也就微不足道。其实，每年的年费更值得注意，因为它每年都要从基金资产中扣除。费率低的基金（少于 1%）比费率高的基金（超过 2%）自然更有优势。管理人管理一只收费高的基金是有劣势的，因为每年他们必须取得超过费率低的基金 0.5% ～ 1.5% 的成绩，才能取得同样的投资回报率。

第九，大部分的基金经理都想追求超越市场平均水平的投资回报，这也就是你支付他们酬劳的原因，因为他们为你挑选了可以战胜市场平均水平的股票。其实，基金经理常常无法战胜市场，其中一个原因便是费率的扣除。一些投资者已经放弃了寻找可以战胜市场的基金，相反，他们选择无论如何可以跟上市场平均水平的基金，这种基金就是指数基金，它并不需要基金经理来主动管理，完全可以由计算机程序自动完成投资。它的实质就是按照比例购买标的指数的成分股，并一直持有。这其中没有特殊的管理费、频繁买卖不同股票的佣金，也无须投资决策。举例来说，标准普尔

500 指数基金只会购买标准普尔 500 指数所有的 500 只成分股，标准普尔 500 指数是很有代表性的市场综合指数，所以，你可以通过购买追踪它的指数基金来获得市场平均的收益水平，而这可能比你投资主动管理的基金效果更好。又比如，如果你希望通过投资小盘股基金来分享小市值公司的高速成长，你就可以购买基于罗素 2 000 指数的指数基金。那样，你就可以间接投资罗素 2 000 指数中的 2 000 只成分股了。另一种方法就是做资产配置，一部分钱可以投资标准普尔 500 指数基金，另一部分用来投资小盘股指数。这样一来，你就大可不必枉费心机挑选所谓最好的基金，即使千挑万选，结果说不定只是买了一只最终表现落后于市场的基金。

如何自己挑选股票

如果你有时间，也有天赋，你就可以自己来挑选股票。这比投资共同基金要费事得多，但却可以带来很大的满足感。时间长了，你可能比共同基金做得还要好。

但不是所有你选的股票都能赚到钱，换言之，百发百中绝无可能。沃伦·巴菲特可能犯错，彼得·林奇也会有很多失败的投资。但只要有几个表现出色就可以了，假如在你拥有的 10 只股票中，有 3 只是大黑马，就好过 1 ~ 2 只垃圾股、6 ~ 7 只平庸股的投资组合。

如果你一生可以发现几只可以涨 3 的 n 次方倍数的股票，那么基本上你就可以衣食无忧了，尽管同时还有几只表现很差的股票。一旦你知道如何分析上市公司，你就可以加大比例投资较好的公司，而减少投资较差公司的比例。

发现可以翻三番的股票的确不太容易，但你一生确实只需要几只那样的股票就可以确保一个有希望的将来。我们不妨匡算一下：当你投资 10 000

美元的股票涨了 3 的 5 次方的倍数（即 243 倍），你得到的回报至少是 240 万美元，如果涨了 3 的 10 次方的倍数（即 59 049 倍），你就会得到 5.9 亿美元，如果涨了 3 的 13 次方的倍数（即 1 594 323 倍），那么恭喜你，你就是全美最有钱的人了！

其实，共同基金和股票并不对立，很多投资者两者都买。很多在投资共同基金方面的建议（如尽早投资、需有计划、长期持有等）也都适用于投资股票。不过，投资股票还是有个性问题：选什么股票？用于投资的钱从何而来？因为在熟悉股票之前就贸然投资是一件很危险的事情，那你就应该在实战之前有很多的练习机会和经验。

很多人对自己所投资的股票一无所知，这确实令人惊讶，但这种事情天天都在发生。譬如，一个毫无投资经验的人，在退休后将所有的养老金都盲目地投进了股市，而他甚至连基金分红和打高尔夫球杆带出的"草皮"（divot）之间的区别都不知道。所以，这里面应该有一些正规的培训，就像驾校一样。显然，我们不会冒风险允许没有驾驶经验的人在高速公路上开车。

如果没有其他人来训练你，你至少可以自己训练自己，在纸上分析各种投资策略，感觉各只股票的不同特性。这时年轻人就有优势。你有的是时间来模拟尝试各种投资策略。当你有钱去投资的时候，你已经为实战的投资做好了充分的准备。

你一定听说过梦幻棒球，你选择一个虚拟的棒球队，看他们的比赛成绩，与现实队伍进行对比。你可以训练做一个模拟的完美股票组合。假设拿 100 000 美元来购买迪士尼、耐克、微软、本杰瑞、百事的股票，每只股票各投资 20 000 美元。如果把 1995 年 4 月 21 日作为起始日的话，你的投资组合就会如下表所示。

	1995 年 4 月 21 日股票价格	20 000 美元投资取得的股票数量
迪士尼（Disney）	54.75	365
耐克（Nike）	73.125	274
百事（Pepsi）	41.25	485
本杰瑞（Ben&Jerry's）	12.625	1 584
微软（Microsoft）	75	267

　　一旦你选好了股票，记下了价格，你就可以计算你的盈亏，就像真的交易一样。你也可以把你的模拟收益与你父母的真实投资（如果有的话）产生的收益进行对比，或者与其他的共同基金对比，或者与你朋友的投资组合表现对比。

　　由于美国经济教育证券业基金会的赞助，全美的学校都将完美选股课程带进了课堂。在 1994～1995 学年度，有 60 多万名学生参加了该项活动。他们被分成不同的小组，每组来决定用虚拟的资金购买什么股票。整个比赛持续了大约 10 周的时间，组合收益最高的小组便是最后的冠军。每个学校的冠军再参加校际、省际和全美性的比赛。

　　参加此类挑战股市的虚拟资金实战模拟，寓教于乐，只要参与者有投资的基础知识，并不对结果太过在意。这种训练唯一的问题就是投资时间的局限性，13 周、26 周，即使 1 年，股价的变动很可能是机缘巧合。太短的练习时间往往不能给你一个良好的实践机会，一只股票可以在 13 周内表现不好，可也有可能在 3 年或 5 年的时间里是一只大牛股，或者情形正好相反，在 13 周的表现很好，可之后就一路下跌。

　　长期表现优异的股票取决于长期表现优异的上市公司，所以，成功投资的秘诀在于发现成功的上市公司。要想取得成功，你必须研究更多的上市公司信息。以下我想概要介绍选择股票的五种基本方法，其中既有荒谬可笑的方法，也有行之有效的方法。

投掷飞镖

这是最低级别的选股方法。通过投掷飞镖的方法，投中哪只股票就买哪只股票。或者你也可以闭上眼睛，任意用手指来挑选。你可能很幸运地通过这种方法买到了一只大牛股，当然也可能手气不佳，挑到了一只垃圾股。这种方法最大的优势就是省时省力，不过，如果你是习惯于随机选股的话，最好还是购买共同基金。

打听小道消息

次低级的选股方法就是听消息选股票，别人告诉你买什么股票就去买什么股票。那人可能是你的好朋友、你的英语老师、你的亨利叔叔、水管工人、机械师或花匠。或者消息是你从公车上听来的，很多时候无意间听来的消息比自己获知的消息更让人兴奋。

亨利叔叔很有可能与该上市公司有关联，那这样的小道消息就很有价值，值得好好研究。但空穴来风的小道消息就很危险了。一个典型的例子便是：家庭购物网站这只股票有异动，资金正在进入，现在不买就来不及了。

买东西不会货比三家的投资者往往会对"消息股"一掷千金。他们之所以这样做是不想踏空股票因消息上涨而获得的盈利，但事实是，如果他们不买这只股票，即使股票上涨，他们也毫无损失。

不购买股票，自然也不会有损失。损失只发生在购买了股票而股票下跌，人们又忍痛割爱将其卖掉时。

听从专业建议

这种方法是指参考专家在财经频道和报纸上提供的消息选股。基金经理、投资顾问和其他华尔街精英们经常都会定期在媒体上做些评论，可是你并不是唯一接收这些信息的人，成千上万的人都知道了这样的信息。不过，如果你原本是根据消息来买股票的话，那么，不妨相信这些专家的专业意见，毕竟专家在撰写评论之前都颇有研究，而亨利叔叔除了知道"股价可能会上涨"之外，其他一无所知。

不过，听从专家意见也有不足之处：万一专家改变了看法，你却无从获知。除非他重新回到电视台把新想法通知观众，而你又恰巧看到，否则，你就会因为专家推荐过那只股票而一味地持有。

参考经纪商的推荐清单

股票经纪商对推荐股票从来都是不遗余力的。不过，这些股票都不是简单地出自经纪人的头脑，而是总部研究团队的结晶，研究人员不断分析公司的信息，并据此提出买卖的建议。

股票经纪公司根据收集到的分析师推荐买入的股票集合形成买入清单，发给所有股票经纪人。这个推荐清单通常会分为几种类型：适合保守投资者的股票、适合激进投资者的股票、高分红的股票等。

你可以通过经纪公司推荐的股票组建自己的投资组合，这样一来，你就可以借助经纪公司的研究优势来选择自己喜欢的股票。这种方法比单纯听从专业建议有一个更大的好处：如果经纪公司改变了对股票的看法，把一只股票的评级从"推荐买入"改到"推荐卖出"，经纪人会及时发出通知。如果你的经纪人没有做到这一点，你就可以更换股票经纪人。

自己研究上市公司

自己研究上市公司，据此选择自己熟知并且喜爱的股票进行投资，这是选股的最高境界。就像在前面的投资组合例子中讲到的那样，可能迪士尼、耐克、本杰瑞、百事和微软就是你既了如指掌又十分喜欢的五家上市公司。

对于上市公司，你了解得越多，就越少依赖别人，越能客观地评价别人给出的建议，你甚至可以自行决定"买什么，何时买"。

研究上市公司通常需要两种类型的信息：从实地调研中得到的信息和从数据分析中得到的信息。对于第一种，你可以在走进麦当劳或其他各种上市公司的门店时搜集信息。如果你自己就在这些门店工作，那就更好了。

你也可以亲自了解到公司的运作是否高效、人员配置是否充足、公司架构是否合理等。你可以感受到员工的忠诚度，你可以感觉到管理层是挥霍无度还是谨慎投资。

如果你是面对客户的，你可以了解到客户的信息。比如：顾客是否排队结账？顾客是否满意货品？这些细节可以反映很多上市公司的质量。你是否见过盖璞公司很杂乱，或者麦当劳客人稀少？这些店铺的员工很早就意识到他们的连锁模式非常成功，所以运用节余的资金购买了自己公司的股票。

同业竞争并不必然会导致客户分流，但是，如果隔壁开了一家性质相同的店铺，而且服务更好，价钱更低，那么，流失客户在所难免。一线员工往往最先感知到客户分流的情形，而且没有人可以阻止客户流向竞争者。

即使你不在上市公司工作，你同样可以以顾客的角度来观察一家公司。当你每次在店里购物、品尝汉堡包或购买新眼镜时，你都可以得到该公司第一手的信息。顺便在店里逛逛，你还可以知道有什么畅销，有什么不畅销。拜访你的朋友时，你可以知道他们使用什么牌子的电脑，喝什么牌子的饮料，看什么电影，了解锐步跑鞋是否还在流行，这些都是引导你寻找并购买好股票的最佳线索。

　　但是，大部分的人都没有循着这条线索探索下去。很多人每天工作在一些产业的第一线，却没有想到利用这个优势从中发现投资机会。医生们明明知道哪个制药厂好，但却不常投资医药股；银行家们完全知道哪家银行最强，但却不买银行股；店铺老板和商场工作人员可以接触到第一手的销售数据，清楚地知道哪家零售商的货品卖得最好，但又有多少商场经理会去投资零售行业的股票呢？

　　一旦投资者开始以选股的眼光观察世界，潜在的投资机会无处不在，但是，你应该首先关注那些与你熟悉的公司有业务往来的上市公司。如果你在医院工作，那你就有机会充分了解提供医疗用品（例如缝合线、医生袍、注射器、医疗床、X光机器等）的上市公司、协助医院低成本运作的上市公司、提供健康保险的上市公司、负责寄送医疗账单的上市公司。小杂货铺是另一个典型的案例，通过货架上的各种商品就能了解各类上市公司。

　　你也会开始注意同业竞争的情况，尤其是你所在的公司被同行超越的时候。如果人们排队抢购克莱斯勒小型货车，不仅克莱斯勒的销售人员注意到公司业绩的大幅提升，隔壁街区销售清淡的别克车的销售人员也意识到许多顾客正在"移情别恋"。

　　我们需要由此入手研究上市公司的相关数据。一家公司的产品在市场上大受欢迎，并不表示你就要购买它的股票。在投资之前，其实你还需要弄清以下问题：上市公司是否胡乱投资还是谨慎地对待投资人的资金；它的银行贷款有多少；公司整体业务是否在增长，增长率是多少；公司去年赚了多少钱，今年预计还能赚多少；公司目前的股价是否在合理的区间。

　　你还要知道公司是否支付股息，如果有的话，有多少？多久派发一次？以下是股票投资人必须关注的关键数据：经营利润、销售收入、负债、股息、股价。

人们可以去商学院学习如何来解读这些数据，因此，对这些高深的技术细节，本书暂不做讨论。我们所能做的就是给大家一个公司财务报表的初步概念，读者可以在本书的附录 B 中看到详细的解释。

没有投资者可以做到全面跟踪美国各大交易所上市交易的 13 000 多只股票，所以，无论是散户股民还是专业人士，大家都挑选几种特定特征的股票来研究。比如，有些投资者偏好投资高分红的股票，有些投资者则喜欢投资年增长 20% 以上的高成长股票。

选定特定特征股票的方法非常多：你可以选定特定的行业，比如电力或银行；你也可以选定大盘股或小盘股；你还可以选定新公司或老公司；你甚至可以专门关注那些之前陷入危机，目前正在走出困境的公司。

投资并不是精细的科学，无论你多努力地研究数据，你都不可能准确预言公司未来的表现，未来永远深不可测。投资者唯一能做的就是做出尽可能理性而非盲目的预测，精心挑选股票，尽量低价买入，并随时关注与股票相关的各种信息，从而运用你的知识把投资风险降低到较小的程度。

股市投资实战演习

你可以从早到晚地玩股市仿真游戏，但纸上谈兵毕竟不如实践出真知。人们像记得初吻那样，清楚地记得自己买过的第一只股票。无论你将来会买多少只股票，你永远忘不了第一只股票。

这时，让你望而却步的就是缺钱。年轻人有时间投资，却没有现金，而且并不是什么钱都可以拿来投进股市的，那必须是你未来几年都暂时不会用到的闲钱。如果你有兼职工作，那就可以把兼职收入投入股市。如果没有，你也可以暗示你的家人，你需要钱来投资。

在此，父母、爷爷、奶奶、叔叔、阿姨就可以发挥作用了。对年轻人来说，最好的资金来源就是亲戚。当他们问你最想要的生日、圣诞节礼物时，你可以说是股票。购买一双耐克鞋的钱可以用来购买耐克的股票，而且你最好还是选择拥有股票。

宁要耐克股票，不要耐克鞋，这个回答肯定会使很多大人感到震惊。他们会赞叹你的先见和成熟，你在整个家族中的声望也会直线上升。如果他们自己也有股票，就可以通过转让过户来协助你开始投资之旅。这样的转让很方便，不需要支付佣金。事实上，很多年轻人都是通过这种方式开始学习投资的，很多股票也都是这样代代相传的。

许多祖辈习惯留传储蓄债券给子孙而不是股票，如果你的祖辈也是这样的话，那你最好给他解读本书后面的图表，如果他们理解了图表，就会卖掉债券，买入更加超值的好股票，并留传给你。

虽然有些股票都是由祖辈传给子孙的，但对于年轻人而言，用自己的钱去投资还是一件挺困难的事。其实，过去年轻人一直是不被鼓励通过买股票来开始投资的。这里主要有两个障碍：第一，大部分的股票交易需要通过证券经纪来完成，而未满21岁的年轻人是不允许开立股票账户的；第二，大部分的证券经纪收取固定金额交易佣金，从25美元到40美元不等。如果你花47美元买了一股百事可乐的股票，你需要向经纪高额支付40美元的佣金，交易成本昂贵。投资者显然不愿意花87美元去买一只价值47美元的股票。

当然，这种糟糕的局面正在改善，很多上市公司已经开始绕开经纪商，直接向公众出售其一小部分的股票。麦当劳既然可以卖给你汉堡包，为什么不可以卖给你它自己的股票呢？

已经有80家上市公司开始提供这种所谓的"直销计划"，收取的费用比经纪商要低得多，有的甚至不收佣金。这是自从纽约股票交易所在20世纪 60 年代邀请披头士乐队去表演以来华尔街为年轻人做的最好的事情了。目前，有 850 多家公司愿意参与到以上的"直销计划"中，公司数量仍在增加。

当然，你不太可能通过公司直销只购买一股股票，因为大部分上市公司都要求最低购买金额在 250～1 000 美元，具体金额由上市公司自行规定。不过，与支付高昂的佣金相比，这还算是比较小的缺憾。

直销的好处显而易见：一旦你买过这个上市公司的股票，你就可以持续地从公司那里直接购买，佣金费用全免。并且公司一旦分红，你的现金红利将自动转换成股份。大部分情况下，你与公司的销售代表直接联系，而不用通过证券经纪商。

多多留心这样好的投资计划，它使原本被市场隔绝的投资者也可以参与到股市中来。

如果你还是执着于每次只买一股股票，那也有个投资计划适合你。但是，首先你必须参加全国投资者俱乐部协会（National Association of Investors Corporation, NAIC），它是一个支持全国投资者俱乐部的组织。

1996 年 1 月，会员费是一年 35 美元。个人会员或家庭只需支付 14 美元的年费就可以订阅月度期刊《更好的投资》（*Better Investing*），这本杂志为股票投资者提供了很多有用的信息。大部分的内容面向有经验的投资者，当然也有一小部分的内容是针对投资菜鸟的，你可以从中学到很多东西。除了期刊，你还可以有机会以 7 美元的交易费用购买 1～10 股 151 只不同的股票。

这种"只买一股"的投资计划专为儿童而设，尽管仍然会面临投资年龄的问题。大部分的州政府会要求你达到 18 岁或 21 岁以上才能购买股票。

否则，父母或监护人可以代表你，不管怎么样，你都需要找到一个人来代你签署。

这个计划是这样运作的：协会提供你所有151只可供投资的股票名称，你选择要买的股票和当前的股价，然后把股票清单、标有购买金额的支票、每家公司7美元的交易费用和额外10美元的差额费用邮寄给协会。举例来说，麦当劳的股价是40美元，你就邮寄57美元。

为什么要这额外的10美元差额费用呢？原因是这样的：如果股票价格在你邮寄的当天和协会处理订单的那天之间出现上涨，这10美元就用来弥补这差额。无论是什么情况下，这10美元都不会被浪费。无论你买了一股后还剩下多少钱，余额还可以用来买零股。这样一来，你可能实际买到了1.062 5股、1.125股或1.25股。

这时，你就需直接与上市公司的销售代表联系。因为所有在协会名单上的股票都有红利再投资的条款，一旦上市公司分红，你就得到了额外的股份。你也可以以名义价格再买入该股票。

如果你打算卖出股票，你可以通过经纪商或联系上市公司的销售代表。卖出交易将在第二天以市价执行，也就是说，你事先无法得知卖出价格。

如果你不便加入协会，那么，你还可以加入投资者俱乐部。这种俱乐部遍布城乡、学校，甚至是一些监狱。

加入投资者俱乐部与加入学校的股市模拟比赛很像。两者的区别在于：如果你加入俱乐部，你投资的是真金白银。大部分的俱乐部成员每个月在成员的家里聚会一次，大家会热烈地讨论最近的投资心得和成功策略，大家通常会根据投票结果来决定买入或卖出股票。

每个成员约定每个月投资固定的金额。这个额度可能是50美元或者100美元，只要大部分人同意就行。结果显示，大部分人在参加了俱乐部之后，投资成绩明显优于他们自己单枪匹马地运作。那是因为俱乐部有很多严明的投资纪律：每个成员不能恐慌地抛售股票，因为俱乐部中冷静的那些人会否决他们的提议；在不能说服各成员购买该股票之前，每个成员不能购买某只股票，这就迫使他们事先要做足功课。如果某人说"我推荐迪士尼的股票，因为我排队买咖啡的时候听到了很多关于它的小道消息"，他会被大家所讥笑。

要成为投资者俱乐部中有投票权的成员，你必须年满 18 岁，就像我们前面所说的那样。即使你不满 18 岁，你也可以参加会议，发表自己的建议，参与讨论。如果有投票权的成员愿意做你的代理人，你就可以通过他来进行股票投资。

在交易所买股票

如果有人让你列举五个全美不可或缺的机构，你会首先想到哪几个呢？军队？警察？国会？法院？电力公司？水务部门？还是医院呢？闭上眼睛沉思一分钟，现在就挑选五个出来。

你的清单中包含股票市场和债券市场吗？大部分人可能都没有这个选项。当我们考虑必要的服务给予我们食物、煤气、住房、电话时，华尔街并不会立即映入我们的脑海。但实际情况是，金融市场不仅对股票和债券的持有者意义重大，而且对整个社会的安定也有着很重要的作用。白宫可以休息一个月，而全世界并无影响，但如果没有股票市场或债券市场，我们的整个经济系统也许会失灵。

如果没有股票市场，需要通过发行股票筹集资金的公司将时运不济，因为没有市场就没有买家。如果没有债券，已经有了 5 万亿美元财政赤字的美国政府就无法靠发债券来集资用于财政支出。这将导致两个严重的后果。

政府可能会开动印钞机，这样就会使美元贬值，削减购买力，或者它会暂停支付账单，使数百万的美国人失去主要的收入来源。公司会破产，银行也会破产。人们会在最短的时间里去银行挤兑，结果发现银行的钱都没有了。商店会关闭，工厂会关闭，数百万人会失业。你会看到他们在街头游荡，在垃圾桶里寻找吃剩一半的比萨。社会文明将走向终结，只因为市场关闭了。由此可见，证券市场远比我们认为的重要得多，如果没有它们，我们无法长久地生存。

证券经纪商的角色

让我们假设你有足够的资金来做投资，接下来就需要到证券经纪商那里完成这些交易。如果你当真打算投资，最终就会达到这一步，因为证券经纪商是你通往股市的重要中介。

由于你自己无法在股市直接买卖股票，你也就需要选择一家经纪商。美林、美邦、添惠（Dean Witter）、嘉信理财等是家喻户晓的证券经纪商。其中嘉信是个真人的姓名，Dean Witter 是已经过世的威特先生的姓名，其他几家都是几个名字的合成。

这些证券经纪商试图给人们自己公司历史悠久、经营稳定的印象，可是其实它们已经多次整合和更名。一直以来，证券经纪商靠天吃饭，难以稳定。

主要的证券经纪商都接受股票、债券、共同基金的交易，这些都必须遵守政府的相关规定。但除此之外，其也有所不同。所谓的"全能证券经纪商"，比如美林，通常收取比"廉价证券经纪商"（如嘉信理财）更高的佣金，"超级廉价经纪商"则只收取更低廉的费用，当然服务种类也就少很多了。

你付给全能经纪商更高的佣金，不仅使你享受其多方面的交易服务，也让你分享其高质量的研究报告和投资建议，而廉价经纪商一般只为客户代理交易，而不提供专业意见。

在此，你又需要做出一个新的决定，那就是选择一家证券经纪商。最好的方法就是去拜访你所在区域的各家机构，尤其是你亲戚或朋友推荐的那些机构。你完全可以货比三家，从容选择。有一些证券经纪在股票投资方面非常有经验，而有一些可能是刚刚结束短期培训，缺乏实际经验。总而言之，找一个优秀的证券经纪可以为你的投资增色不少。

一旦你选定了自己的股票经纪商，下一步就是开立账户。不过，开户一般最低年龄要求 21 岁，否则无法开立股票账户。在很多州，最低投资年龄的规定和饮酒年龄的规定是一致的。年满 16 岁可以开车，年满 16 岁可以参军，但还是没到法定的可以投资的年龄。

为了避开这个法定投资年龄的问题，你可以让你的父母或监护人开立账户，然后代理你进行投资。这就像你取得了限制性驾照之后，你开车的时候，副驾驶座位上要求有一个拥有驾照的成年人来指导你。

再让我们假设你已经拥有了这样一个托管性质的账户，并把钱交给经纪商，告诉他你想买迪士尼的股票。一个优秀的全能经纪会在电脑上敲入迪士尼的代码，并将所有屏幕上显示的关于迪士尼的最新信息都告诉你。

他会将公司内部分析师制作的关于迪士尼的研究报告发给你看，如果分析师所提供的内容有价值，那对你的投资将会起到很重要的作用。

也许当下分析师不看好迪士尼，认为它暂时被高估，或主题公园较低的入园率会影响公司的盈利，也有可能分析师会建议你回避迪士尼，而推荐给你其他他们更看好的股票。

如果你已经做了充足的功课，且认定了迪士尼就是你的购买对象，你完全可以按照你的想法来操作，毕竟，钱是你自己的。

接下来就需要考虑价格了。同样，你要做出选择。你可以以"市价"来买（经纪商执行交易时该股的市场价格），也可以以"限价"来买（设定一个购买的价格上限）。不过限价指令也有缺点，那就是股价可能根本到不了你设置的那个价格，那样你也就买不到任何股票。

让我们再来假设你的证券经纪商通过交易系统告诉你迪士尼现在的股价是 50 美元，你决定以市价买入，经纪商就把你的交易指令通过交易系统传输到纽约证券交易所。

纽约证券交易所是世界上久负盛名的交易所，坐落于华尔街大街旁的布罗德大街 82 号，它是一座华丽的建筑，建筑前面的古希腊柱子容易让人联想到这是一家政府法院或是邮局。市场上也存在其他证券交易所，但是纽约证券交易所是迪士尼上市交易的地方，也就是说迪士尼的股票可以在这个场所里进行买卖。

如果你有空来到纽约，又没有筹划更好的游览项目，纽约证券交易所倒是值得到此一游。你可以首先来到一个挂满了照片和显示屏的展览厅，在那里摁下按钮，重温 1790 年股票市场是如何在一棵大树底下开始的。回想当年，就在这棵空旷的大树底下，先锋投机者和马匹交易商通过嘈杂的、无止境的拍卖进行马匹、大麦、白糖之类物品的买卖。在美国独立战争期间，当北方获胜之后，这些交易商得到了拍卖政府发行的为了支付战争借条的机会，借条这种临时凭证，是第一个在美国市场里出售的金融商品。

在此之前，为了防御侵略者的入侵，一堵墙（Wall）沿着华尔街砌筑了起来，这就是华尔街（Wall Street）得名的由来。起初，这群交易商坚韧地站在大树下交易，但是没过多久，他们还是经受不住日晒雨淋，于是就把交易场所搬进了当地的咖啡吧内，在那里至少还有为他们遮风避雨的屋檐。当买卖逐步做大之后，他们索性把附近的地下室和阁楼临时租下来作为交易场所，直到最后，找到了一个可以长期租借的房子。1864 年，就在离当年他们站着交易的那棵大树不远处，他们建造了一个交易场地，这就是早期的纽约证券交易所。

穿过布满照片和显示屏的交易展览厅，你能听见导游一个简短但最为激动人心的介绍，顺着人头攒动的参观者从长廊那头传出的声音，你透过一个巨幅展示橱窗向下俯视，就能看到一百英尺[⊖]以下的交易大厅，所有的交易就在这个大厅里进行着。这个交易大厅看上去就像是一个足球场，大厅里狂热的嘈杂的气氛就像球场比赛激战正酣。

你可以看到成千上万的交易员，穿着运动鞋和色彩斑斓的制服外套在交易所的交易大厅里四处奔跑着，挥动着他们的手臂，朝着其他交易员叫喊着引起他们的注意。还有一些没有匆忙奔走的人，他们在交易大厅里分散地聚集在不同的地点，这些固定站点就是交易所的"交易台"（post）。每一个交易台上方都有一台电视显示屏，悬挂在纵横交错的钢梁和管道之间。透过钢管下面的这些显示屏，你可以看见多只不同上市公司的股票正在买卖。

在参观者的长廊里，你可以通过你所站的有利高位看到迪士尼的交易台，如果你乘着电梯下楼，然后蹑手蹑脚地绕过保安，你可能会立刻到达交易所的交易厅里，然后兴致高昂地挤进人群亲自去买上一股迪士尼，但是这是无法运作的。你的买入指令必须先进入经纪行的系统，然后通过经纪行传达到那些穿制服的交易员手中。这些交易员才是实际上真正操作买卖的人，有时他们是为了自己操作，但更多的是效劳于像你这样的把买卖指令发给他们的来自世界各地的投资者。

交易台的基本交易程序数十年都没有改变过。我们最好把它想象成一个

⊖　1 英尺 =0.304 8 米。

永不谢幕的拍卖会，而拍卖物是同一件被买来卖去的物品。实际上，这件物品就是迪士尼的股票。

如果一个交易员在迪士尼的交易台上叫喊着"49.875 美元（即 $49\frac{7}{8}$，美股交易报价的最小变动值为 1/8）1 000 股"，这意味着他的某位顾客想以每股 49.875 美元的价格抛售 1 000 股迪士尼股票。假如在另一个交易员的交易台上有位顾客想以 49.875 美元的价格买下 1 000 股，那么这两个交易员就可以撮合成交。但是，实际情况并不会总是这样发生。也许在那个特定的时刻，没有人想去以这个价格买下股票。于是乎，卖方交易员不得不把价格降低到 49.75 美元或是 49.5 美元，直到他的报价能够吸引到某个买方。

另一种可能发生的情况是，有一位买方想以 49.875 美元的价格购买股票，但是那个时刻没有人愿意以这个价格出售股票。于是乎，买方不得不把他的出价提高到 50 美元或是 50.125 美元，直到提供的买价足够高得吸引某个卖方。

股市从上午 9：30 开盘，直到下午 4：00 收盘，随着买卖的进行，股票的价格就像刚才所描述的那样，拍卖价格时涨时跌。在这样嘈杂喧闹的环境中，一位被称为"交易专员"（specialist）的人站在交易台上，听着买方和卖方的报价，看着买卖信号，撮合买卖双方的报价，使每笔交易有条不紊地进行着。

目前，每天都有超过 100 万股的迪士尼股票和其他 2 600 个上市公司的 3.38 多亿股的股票在纽约交易所交易。你可能疑惑，单单一个站在交易台中央上的迪士尼交易专员怎么能够处理这么大的交易量。显而易见的答案是：他无能为力。

尽管大多数投资者不会察觉，但 85% 的买卖要约是通过计算机完成的。无论是场内还是场外交易市场，计算机都在处理着更多的交易。华尔街投资银行的交易部门通过计算机与其他交易商直接交易。当你从参观走廊俯视交易大厅时，你看到的是一个五彩缤纷却已经迅速过时的景象。

拥有一个不错的计算机网络，也就不再需要几百个人跑来跑去，并且扯着嘶哑的嗓子叫喊，电脑系统会自动显示买卖报价信息，而且大都是成交信息。

纽约证券交易还有一个针对小额交易特殊的配对系统。你的迪士尼股票购买要约可以直接传输给纽约证券交易所的计算机系统，它会直接和来自其他人的卖方要约匹配起来。

股票交易完全是匿名的。它不同于你在跳蚤市场或是仓库拍卖时所做的交易，在一个股票交易中，你自始至终不必面对交易对手。你也不需要像从邻居那儿买一辆二手车那样当面谈判，竖着耳朵听迪士尼股票的卖方告诉你他为什么要卖出股票。

人们卖出股票的动机多种多样。也许他需要钱来交大学学费，或是要重新粉刷房子；或是要度假；也许他不喜欢迪士尼最新的电影，而且他不像你对公司的前景那样乐观；或是他发现了另一只更好的股票。然而，不论他卖出股票的动机如何，都和你无关。只要你已经做足了功课，你就会知道你为什么要买。

计算机把你和一个卖方匹配起来以后，交易的信息将会通过电子报价系统在电视荧屏的下方显示出来。你是否曾注意到那些不断滚动的字符串？每一个代表着一个实际交易的记录。例如，"迪士尼 50，50 美元"显示的是 50 股迪士尼股票刚以每股 50 美元的价格成交。换言之，如果你刚刚以每股 50 美元买了 50 股迪士尼的股票，全世界都会知道，因为那个小小的

"迪士尼50，50美元"字幕不仅会出现在交易所的电视屏幕上，而且会出现在从波士顿到北京的各大券商和投资公司的电子显示屏上。

安迪·沃霍尔（Andy Warhol）是金宝汤公司这个知名的公众上市公司的著名画家，他曾经说过："由于媒体无所不在，人人都有可能曝光出名15分钟。"沃霍尔仅仅是在说笑，但每笔不少于50股的股票交易确实让你获得了5秒钟的国际知名度。

股票交易的其他场所

100年前，除了纽约和美国两大证券交易所外，全美还有许多证券交易所。密尔沃基有一家，在圣弗朗西斯科、费城、得梅因和达拉斯也都有交易所。一个股票迷可以抽空在全美范围内赶场，就像一个垒球球迷在不同场地看球一样。然而，比较小型的交易所逐渐失势，其中的大多数已经销声匿迹。

如今的两大交易所是纽约证券交易所和纳斯达克证券交易所。纳斯达克代表什么？这样的问题也许会难住很多人，许多在华尔街工作的专业人士可能都不知道，因为它是个很长的约定俗成的短语，所以很少有人用它的全名。

纳斯达克是那些由于规模太小而无法在一般场内交易所上市的公司愿意选择的交易场所。在同一天，一个在底特律的买家，也许要比在圣安东尼奥的买家为同一只股票多支付10%～20%的交易费用，原因在于那里没有可以赞助投资者追踪最新股价的行情显示系统。场外交易市场往往受赌徒和投机者所青睐，而一般投资者则避而远之。

场外交易市场的经理人员最先发现计算机能对股票交易产生革命性的影响，他们意识到并不需要一个像纽约交易所那样的巨大的交易平台，他们也不需要华丽的大楼，更不需要几百个交易员在交易市里挥舞着手臂跑来跑去。他们需要的只是几台电脑终端，以及足够数量的交易者坐在电脑前对着屏幕进行交易。PRESTO 就是纳斯达克自己的电子交易平台，从技术上说，它不是一个严格意义上的交易场所，而只是一个计算机网络而已。

如果你要购买一只在纳斯达克上市的公司股票，例如微软，你的经纪人将你的指令输入纳斯达克计算机系统，计算机系统屏幕上立刻显示出所有其他想要买卖微软股票的指令。随后，全美各地的纳斯达克"做市商"就会利用其电脑终端，自动地将交易撮合起来。

为了撮合股票交易，一个纽约证券交易所的专业人士不得不整天筋疲力尽地站在他的位置上，而纳斯达克的做市商却能坐在舒服的椅子上办公。当纽约证券交易所的专业人士充当指令撮合者的角色时，纳斯达克市场的做市商却将自己置身于每笔股票交易之中。他们从卖家处买入股票，并转手直接将那些股票以高一些的价格卖出，差价就是他们的利润。

创办 25 年来，纳斯达克市场发展非常迅速，如今已经是纽约证券交易所的主要竞争对手，也是美国第二大繁忙的股票交易市场。在 20 世纪七八十年代，许多名不见经传的小型公司都能在纳斯达克上市，例如当时的微软、苹果、世通、英特尔等。这些公司如今已经发展成为能够雇用成千上万名员工，创造几十亿美元销售额的世界闻名的巨头，而它们仍在纳斯达克上市交易。

如何阅读股票资讯

一旦购买了迪士尼股票，你就会冲出去买报纸，打开商业版面查看它的股价。这是股票持有者每天早上都会做的事情，换言之，这是在他们洗完澡、刷完牙、穿好衣服、泡上咖啡后最重要的事情。

　　鉴别什么人是投资者的一个方法就是看他们如何读报。投资者读报一般不会像其他读者一样从化妆品、体育或是安·兰德斯（Ann Landers）的专栏读起，他们会直接翻到商业版面，手指顺着股票列表向下搜寻他们持有的公司股票昨日的收盘价格。

　　随着眼之所见，他们的表情可以瞬间即变。也许你在自己家里已经注意到了这一点，你坐在早餐桌旁，你父亲正盯着股票表格。如果他的脸一下子拉得很长，并且责怪你从不随手关灯、浪费电费，那么，你可以确信他刚刚发现他的股票下跌了。反之，如果他开始哼着《向总统致敬》，并提出给你增加零用钱，或是说他将支付你去参加正式舞会的豪车费用，那么你可以确定他的股票涨了。

　　在交易时段，证券交易所会正常开门营业，股票会迅速换手，股价变化瞬息万变。但在下午 4 点闭市铃声响起之时，交易停止，每只股票完成全天最后一笔交易。这最后一笔交易的价格叫作收盘价，也就是次日早上报纸上刊登的股票报价，那也是投资者翻到商业版面所要搜寻的数字。报纸上股票报价的样式如下所示。

365 天内最高 / 最低价（美元）	股票名称	股息（美元）	股息率（%）	市盈率	成交量	最高价	最低价	收盘价	股价变动
$62\frac{7}{8}$	迪士尼	0.36	0.625	23	11 090	$57\frac{3}{4}$	$56\frac{3}{4}$	$57\frac{5}{8}$	$+\frac{1}{4}$
$37\frac{3}{4}$									

　　这块狭小的版面包含了许多信息：股票的名称，迪士尼，在左起第二栏；在第一栏可以看到两个数字，$62\frac{7}{8}$ 和 $37\frac{3}{4}$，这代表了 $62\frac{7}{8}$ 美元和 $37\frac{3}{4}$ 美元，你会发现 $62\frac{7}{8}$ 美元是过去 12 个月人们购买迪士尼这只股票

支付的最高价，而 $37\dfrac{3}{4}$ 美元则是最低价。由此可见，人们购买同一只股票愿意支付的价格区间很大。

事实上，纽约证券交易所平均的股价每年离其基准价的上下浮动大约是 57%。更不可思议的是，在纽约证券交易所交易的股票中，平均有 1/3 的股票每年距离其基准价的上下浮动在 50% 到 100% 之间。与此同时，甚至有大约 8% 的股票股价上下浮动幅度超过了 100%。举例来说，一只股票在年初售价 12 美元，在乐观情绪的引导下上涨到 16 美元，随后又在悲观情绪的打压下跌到 8 美元，从 8 美元到 16 美元在上下 100% 的价格区间内变化无常。显而易见，在同一年度，对于同一家公司，投资购买股票的成本千差万别。

你也将注意到股价是以分数而非小数的形式来报价的，因此 37.75 美元往往表述为 $37\dfrac{3}{4}$ 美元。这种旧习俗的数字系统要追溯到那些把钱分成 8 份的古代西班牙人，这也难怪在大盗电影中鹦鹉常常嚷着叫"8 份瑞尔"（指西班牙古银币）。

华尔街沿用了这种在计算中使用八分之几的习俗，因此人们习惯于说某某股票上涨了 "$\dfrac{1}{8}$ 点" "$\dfrac{3}{4}$ 点"，而不会说它今天上涨了"一角""二角五分"之类的话。在华尔街，"点"（point）指的是"美元"（dollar）。

从右边最后四栏中的"最高价""最低价""收盘价"和"股价变动"，你能了解昨日交易的概况。在昨天这个特定的交易时段，人们为迪士尼支付的最高价格是 $57\dfrac{3}{4}$ 美元，最低为 $56\dfrac{3}{4}$ 美元，当天最后一笔交易的价格为 $57\dfrac{5}{8}$ 美元（这个价格就是人们在报纸上搜寻的收盘价）。迪士尼股票比前一天收盘价上涨了 0.25 美元，所以在"股价变动"栏中显示的是 +$\frac{1}{4}$。

"股票名称"右侧一栏是"股息"。股息是上市公司对于购买其股票的人们的一种回报方式，有些公司支付巨额股息，有些支付得较少，而有些则不予支付。稍后将有更多关于股息的内容。

数字 0.36 在此是指"三角六分"，这是迪士尼目前的年息水平，即你持有的每一股股票可以得到三角六分。

在"股息率"一栏中，你能得到更多关于股息的信息，因此你可以将其与储蓄账户或是债券的回报率进行对比。这里的股息率是将迪士尼当年支付的三角六分股息除以其收盘价得到的，其结果是 0.625%。也就是说，如果你以现价投资迪士尼，你能得到的资金回报率是 0.625%。

与如今储蓄账户支付的 3% 的收益率相比，0.625% 的回报率是相当低的。但是，投资迪士尼的股票不仅仅是为了获得股息。

在"股息率"一栏的右边是"市盈率"，"市盈率"是"股价—收益比率"的缩写。市盈率是用股票价格除以公司股份年收益而得到的比率。投资者不需要自己计算，因为它能在每天的报纸上查到。

当人们考虑是否要购买一家特定公司的股票时，市盈率可以帮他们判断其买入价格便宜与否。市盈率因行业而变，而在一定程度上也因公司而不同。所以，最简单的方法就是用一个公司现在的市盈率与其以前的市盈率进行比较。

在如今的市场中，股票平均的市盈率是 16，可见迪士尼 23 倍的市盈率显得比平均股价水平贵了一些。但是，考虑到迪士尼的市盈率在过去 15 年里在 12 到 40 之间变动，因此，其 23 倍的市盈率并没有超出历史的估值区间，它之所以比平均股价要贵，还是因为公司业绩较为突出。

最后一栏是"成交量"。它是指在昨天的交易时段里，股票在交易所买卖的数量（即交易成交的手数）。由于 1 手是指 100 股，所以你要将这个数字乘以 100，因此，成交量为 11 090，表明 110 万股迪士尼股票在昨天换手。尽管成交数量对于普通投资者并不重要，但它让你意识到股市是一个非常忙碌的场所。

如果把三大交易所（纽约证券交易所、美国证券交易所和纳斯达克市场）的成交量相加，其日均交易量可以高达 5 亿股。

由于有了家用电脑和电子行情报价系统，人们不再需要看到第二天的报纸才能查询他们的股票。在一天中，为了获知股价，他们可以观看电视频道，也可以登录电脑系统，或是拨打 800 电话查询，甚至可以利用连通通信卫星的手提式网络接收装置。投资者可以随身携带一些电子设备，随时随地（如在漂流、航海或是登山的时候）查询股票行情。

这些技术都有一个弊端，那就是导致人们过于专注股价每日的变动。如此一来，股价涨跌无序，心情也就起伏不定，真是有百害而无一利。如果你是一个长线的投资者，那么，无论迪士尼的股票今天、明天或是下个月是涨还是跌，甚至是单边下跌，都不值得你太在意。

股东的权利

股票是非常民主的，它们不带任何偏见，也不在乎它们为谁所拥有。黑人或白人，男人或女人，外国人或本国人，道德高尚的人或罪人，都能成为朋友。它不像一个华丽的乡村俱乐部，在加入之前必须通过会员资格审查。如果你想购买一家上市公司的股票并成为它的股东，上市公司无权阻止。而且，一旦你成为股东，它们也永远无法主动让你出局。

即使你只拥有迪士尼公司的一股股票，你也会和拥有其百万股股票的股东一样，享有和他们大致相同的基本权利和特别待遇：你将会被邀请参加在加利福尼亚州的阿纳海姆举办的迪士尼年会。你可以在那里坐在华尔街巨头的旁边，听取迪士尼的最高管理者向你汇报他们的战略发展规划。你也将获得免费的咖啡和油炸面包圈，以及获得对公司里的重要事件做出投票表决的机会（例如，谁将成为迪士尼董事会的成员）。

以下是一些例子，免费赠品、商品，等等，某些公司的股东因拥有股票而收到红利。

公司	股东权利
罗尔斯顿·普里纳	在科罗拉多州公司的重点度假村享受住宿折扣和滑雪用具租赁
箭牌糖果公司	每个股东每年可获得 20 包免费口香糖
迪士尼	如果你加入一个金卡计划，那么将享受主题公园和迪士尼产品 30% 的折扣
Tandy 公司	圣诞季在 Radio Shack 店享受 10% 的优惠
3M 公司	免费礼品包，包括录像带和便利贴
高露洁	15 美元折扣券
Supercuts 公司	理发时 3 美元折扣券
万豪酒店	周末在某些万豪酒店享受 10 美元的优惠

资料来源：*Free Lunch on Wall Street*, by Charles Carlson, McGraw-Hill, 1993.

这些董事既不是迪士尼的雇员，也不用直接向公司的老板汇报。他们制定战略决策，并且监督着公司高层的所作所为。从根本上来说，公司的存在是为了股东们，而董事则代表了股东们的利益。

在选举中，上市公司使用的是一股股票一张选票的系统。因此，如果你只拥有迪士尼的一股股票，你的这一张选票与那些可以投上百万张选票的股东相比是无足轻重的，毕竟他们拥有上百万股股票。然而，公司对待每一张选票都是十分严肃的，由于意识到大多数的股东不能为了参加年会而打断自己的生活旅行前来参与那些重要事情的决策，因此会发放缺席选举人选票。如果你忘了填写，他们会及时给予提醒。

无论何时何地，如果你不再喜欢公司的管理、政策或是发展方向，你总是能够自如地行使你最终的否决选票，并卖出你所持有的股票。

一年中，你将会收到四次上市公司的业绩单，告诉你公司目前的运营情况、销售状况以及最后一季度的盈利和亏损情况。一年一次，公司还会给你寄来非常详细的综合年报，大多数的年报都会使用特别的纸张影印，还附带好几页的照片，稍不留意，你很容易把它们与那些质优价高的杂志混淆起来。

在年报的前几页，公司领导会对公司年内重大项目予以说明，但真实的情况往往隐含在财务数字中。除非你受过专门的训练来理解这些数字，否则你一定会因疑惑和枯燥而倍感沮丧。你可以通过接受一些良好的会计课程培训来获得必要的训练。一旦你这样做了，那些枯燥的数字确实会变得非常激动人心，这种训练比学习译解密码更加令人激动，而且可以使你成为一个出色的投资者。

法规要求上市公司必须向所有股东派发年报，公司不得以任何理由漏写漏派年报。它们也不能取消股东年会，或是编造些借口不通知某个股东参加年会。它们更不能隐藏事实真相，不管这些事实有多么令人不快。不论好坏，它们必须报告所有的事项，确保每个股票的所有者都能确切地知道发生了什么事。

举例来说，假使装配线产生了混乱、产品卖不出去、公司面临亏损、执行总裁携款潜逃或是某些客户对公司提出了令人厌恶的诉讼，上市公司都必须如实地告诉所有的股东。

在政治领域，选举官员和候选人夸大事实来支持他们的观点是司空见惯的做法。即使政客歪曲了事实，我们说这就是政治。但是，当一个上市公司歪曲了事实，那就是华尔街的丑闻。

那些故意误导股东的上市公司（这是很少发生的情况）将面临严厉的惩

罚，而且那些犯罪者会被处以罚款甚至监禁。即使是那些因为无心之失（这是比较经常发生的情况）而误导了股东的公司，也会在股市中得到惩罚。一旦股东们意识到公司没有告诉他们所有的事实，那些一流的投资者就会立即卖出他们的股票。丑闻散播开来后，公司股价一日之内腰斩一半也不足为奇。

如果公司股票的价值日损一半，那么，公司大大小小的股东以及从执行总裁到普通员工的公司内部人员都会受到影响。因此，即使只是为了自身的利益，他们也会确保公司如实地披露事实而不夸大事实。他们知道，公司在几百个甚至是上千个股东的注视下，事实迟早会被公开的。如果一个棒球运动员的粉丝们每天都在关注着他的个人成绩表，并且知道他的成绩是击打 .220，那么，他就不能吹牛说他平均可以击打 .320。华尔街的游戏规则与此同理，如果公司收入平平，就不能吹牛说它的收入打破了纪录，毕竟有太多的投资者正在密切地注意着。

投资的目的在于获利

公司经营只为了一个简单的理由——获利。无论它们是公有制还是私有制，被单一股东控股还是为 100 万个股东所有，它们想要获取利润这个目标都是相同的。

支付完所有账单后所留下的那些钱，就是所谓的利润。它能在任何生意往来的所有者中进行分配，不管它是通用电气、百事可乐、美国漫画出版社（Marvel Comics）或是清洗你那辆周末曾在路上飞驰过的汽车的洗车场。如果你不打算获利，你就不会愿意拿着水桶和一块沾满肥皂的海绵站在烈日下帮人洗，可能你很享受洗车的感觉，因为每一次你都能用水管迅速地淋湿自己，在夏天让自己保持凉爽，但那并不意味着你就会免费劳动。

对于公司的股东来说，同样如此。他们购买公司的股票，不是仅仅为了被邀请去参加年会的那点乐趣，或是为收到一份寄给他们的公司年报副本。他们之所以会购买该公司的股票，就是希望公司能盈利，并且迟早把一些利润分配给他们。

为富不仁的错误观念仍然广为流传：那些为了获利而做事的人通常被认为是贪婪和卑鄙的，他们总是尽可能地从世上赚取快钱，而当一个人赚取大笔财富时，他必定是以造成大多数其他人的损失为代价。

虽然拥护这种观点的人正在日渐减少，但现在这种想法仍然隐存于许多人的心中。这种观点也曾经在校园中盛行，他们从不错过任何一个机会去谴责那些先己后人、把自己的财富建立在工薪阶层痛苦之上的资本家。

在此之前，我们提到过亚当·斯密的《国富论》，这本著作在 200 年后仍广为流行。你可能想对此进行抨击，但只要我们是资本主义并具有逐利性，亚当·斯密的"看不见的手"理论就会引导资金流向最能盈利的地方。

个人电脑的发明应用，就是近期能够验证"看不见的手"理论的一个真实例子。电脑发明之后，人们逐渐被它吸引，相关的新公司相继成立，随后大批投资者排队竞相购买电脑公司的股票，从而投入数十亿美元进入电脑行业。其结果是促使物美价廉的电脑更快地面世，激烈的竞争促使各种成本下降。与此同时，残酷的竞争使许多电脑厂家惨遭淘汰，也使生存下来的企业能够生产更加物美价廉的产品。

物竞天择、适者生存的道理不只存在于动物世界，也同样存在于资本市场。经营管理好、盈利能力强的企业能在股市中得到回报，因为企业如果经营业绩优良，股价自然就会随之上升，这样一来，企业的管理者和员工以及其他持股投资者就会坚定持股信心。

如果企业管理较差，结果自然不容乐观，它的股价自然就会不断下跌，所以糟糕的管理就会得到市场的惩罚。股价的下跌会使投资者愤怒，甚至迫使公司董事会解雇那些糟糕的管理人员，或是采取一些其他手段来保持公司的盈利能力。

总之，盈利能力强的公司较之盈利能力弱的公司能够吸引更多的资本投资。仅靠更多的资金投入，盈利能力强的公司能够获得更多的资源去扩张和成长。而盈利能力较弱的公司将会遭遇融资困难，在缺乏资本供给的情况下慢慢消亡。

公司经营必定出现优胜劣汰，这说明没有多余的资金会被浪费投资于盈利差的公司，随着业内盈利能力最差者的退出，资金会流向那些能够更好地利用资金的公司。

所有的员工都应该树立以盈利为导向的观念，因为一旦他们工作的公司不能盈利，员工将很快失业。利润是业绩的标志，它意味着公司的产品物有所值，能够创造利润的公司总是被激励不断地去重复它们的成功，并扩展到更大的领域，进而意味着公司创造了更多的就业和更多的利润。

如果资本家和投资人都是自私自利和贪婪的，只是想着如何充实自己的腰包，那么富甲天下的美国又为什么最乐于做慈善事业呢？美国是世界上捐款最多的国家，而且其中个人捐款占据了大部分。以1994年为例，美国居民自掏腰包捐款1 050亿美元去帮助那些无家可归的弱者、失业的年长者、医院、教堂、博物馆、学校以及退伍老兵，并捐款给联合劝募协会（United Way）和杰瑞儿童收容院（Jerry's Kids）等公益事业。

资本主义并非一个零和博弈，除了一些无赖骗子，大多数有钱人不愿把财富建立在他人的贫穷之上。如果富人越来越富有，果真会使穷人越来越穷困，那么我们作为世界上最富有的国家，将理所当然地产生出世上最穷困潦倒的人，然而，事实却恰恰相反。

美国的确也有相当数量的穷人，但其贫穷程度却不像你在拉丁美洲、非洲、亚洲或东欧等资本主义早期发展阶段国家所看到的那样严重。当公司获得成功并变得更具盈利性，这就意味着这个国家将有更多的工作机会和越来越少的贫穷，这种情形与政客所言刚好相反。

股价高低取决于盈利增长

每个股东都希望上市公司有所增长，这种增长不是指公司因为变得太大而不得不搬到一个更大的办公楼，尽管搬到更大的办公楼也是一种增长的表现。这里的增长意味着利润的增长，也就是说，公司今年要比去年赚得更多。当投资者谈论"增长"时，他们不是在谈论规模，而是在谈论利润，也就是收入。

如果你洗了 3 辆车，每辆收费 6 美元，而你所花的成本是 2 美元的洗涤剂和 1 美元的海绵，那么，你赚了 15 美元（18 美元洗车收入减去 3 美元的原料）。如果用同样的洗涤剂和海绵再洗 5 辆车，你将在不增加原料成本的情况下再赚 30 美元。你的总收入也就变成了最初的 3 倍，那就意味着你的钱袋更加充实，因此你可以买 CD、电影票、新衣服或是更多的股票。

如果一家公司在 12 个月里收入翻倍，华尔街就会为此狂欢，毕竟这么快速的增长实属罕见。通常大的上市公司乐于见到自己的收入一年增长 10% ～ 15%，而年轻有为的上市公司也许能够增长 25% ～ 30%。但无论如何，股东寻求的焦点就是收入的增长。这是股东所寻求的目的，也是促使股价上升的因素。

照此逻辑，假定你有个朋友准备组建一个摇滚乐队，他需要资金购买一些乐器。他给你以下提议：如果你提供 1 000 美元购买高倍扩音器，他将给你 10% 乐队的股份。你们俩为此签订了协议。

在乐队为其赢得喝彩声之前，看起来你做了一次愚蠢的投资。你花了1 000美元取得一个乐队10%的股份，而其仅有的固定资产便是你购买的扩音器，也就是说，你得到的其实只是你购买的扩音器的10%所有权。但是，如果这个摇滚组合以一周200美元的价钱被当地一家俱乐部雇用，在周五晚上的舞会上表演，那么，现在这个乐队的价值就超过了那个扩音器。因为它由此产生了收益，而你那10%的股份将会得到一周20美元的收入。

随后，如果这个乐队变得小有名气，其报酬上升到每周400美元，收入翻番，那么，一下子你的收入就变成了一周40美元。

如此看来，你所持有的一纸合约已经不再是一文不值。如果你愿意，或许你可以加价转让。但如果你对这个摇滚组合有信心，你会持有你的股份。因为或许有一天，乐队可以打破纪录并登陆MTV，成为下一个像Pearl Jam乐队一样赫赫有名的乐队。若果真如此，你将一周从中赚几千美元，而你那10%的股份的价值将远远超越你当初的梦想。

那些购买迪士尼、锐步或是任何其他上市公司股票的人们，他们的投资动机和你投资一个摇滚乐队是一样的。他们指望着迪士尼、锐步等公司收入增加，同时他们期望这些增加的收入中的一部分能以更高股价的形式返还给他们。

股价和公司收益能力一般都会直接挂钩，而这一点却常常被人忽视，甚至包括一些精明的投资者。行情观测者认为股票本身也具有生命力，他们追踪股价的涨跌，就像鸟类观测者追踪一只扑腾着的鸭子一样。他们研究各种交易类型，绘制股价运动的图表，对于他们持有的股票，尤其关注跟踪公司收益变化将会带来怎样的市场反应。

如果公司的收益持续增长，通常股价理应上涨，即使没有立竿见影，但最终必将上涨。如果公司收益下降，股价下降也将毫无悬念。因为收益下降使得一个公司的价值降低，这就如同一个失去听众而停止销售唱片的摇滚乐队一样。

对于一个成功的选股策略而言，首先要做的就是找到那些在将来许多年收入能持续增长的上市公司。长期来看，美股股价每年平均递增 8% 是司空见惯的事，原因在于许多上市公司的收入一般都能以年均 8% 的速度增长，而且它们还在支付 3% 的股息。

基于这些假设，在根据你的自身喜好投资一些具有代表性的公司时，也有可能找到一些收益增长更快的公司。但总的来说，大多数公司的收入将以年均 8% 的速度增长，并且还会支付你 3% 作为股息，这样的话你的年回报将到达 11%。

股价高低与定价是否合理并无直接关系。你也许会听到人们说："我不会买 IBM 的股票，因为它要 100 美元一股，太贵了。"其实，或许只是他们没钱以每股 100 美元的价格买 IBM。实际上，一股 100 美元的价格和 IBM 股票是否过贵没有关系。一辆 150 000 美元的兰博基尼（Lamborghini）超出了大多数人的承受能力，但对于兰博基尼本身来说，这个价位也许并不昂贵。同样，每股 100 美元的 IBM 股票也许很便宜，也许很昂贵，这取决于 IBM 的收益水平。

如果 IBM 今年每股收益为 10 美元，那么，当你以每股 100 美元购买时，你付出了 10 倍于每股收益的成本，换言之，市盈率为 10，意味着其现在的市场价很便宜。假定另一种情形，如果 IBM 的每股收益仅为 1 美元，那么，当你以每股 100 美元购买股票的时候，你已经支付了相当于其每股收益 100 倍的成本，也就是说，市盈率为 100，如此来看你买得太贵了。

如果你对选择股票持谨慎态度，那么，市盈率是一个复杂的课题，值得进一步研究。既然我们现在涉及这个课题，在此不妨介绍一些关于市盈率的要点。

如果选取足够数量的上市公司，将它们的股价相加，然后除以它们的每股年度收益之和，就会得到一个平均的市盈率。在华尔街，人们对于道琼斯工业股票、标准普尔 500 股票以及其他相似的指数，也是这样计算平均市盈率水平的，最终得到所谓的"市场倍数"或是"市场交易的平均市盈率"。

由此可见，市场倍数是一个很有价值的参照标准，因为它告诉你投资者此时此刻愿为公司的收入所支付的平均水平。市场倍数时升时降，但通常稳定在 10 ～ 20 倍的区间内，股市在 1995 年中期的平均市盈率为 16 倍，看起来既不昂贵也不便宜。

一般来说，一家公司收入增长得越快，投资者为其收益甘愿付出的就越多。这也就是一些新兴成长企业市盈率达到 20 倍甚至更高的原因，人们期望能从这些公司得到更多，也就愿意支付更高的价格拥有它们的股票。老牌公司的市盈率仅 15 倍左右，相对于其每股收益，它们的股票价格比较便宜，因为这些公司毕竟发展缓慢，不再令人充满期待。

有些公司的每股收益会稳定地增长，它们是成长型的上市公司。另一些公司的每股收益则是起伏不定，盈亏变化莫测，汽车、钢铁、重工业企业就是这类公司，它们都是周期性的上市公司。由于周期性的公司经营业绩时好时坏，不太稳定，所以，它们的市盈率往往要比成长型公司的市盈率更低，它们只有在特定的经济环境下才能有良好的市场表现。周期性公司的收入水平取决于整体经济状况的好坏，因此很难预测。

一个上市公司赚了很多钱，这并不意味着股东必将因此获益。随后，需要重点关注的问题是：上市公司会如何利用这些钱？上市公司通常会做出以下四种选择。

第一种选择是把这些钱用于有效的再投资。公司可以利用这些资金开设新店或是新建工厂，这样能使公司收益增长更快。长期来说，这样有助于提高股东收益。比如，一家快速增长的公司能够善用所有资金，进而产生20%的回报，显然远远超过你我把钱存入银行所能赚到的利息。

第二种选择是妄加浪费，比如，用于购置公司飞机、柚木雕刻的办公家具、大理石行政卫浴，用于翻番提高高管的薪酬，或是高价收购其他公司（有些完全没必要的收购对股东是不利的，而且错失了本来很好的投资机会）。

第三种选择是到股票市场回购它的股票，并且注销这些股票。为什么上市公司要这么做呢？因为随着市场上股票数量的减少，剩余股票就变得更有价值了。股票回购对于股东来说非常好，特别是如果一家公司正以低价回购它的股票。

最后一种选择是，上市公司可以用这些钱支付股息。大多数上市公司都选择这么做。支付股息不全是好的信号，毕竟公司支付了股息后，也就放弃了将其用于投资增值的机会。当然，如果没有更好的投资机会，支付股息对于股东来说也是很有益处的。

支付股息是上市公司对你持有其股票给予有偿报酬的一种方式，这些钱会定期直接支付给你。如果你持有股票的目的在于获取收益，那么收到股息就能如愿以偿。否则，你也可以用股息购买更多的股票。

股息同时也有一种心理优势。在熊市或是调整市道中，无论股价如何变动，你仍然在获得股息，这种额外的收获必将增强你的持股信心。

数以百万计的投资者偏好购买支付股息的股票，而不是选择其他类型的股票。如果你对这种投资方式感兴趣，你可以联系穆迪的投资者服务部门，穆迪是一家华尔街的研究公司，长期以来，穆迪将那些支付股息的公司整理成册。从中我们发现，有一家公司已经一直支付股息长达50年之久，同时还有300多家公司10年内一直在支付股息。

在穆迪编辑的《上市公司股利手册》（*Handbook of Dividend Achievers*）中，我们可以方便地查到这些公司，其中还有一份对于有支付股息习惯的公司的完整统计纲要。

寻找能够暴涨 12 倍的股票

决定投资一只股票，必须了解它的经营背景。投资者往往对此知之甚少，所以，常常陷入困惑。他们买入一只股票，但却不了解它，只是跟踪它的股价，原因在于这是他们唯一掌握的细节。当股价上涨的时候，他们就认为公司情况良好。一旦股价停滞不前或是下降，他们就变得懊恼或失去信心，因此就卖出所持有的股票。

将股价和股票的实质混为一谈，这是一个投资者所犯的最大错误。它使得人们在股价调整和大跌的时候将股票抛售，当股价在最低位时，他们认为其所投资的公司一定经营得糟糕透顶，实际情况可能是公司仍然运营良好，这也使得他们错失了在低位买入更多股票的机会。

了解公司的经营背景，可以把握公司内部发生的情况，预估在将来如何盈利或是损失。当然，要做到这一点并非易事，有些经营情况的确复杂难辨，譬如，那些分支机构繁杂的公司要比那些生产单一产品的公司更难分析追踪。即使有些公司经营背景很简单，我们也不能轻率定论。

有时，公司的经营背景变得日渐清晰，一般投资者也能洞察得到，从而相信上市公司能够真正给予投资回报。在此，让我们考察两个不同时期的例子：1987 年时的耐克公司和 1994 年时的强生公司。

耐克公司是一家简单的企业，它主要生产运动鞋，兼营快餐以及专业零售，这样的企业任何人都能跟踪分析。在此，我们只需跟踪分析三个核心的要素：第一，耐克公司今年和去年相比是否销售了更多的运动鞋？第二，销售运动鞋是否盈利丰厚？第三，预估明年以及之后的年份销售量能否与日俱增？通过分析 1987 年的股东季报和年报，我们可以找到一些确切的答案。

自从 1980 年上市以来，耐克的股票一直处于上下波动中。它从 1984 年的 5 美元涨到 1986 年的 10 美元，随后降到 5 美元，又在 1987 年涨到 10 美元。分析耐克公司的经营背景，可以发现运动鞋的发展前景无可限量：无论是蹒跚学步的娃娃，还是青少年，甚至是那些小时候没穿过运动鞋的大人，人人都爱穿运动鞋，而且运动鞋还有各种式样——网球鞋、跑步鞋、篮球鞋等。显而易见，运动鞋的需求一直在增长，而耐克公司又是一个大的供应商。

然而，从短期来看，由于公司现有销售、收入以及将来销售均开始下滑，公司经营显而易见遭遇了困难。当股东收到 1987 年第一季度报告时，那是个非常令人沮丧的时刻（就像很多公司的传统一样，耐克公司的会计年度开始于每年的 6 月份，因此，1987 财年第一季度实际截止到 1986 年 8 月）。如果你持有耐克股票，你会在 1986 年 10 月初的公司信件中得知，公司销售下降了 22%，收入下降了 38%，并且将来的订单即将下滑 39%。这显然不是购买更多耐克公司股票的好时机。

第二季度报告发布于 1987 年 1 月 6 日，结果和第一季度一样糟糕，而第三季度的情况也不尽如人意。接着跟踪分析，我们欣喜地发现，在和年报一同发布的、1987 年 7 月末的第四季度报告中，有了一些积极的信号：销售仍然下滑，但仅下滑了 3%；收入仍然下降，但未来的订单增加了。这就意味着世界各地的经销商正在采购更多的耐克运动鞋，通常来说，只有经销商销售信心增加，它们才会增加采购。

通过阅读当年的公司年报，你还会发现，尽管公司连续几个季度收入下降，但耐克公司仍旧盈利不菲。那是因为生产运动鞋的成本相当低，它不同于需要建造和维护昂贵工厂的钢铁产业。在运动鞋行业中，需要的只是一个大的厂房、一些缝纫机器和相对便宜的原料。耐克公司还拥有充足的现金，财务状况良好。

当你翻开发布于 1987 年 9 月末的 1988 财年第一季度报告时，你也许不敢相信自己的眼睛：销售上升 10%，收入增长 68%，并且未来的订单增加 61%。由此可见，耐克公司转入了良性循环，事实上，这样好的周期持续了 5 年，因为耐克其后连续 20 个季度销售和收入都在增加。

在 1987 年 9 月的时候，你不会知道随后连续 20 个季度的情况。你只是欣喜于公司已经扭亏为盈，但你不会立刻购买更多的股票，因为你会对已经从 7 美元迅速上涨到 12.50 美元的股价有些顾虑。

因此，你会等待公司将来的发展，而这一次你是幸运的。股价在 1987年 10 月的股市崩盘中大跌，那些罔顾公司经营实质背景的投资者正在抛售手中的所有股票，当然也包括耐克的股票。因为他们相信晚间新闻的评论员的预测：一个世界范围的金融市场崩溃即将来临。

在这种混乱局面中，你保持了清醒的头脑，因为你意识到耐克的情况正在好转。这样的崩盘给了你一份大礼：一个在低位买入耐克股票的机会。

耐克的股价在股市崩盘后下跌至 7 美元，并在那个价位上盘整了 8 天，因此，你有充足的时间打电话给你的经纪人，从而买入耐克股票。持股到 1992 年年末，耐克的股价是你在 1987 年买入时的 12 倍多，这就是你找到的能够暴涨 12 倍的股票。

即使你错过在大跌后以 7 美元买入耐克公司股票的机会，你仍可以在随后的 3 个月、6 个月或是 1 年后的每次收到季报时购买耐克的股票。虽然不能使你的资金变成原先的 12 倍,但你仍然能够实现 10 倍、8 倍或是 6 倍的投资回报。

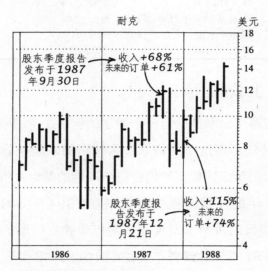

耐克公司股价 K 线图(1986 ~ 1988 年)

注:1990 年耐克股价达到 40 美元,1992 年耐克股价达到 90 美元。

耐克公司季度报告摘要:如何寻找一只能涨 12 倍的股票

	日 期	结 果	股 价
1987 财年第一季度	截至 1986 年 8 月 31 日,股东季度报告发布于 1986 年 9 月 30 日	销售 -22% 收入 -38% 未来的订单:-39%	9/30/1986:5.5 美元 季末后 3 个月股价范围 5.25 ~ 7.87 美元
1987 财年第二季度	截至 1986 年 11 月 30 日,股东季度报告发布于 1987 年 1 月 6 日	销售 -22% 收入 -47% 未来的订单:-35%	1/6/1987:5.88 美元 季末后 3 个月股价范围 5.75 ~ 7.50 美元
1987 财年第三季度	截至 1987 年 2 月 28 日,股东季度报告发布于 1987 年 3 月 25 日	销售 -23% 收入 -60% 未来的订单:-19%	3/25/1987:9.25 美元 季末后 3 个月股价范围 7 ~ 9.50 美元
1987 财年第四季度	截至 1987 年 5 月 31 日,股东季度报告发布于 1987 年 7 月 21 日	销售 -3% 收入 -16% 未来的订单:+6%	7/21/1987:9.38 美元 季末后 3 个月股价范围 8.12 ~ 11.25 美元

（续）

日 期		结 果	股 价
1988 财年第一季度	截至 1987 年 8 月 31 日，股东季度报告发布于 1987 年 9 月 21 日	销售 +10% 收入 +68% 未来的订单：+61%	9/21/1987：11.13 美元 季末后 3 个月股价范围 7 ～ 12.50 美元
1987 财年第二季度	截至 1986 年 11 月 30 日，股东季度报告发布于 1987 年 12 月 21 日	销售 +28% 收入 +115% 未来的订单：+74%	12/21/1987：9.88 美元 季末后 3 个月股价范围 7.50 ～ 11.50 美元

解读美国强生公司

任何投资者都可以参照的另一个明了的例子是美国强生公司。林奇也同样注意到这家公司，而这不用依靠什么特别的才能便能做到。只需翻阅强生公司 1993 年的年报，你可能也会得出同样的结论：投资这家公司。

关于 1993 年的年报，强生公司是在 1994 年 3 月 10 日公布的。第一眼你就能在年报的页面上发现过去两年中强生股票的悲惨命运。股价从 1991 年年底的 57 美元缓跌到年报发布时的 39.63 美元。

你一定怀疑是哪里出了问题，因为对于处在市场上升周期的这样一家大公司却创造了这样一个糟糕的股价。通过浏览年报，你希望找出那些导致股价下跌的利空消息，但每处你所看到的都是利好，大多数这些消息都被记录在年报第 42 页。公司的收益在过去 10 年间呈直线稳步上涨了 4 倍，销售状况也同样呈现稳定增长。

强生同时提到，公司连续 10 年提升了分红。但更令人不可思议的一点是：公司其实已经连续 32 年提高了分红，这可能是因为美国强生公司希望尽量保持低调罢了。

同样在年报第 42 页，你能发现近几年强生公司变得更具生产能力。在 1983 年，强生公司仅靠 77 400 个员工创造了 60 亿美元的产值，而在 1993 年，依靠 81 600 个员工，公司生产并销售了 140 亿美元的商品。可以看到，公司仅仅靠增加 4 200 名员工就创造了多出一倍的产值。1989 ～ 1993 年，销售额从 97 亿美元增加至 140 亿美元，而员工的数量却在下降。

这告诉我们，强生公司开始变得高效并善于缩减成本。公司的员工能更有效地利用他们的时间，并能为公司、股东（尽管你不能在股价中直接看到）和他们自己创造更大的价值。许多员工持有公司股份，即使是那些没有持股的员工，也会因为销售额上升和利润的增加而得到更多收入。

在年报的第 25 页和第 42 页中，你能发现强生公司在 1993 年回购了 300 万股公司股份，在 10 年间共回购了 1.1 亿股。强生用数以亿计的美元铸就了这样的成功。当一家公司把它的股份从股市中撤出，投资者们很可能从中获利，因为更小的股本意味着更多的每股收益，而这会使得股价变得更高。看着强生的股价，你不会想到这是由于公司进行股份回购而促成的。

强生公司年报在第 29 页的公司资产负债表中显示，公司有超过 9 亿美元的现金和有价证券，并且公司的权益总额价值 55 亿美元。强生有 15 亿美元的长期负债，这对有 55 亿美元权益资本的公司来说是较为适宜的。因为有了这样的金融资本，强生公司将不会面临破产的风险。

此刻，你可能正诧异这个故事的问题出在哪里，强生是否可能还没有为自己的将来做好准备。年报封面的标题揭示了一些不同方面，上面用大字写着"依靠新产品促进成长"。细节方面在文中提到，在 1993 年，公司 34% 的销售额受益于过去 5 年中对市场的产品推销。

在第 42 页上，你能发现在 1993 年，强生公司花费超过 10 亿美元用于研发，这占据了销售额的 8%。并且研发的预算在 10 年中超过了原先的 2 倍。显然，公司遵从标题上所写的那样，开发新产品，做到没有任何偏差。

在更大的范畴内进一步思考这个故事，我们来比较一下强生的股价和公司收益。1993 年公司被预测的每股收益为 3.1 美元，1995 年为 3.6 美元，并分别给予 12 倍和 11 倍的市盈率。未来的收益总是很难预测，但强生公司的每股收益在过去总是很容易被预测到。所以，如果这些预估被证明是正确的，那么公司的股票显然很便宜。

在 1995 年，市场股价的平均市盈率为 16 倍，而强生股价估值却仅为 11 倍市盈率。可见，强生公司的估值明显优于市场平均水平。这是个了不起的公司，各项指标都很出色，不断上升的收益和销售额，还有光明的前景。但尽管如此，股价还是跌到 39 美元左右，并且在年报公布的几周里股价更是跌到了 36 美元。

确实难以置信，但你很自然得到一个结论：股价的下跌与强生公司本身毫无关系。公司没有任何问题，究其原因是投资者对"健康护理的恐慌"这一问题的担忧。在 1993 年，美国国会讨论了各种健康护理的改革方案，其中包括克林顿政府的提案。投资者们担心，一旦克林顿政府的提案通过并立法，健康护理行业的公司会因此遭殃。因此，投资者大量抛售强生公司及其他健康护理行业的股票。整个行业在此期间遭受重创。

如果克林顿政府的方案通过，整个健康护理行业将会遭受打击。但强生公司遭受的影响却小于那些典型的健康护理公司。在年报的第 41 页，你能发现强生公司超过 50% 的利润来源于国际业务，而克林顿政府的提案对这些业务几乎毫无影响。并且在第 26 页上你还能发现公司 20% 的利润源于香波、急救绑带和其他与药品无关的消费产品，而药品类产品才是克林顿提案改革的重心。不管怎样，民众所担心的那些利空事件对强生公司影响有限。

阅读强生的年报不超过 20 分钟，就能决定在 39.63 美元左右买入强生公司股票是 10 年间最好的交易之一。强生公司的故事并不深奥，即使你不是全职专业投资者，也不是一个哈佛商学院毕业的高才生，你也一样能够发现其中的机会。

公司的股价在下跌，而公司的基本面在改进，这是一个显而易见的购买信号。如同耐克的案例，你也不必急匆匆地去购买股票。1993 年年底，彼得·林奇在《今日美国》杂志中撰文推荐强生公司，此时股价是 44.88 美元。在 1994 年春，路易斯·鲁吉斯（Louis Rukeyser）在《华尔街日报》上再次推荐强生，而那时股价比 1993 年下跌了 7 美元，为每股 37 美元。

事实上，7 美元的下跌丝毫没有影响彼得·林奇。最新季报告诉他，公司的销售和收益正在上升，因此，故事会向更好的方向继续发展。在更低的价位买入更多的强生公司股份是一个完美的机遇。

在 1994 年仲夏，彼得·林奇又再次公开推荐强生公司的股票。公司股价已经迅速升至 44 美元，但与其收益相比仍然低估。而到 1995 年 10 月，股价在 18 个月内翻倍并超过了 80 美元。

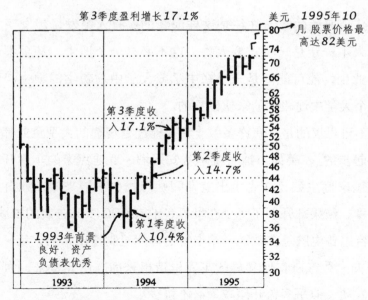

强生公司股价 K 线图（1993 ～ 1995 年）

第 3 章

上市公司的生命周期

上市公司的诞生

上市公司诞生的故事往往是这样演绎的：有人突发奇想发明了一种产品，这个人不一定是一个重要人物，也不必是一个博士，甚至不一定是一个大学毕业生，他可能只是一个在中学或大学中途辍学的学生。苹果电脑就是由两个大学中途辍学的家伙创立的。

令人不可思议的是，有许多数十亿美元经营规模的大型企业都是从厨房或车库里起步的。"美体小铺"就是从安妮塔·罗迪克家的车库开始的。她是一个英国家庭主妇，在先生出差期间她想找些事情来做，就自己制作了些乳液售卖，结果却开创了一个在世界各地有 900 多家分店的护肤品王国。

第一台惠普电脑是在戴维·帕卡德的车库里制造出来的，第一台苹果电脑是史蒂夫·乔布斯在他父母的车库里造出来的。由此看来，为了激励更多的创新发明，似乎多盖几座车库必不可少。

我们不妨更进一步来了解苹果电脑的发展历史。苹果电脑创立于美国独立建国 200 周年之后的 1976 年，现有 11 300 名员工，每年在世界各地销售价值 50 亿美元的电脑。然而，如果 1976 年没有美国加州两个年轻小伙子敏锐的眼光，世界上将没有"苹果电脑"这个品牌。

苹果电脑的创始人一个是乔布斯，另一个是他的好友史蒂夫·沃兹尼亚克（Steve Wozniak）。乔布斯在当年只有 21 岁，沃兹尼亚克 26 岁，他们就像创立"本杰瑞"冰淇淋的本·科恩（Ben Cohen）一样，都是在大学中途辍学的学生，他们三个都很早就离校创业，却在 35 岁之前就成为百万富翁。

列举这个例子并不是提倡你中途辍学，期待什么奇迹发生。他们三个人都已学会读书、写字及算术，而其中的两个史蒂夫早就很懂电脑了，他们之所以辍学，并不是为了能够晚点起床或到外面鬼混，而是夜以继日专注于研究连接器、线路及电路板。

沃兹尼亚克是最早的"黑客"之一，他是一位能在家里用组装设备突破安全保护、侵入政府或公司资料库中，从而制造一场大混乱的电脑高手。他更具建设性的构想是希望能够设计一种简单的家用电脑，可以让所有对电脑一无所知的人，能够轻易地学会使用。要知道，在当年可是有 99.9% 的人对电脑一无所知。

沃兹尼亚克和乔布斯在乔布斯家的车库中成立了一个工作室，他们将一些普通的电脑零件组装在一个塑胶盒子里，称之为 Apple I。他们两个对这种产品很感兴趣，决定卖掉他们仅有的破旧的厢型车和两台计算机来筹款创业。

他们总共筹款 1 300 美元，1976 年时这笔钱可以让他们制造 50 多台苹果电脑。他们再把这些电脑卖掉，所赚的钱用来改良旧机型，然后再卖出几百台电脑。

创业之初，他们自筹资金支持自己的发明创造。资金用完后，他们就典当珠宝、卖掉二手车，甚至将房子抵押给银行申请贷款，无论如何他们要将自己的事业进行到底。

冒着失去房子、所有有偿物品和毕生积蓄的风险，为的就是要从自家的后院起步创立一个成功的企业，这就像早期的拓荒者，凭着自己的胆识到人迹罕至的地方去闯荡，他们要的不是安稳的薪水，而是那种开创事业的成就感。为此，他们不仅要投入所有的积蓄，而且要投入大量的时间和精力。

值得庆幸的是，他们没有遭遇特别的挫折或过早用完自有资金，公司的产品和规模就粗见雏形，并请管理顾问帮忙撰写详细的商业发展计划。这个时候，公司发展令人激动，但需要加大投入，此时需要有"天使投资人"解囊相助才行。

这些天使投资人可能是一个富有的叔叔、伯伯、远房表兄，或是一个有钱且愿意长期投资的朋友。他们这么做并不是大发善心，主要是冲着这个商业计划的成功前景前来投资的，而且通常要求占有相当比例的股份。

由此可见，提出原始创意的人如果想要成功，不太可能自私地拥有百分之百的股权，而不需要别人帮助。随着商业计划进一步推进到生产阶段后，必须号召更多的投资人投入更多的钱，这些投资人就是所谓的风险资本家（venture capitalist）。

一般来说，风险资本家要等到新产品已经投产或试销已经就绪时，才开始投资，换言之，他们会等到这家新公司已经达到某种程度的成功时才投入资金，以降低投资风险。在参与投资的过程中，他们会敏锐地观察每一个细节，看看商业计划有无缺陷，他们也会考察这家公司的管理人员是否内行，以及当公司规模由小变大时是否具有持续经营的能力。

更为重要的是，风险资本家还会要求拥有股权。到目前为止，我们可以发现一个成立不久的公司已有三类所有人：第一类人是原先投入资金的创始人，第二类是所谓的"贵人"或"天使投资人"，第三类就是那些风险资本家。这时，原先的创始人可能只拥有不到一半的股权，因为公司越大，共享股权的股东人数就越多。

我们回头再看苹果电脑公司的后续发展情况。当时，两个史蒂夫觉得手上的产品已经受到欢迎，就将产品展示给一个擅长行销的退休工程师迈克·马库拉（Mike Mark Kula）。马库拉曾在两家电脑业巨人（英特尔和仙童公司）那里工作多年，他的年纪与史蒂夫的父亲相差无几。

马库拉本来可以把这两个电脑业余爱好者打发掉，但他慧眼识珠，深信他们的产品前景广阔。因此，他不仅同意替他们撰写企划方案，而且出资25万美元购买了该公司1/3的股权，这使他成为苹果电脑公司的第一个天使投资人。

有的人擅长发明创造，但未必擅长行销、广告、财务或人事管理，但其中的任何一项都深深影响着一个正在起步的公司。马库拉意识到两个史蒂夫需要的不只是他的帮助，所以，他又找了一个有经验的职业经理人迈克·斯科特（Mike Scott）来当苹果电脑公司的总裁。

随后，苹果电脑又从当地最好的广告公司中聘请了一个老练的广告文宣设计者里吉斯·麦肯纳（Regis McKenna），苹果电脑公司的商标就是他设计的。有了这些人来处理有关行销与广告事务，两个史蒂夫开始集中精力专注于改良新产品。

苹果电脑公司首先推出彩色绘图个人电脑，首创用电视屏幕充当电脑屏幕，而且创造性地运用磁盘驱动器代替盒式磁带储存信息。到1977年6

月，他们已经卖出价值 100 万美元的苹果电脑；1978 年年底，他们又顺势而为地推出 Apple II，使苹果电脑公司成为当时美国增长速度最快的公司之一。

由于销售业绩不断攀升，两个史蒂夫可以在苹果电脑公司的实验室（不再龟缩在车库里面）忙而不乱地研究开发新的苹果电脑。1979 年，他们又募集了更多的资金：沃兹尼亚克卖掉一部分股权给资本家法耶兹·索菲尔（Fayez Surefire），另一由 L. F. 罗斯柴尔德（L. F. Rothschild）所领衔的风险资本家也投资了 720 万美元。

1980 年 1 月，苹果股票成功上市，第四代苹果电脑也应运而生。苹果电脑公司初创成功、崭露锋芒后再择机上市，这是许多公司成功上市的典型道路。

公司上市扬帆起航

上市后，股票市场就可以充分发挥作用。公司准备全面扩展业务，或者原先只是计划开设一家商店，当这家店成功之后，该公司就计划第二家、第三家店接连开下去。这种野心勃勃的行动，需要更多的资金支持，那些天使投资者与风险资本家已经不能完全满足这种资金需求，这时取得资金的最好方法就是面向公众发行股票。

公司决定公开上市就好比一个人决定参加竞选公职一般，这是一个很重要的决定。一旦做出决定，就得开放自己允许新闻媒体刊登内部信息，并且一举一动接受政府机关的监督。当公司决定从私人企业转变为上市公司时，就好像成为一个政治人物一样，你的私人生活已经不再只属于自己，而是公之于众。

私人企业何苦要寻求上市，而忍受任由人们百般挑剔的痛苦呢？这是因为，成为上市公司是其募集足够资金以发挥最大潜力的最佳选择。

上市公司有两个重要的生日：一个是创立日，一个是上市日，这个隆重的大事被称为新股上市（initial public offering，IPO）。每年都有数百只股票在承销商的辅助下以公开发行的方式上市交易。

承销商的部分工作是将股票卖给有兴趣的投资人，这个过程称为承销（underwriting）。他们通常会展开一连串的"路演"（road show），去说服潜在的投资人购买股票，这些潜在的投资人会收到一份"公开招股说明书"（prospectus），公开招股说明书会说明该公司的所有状况，其中也包括一些提请投资人注意的不利事项，而且这些风险提示还会用大号红色的字体印刷，所以投资人不能视而不见，将来不应追究公司的风险责任。华尔街俗称这些警告标识为"红鲱鱼"（red herring）。

在公开招股说明书中，这些承销商一般会预估其发行价格，他们通常选一个价格区间（例如 12 ～ 16 美元），完成路演之后，再根据客户反应确定最后的发行价格。

最后，为了广而告之，承销商会将承销公告刊登在报纸上，因为公告看起来就像碑文，所以有人就戏称其为"墓碑"（tombstone），而在上面显著位置上会标示所谓的"主办承销商"（lead bank）的名字。你可能会很惊讶这些承销商为了争当主办承销商而激烈竞争。

在华尔街，"墓碑"这个词具有双重含义：一个人的生命终止于承办殡葬者（undertaker）和墓碑（tombstone），但一个上市公司却是诞生于承销商（underwriter）和承销公告（tombstone）。

不过，普通投资人很难买到新上市的股票，这些新上市的股票通常预留给那些大的投资者，像是那些动辄可以运用百万乃至亿万美元的基金经理人。

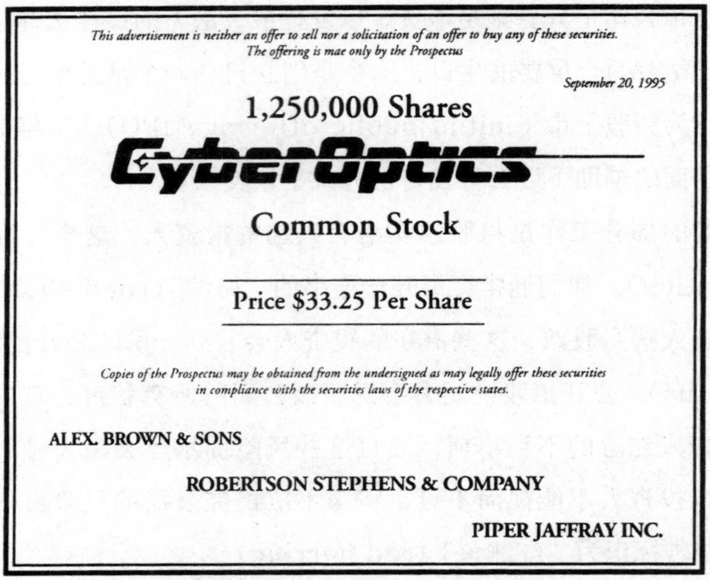

图 3-1　承销公告（墓碑）

　　苹果电脑公司上市的 460 万新股，在基金经理人争先恐后的认购下，一个小时以内就销售一空。业余投资者一如既往被排除在外，这个情形在马萨诸塞州更为明显。美国许多州都订有所谓的蓝天法案（blue-sky law）来保护公众免于在不诚实的促销活动中受到伤害，而马萨诸塞州的执法将当时苹果电脑公司的新股上市列为可能是这类的促销活动，实在有点错得离谱。

　　新股承销活动结束后，上市融资所得各归其主：一部分钱归属于那些举办"路演"活动、促成股票发行的承销商；一部分钱归属于那些卖出部分原始股份的老股东（其中包括公司创始人、"天使投资人"和风险投资家）；剩下的钱则交由公司用来拓展业务。

　　此时，这个公司开始有了新的股东，也就是那些购买新上市股票的投资者，他们的钱用来支付承销费用，使原股东富裕及帮助公司成长。此后，股票在万众瞩目下开始在交易所公开交易。

1980 年 12 月，苹果电脑公司的股票正式在纳斯达克上市交易。此时，任何人都可以购买这只股票，包括那些原本在承销阶段没能买入股票的投资人。这些新上市股票的股价经常会上涨几天、几周甚至几个月，当新股热潮消退时，股价终究会下跌。苹果电脑公司的股票，在开始上市交易 12 个月后，股价就从原本上市每股 22 美元跌到 14 美元。这为普通投资者提供了低位投资的好机会。这种情形并不常出现，通常发生在当原先购买者抛出大量股票而散户最终接棒之时。

上市公司的创始人并不需要卖掉他们的所有持股，一般来说，他们只会卖掉一小部分持股，而这也就是乔布斯、沃兹尼亚克和马库拉变现的方法。事实上，他们仍保有大部分的股票。在上市第一天后，这些股票就使得他们每个人的净资产价值超过 1 亿美元，对乔布斯和沃兹尼亚克来说，从 4 年前的 1 300 美元到现在的 1 亿美元，实在是收获颇丰（就从马库拉当初的 25 万美元来看，投资回报率也是令人惊叹）。

看来，只有在资本制度下，自家后院的发明家和中途辍学的学生才有可能创立一个拥有上千员工的公司、缴纳税赋，并使得这个世界更加美好。

新股上市是企业仅有的能够从自己公司股票受益的机会。当你购买一辆克莱斯勒的二手小货车时，并没有为克莱斯勒带来任何好处；如果你在股票市场买一股克莱斯勒的股票，也没有为克莱斯勒带来什么好处。这些股票在私人手中转来转去，就好像二手货车在不同的车主间转来转去一样，所交易的钱只是从一个人转手到另一个人。

只有当你购买一辆新的克莱斯勒货车，克莱斯勒公司才会切实受益。与此同理，只有公司发行新股上市，公司才会从中实际受益。在上市公司的生命历程中，可能只经历一次新股上市，即所谓的新股上市，也有可能经历多次增发新股，即所谓的新股增发（secondaies）。

初出茅庐的上市公司

上市初期，上市公司总是充满热情、智慧和希望的。他们拥有远大的理想，但是缺乏丰富的经验。由于通过公开募股已经筹集到必要的资金，因此目前他们并不需要担心资金问题。他们希望在初始募集资金用完之前企业能够有所发展，虽然要实现这一点充满了不确定性。

在上市公司的初创阶段，是否能够最终生存下来总是充满着很多变数。很多不幸的事情都可能发生。譬如虽然你有一个伟大的新产品发明理念，但是在产品最终投产并投入使用之前，你也许已经用完了所有的资金。或者你慢慢发现你的伟大创意并不像你开始想的那么可行。或者，你的公司被人起诉，你盗用了别人的发明，如果法庭裁决你败诉的话，那么，你的公司可能被迫支付高额的赔偿金，而这笔钱可能是你绝对承受不起的。或者，虽然你的伟大发明最终投入生产，但是很不幸却没有通过政府的检测并被禁止在国内销售。或者，其他国家的人发明出了比你这个产品更好的东西，质量性能更佳，价格更加便宜或者二者兼而有之。

在充满激烈竞争的各行各业中，企业之间的竞争是永不停息的。电子行业是一个很好的例子。新加坡的几个天才发明家在实验室里发明出一种性能更佳的继电器开关，并于6个月后在市场上正式推出。对于其他开关制造商而言，这真是极大的噩耗，因为其库存产品即将变成无人问津的垃圾。

由此可见，我们很容易理解为什么大约50%的新兴企业都会在五年内消失，为什么绝大部分的倒闭案例都发生在竞争激烈的行业。

在企业的发展初期，不确定因素太多，为了保护投资者的投资，企业的创始股东必须密切关注企业的发展，普通股东也不要买了股票后就掉以轻心。尤其是对于初出茅庐的上市公司，我们必须密切跟踪公司的发展足迹。年轻的上市公司，由于还处在发展的不稳定阶段，因此，只要走错一步，它就有可能倒闭破产。衡量这些企业的财务能力是尤其重要的，通常它们可能遇到的最大问题就是现金枯竭。

人们外出旅行时，通常会带双倍的衣物，却只带上不足实际需要一半的现金。年轻的上市公司也经常犯同样的错误，即起步时的运作资金准备不足。

现在让我们再来看看它们的优点。由于是白手起家，年轻的上市公司通常都会成长得很快。虽然规模较小，但是能够发展的空间却很大。这就是年轻的上市公司能够快速超越中年阶段的上市公司的关键原因，因为后者的快速发展时期通常已经一去不复返了。

步入中年的上市公司

公司步入中年阶段时，往往比年轻的公司稳定得多，它不仅有一定的知名度，而且能从错误中积累经验，实现持续成长。此时，公司多半已经进入稳定发展阶段，它们在银行里也有些积蓄，商誉良好，借贷记录优良，因而与银行建立了良好的关系，这对未来借款创造了便利。

如此良好的商业往来关系为未来卓越的经营奠定了基础。然而，一个步入中年的公司，虽然目前继续增长，但增长速度已经明显减缓，这个阶段的公司就像你我一样，在步入中年以后增长速度不及年轻时快，为此，上市公司必须努力突破现状。如果这些公司在稳定后就不思进取，那么，一些学习能力强及目标远大的同业竞争者就会乘虚而入，很快威胁到公司的进一步发展。

就像人类一样，上市公司也有中年危机。那就是，过去的做法现在不再有效了。它们放弃旧有模式，试着透过不断检讨改进来找到自己新的定位。这种中年危机比比皆是，苹果电脑就是其中一个典型案例。

1980 年年底，也就是苹果电脑刚刚上市不久，推出了事后在市场上遭遇败绩的 Apple III 电脑产品，公司虽然立刻停产并解决了有关问题，但一切为时已晚，消费者对 Apple III 失去了信心，甚至对公司都失去了信心。

对任何一个上市公司来说，没有任何东西比商业信誉来得更为重要。一个百年历史的餐厅，可能口碑良好而且享誉百年，但是，这样一世的英名，可能也会因为一次食物中毒，或新厨师把菜单弄错而毁于一旦。所以，要想挽回 Apple III 失败所造成的影响，公司必须采取断然措施，随后公司果然裁撤了多位执行阶层的高级主管。

苹果电脑公司在其后发展了许多新的软件程序，在现有的苹果电脑里装上了硬盘，并在欧洲设立了多家分公司。从好的方面来看，由于这项新产品的开发，苹果电脑在 1982 年达到 10 亿美元的年销售业绩；但从坏的一面来看，苹果电脑却把商机拱手让给其主要竞争对手 IBM 公司，IBM 就在这时候切入了个人电脑这个苹果电脑既往的势力范围。

原本苹果电脑公司研发了一款一流的商业电脑名叫丽萨（Lisa），并且开创性地使用了鼠标。但尽管配有鼠标，丽萨却卖不出去。由于苹果电脑"不务正业"，不把精力专注在其最为在行的个人电脑领域，却试图抢入 IBM 商用电脑市场，结果丽萨的销售糟糕无比，公司的获利暴跌，股价也就应声而落，一年内股价跌了一半。

苹果电脑公司上市不足十年，却已面临"中年危机"。投资人开始恐慌，公司管理阶层倍感压力，员工也开始紧张不安地另谋工作机会。于是，公司当时的总裁迈克·马库拉被迫辞职，而百事可乐前任总裁约翰·斯卡利（John Scullery）在这时临危受命，被聘请入主苹果电脑，企图力挽狂澜。

斯卡利不是电脑专家，但是行销高手，然而，行销专家就是苹果电脑现在最需要的高管。

斯卡利将苹果电脑分成两大部门，一个是丽萨电脑，另一个是麦金托什（Macintosh），两者都有鼠标，其他装置也非常相似，因而彼此激烈竞争。尽管两种产品同质性很高，但麦金托什却比丽萨容易操作而且售价便宜，后来，苹果公司决定放弃丽萨，集中火力在麦金托什的发展上。在大力推广麦金托什的营销策略上，苹果创出了一个不可思议的新点子，它在电视上大打广告："带一台麦金托什电脑回家，可以免费试用 24 小时。"

得益于这个新点子，电脑订单如雪片般飞来，苹果公司在 3 个月内卖出 7 万台麦金托什电脑，这时公司开始渐渐恢复正常，但人事纠纷又让斯卡利头痛不已。

由此可见公司民主化时的另一种有趣的现象，当公司的股票透过市场公开发行后，股票被公众所持有，公司的创办人不见得能随心所欲。

斯卡利进行了一些改革，解决了公司面临的一些问题。麦金托什抓住了商用电脑繁荣的商机，完成了丽萨原来的历史使命。由于新的软件程序让麦金托什很容易与任何电脑网络兼容，所以，麦金托什电脑非常畅销，1988 年的销售量就已经突破 100 万台。

一个上市公司面临的中年危机，常会让投资人束手无策，股价已经跌了一半，是该一走了之，还是继续持有，期待公司能有转机？当然，事后我们知道那时确实是苹果电脑的转机，但当危机发生时，究竟有无转机实在难以料定。

日渐衰老的上市公司

对于 20 年、30 年或 50 年的老上市公司来说，黄金岁月已经一去不复返，我们不能责怪其不思进取，运作效率渐显老态。因为它们已经饱经风霜，而且竭尽所能。

举例来说，沃尔沃斯是一个具有100多年历史的上市公司，已有好几代美国人在其成长阶段中曾到沃尔沃斯买过东西，那时，沃尔沃斯的分店遍布全美，随处可见。也正是在这个时候，它不再有更多的成长空间了。

最近沃尔沃斯连续两年亏损，当然其获利有可能还会好转，但不太可能再像成长阶段那样令人惊喜。一般来说，大部分过去极其赚钱的老公司都很难重新创造过往高速成长的辉煌。当然，也会有一些例外，比如箭牌糖果公司、可口可乐、艾默生电气以及麦当劳。

美国钢铁、通用汽车以及IBM电脑就是那些风光不再的成熟期大企业最好的三个案例。其中，IBM和通用汽车还能扭转乾坤，再创辉煌，但美国钢铁却是命运坎坷。美国钢铁公司曾是全世界最大，也是全球第一个资产上亿美元的上市公司，当时修筑铁路、制造汽车以及建造摩天大楼，没有一项重大工程不需要钢铁，而美国钢铁供应了60%的钢铁需求。在20世纪初时，美国钢铁在钢铁业里呼风唤雨，是操纵市场的主导力量，让其他行业的龙头公司都相形见绌。当然，也没有一只股票能像美国钢铁那么广受欢迎，它也是当时华尔街成交量最大、交易最活跃的股票。

曾几何时，每当杂志要描述美国的国力和辉煌成就时，总是会配上有熊熊火焰燃烧熔炉的钢铁厂的照片，以及将炽热金属熔浆倒入模型槽中的图片。那时，美国是一个工业生产导向的国家，到处工厂林立，过半的财富及国力来自美国东部和中西部的钢铁厂。

钢铁业在当时如日中天，美国钢铁公司造就了持久的繁盛，历经了两次世界大战及六位不同的美国总统。美国钢铁的股价在1959年甚至达到了创纪录的每股108.875美元的历史高点。

　　然而，这时电子时代如旭日东升，工业和钢铁时代却如日薄西山，其实这也是投资人卖出钢铁股票，买入 IBM 股票的最佳时机。不过，你必须是一个富有远见且不会感情用事的投资人，这样才能把握趋势。因为美国钢铁的评级一直都是"蓝筹绩优股"（a blue chip，也就是华尔街对一些声誉卓著公司的习惯说法），这些公司似乎永远值得期待，无人能够超越。当时，几乎没有人能预测到后来美国钢铁的股价可能会转而下跌。

　　以美国钢铁公司的股价下跌为例，道琼斯工业指数在 1959 年时是 500 点，1995 年是 4 000 多点，也就是说股价指数已经涨了 8 倍，但美国钢铁的股价在此期间却跌了一半，可怜那些忠实的股东已经心灰意冷，要想指望美国钢铁重振辉煌无异于白日做梦。

　　未免日后重蹈覆辙，我们需要从中吸取教训：不管今天这个上市公司规模有多大，或市场地位有多高，它都不能永葆巅峰状态。一个上市公司被称为"蓝筹绩优股"或"世界一流企业"，并不能挽救日渐衰退的命运，与此同理，大英帝国并不因为有一个"大"字在名字前面，就能保证它永远是世界最强盛的国家。

　　美国钢铁公司的股东只能重温以往的辉煌，这就像英国人民的感受一样，在英国已失去其世界领导及强权地位很久之后，英国人民仍沉浸在身为世界强国的幻象之中。

　　国际收割机公司（International Harvester）曾经主宰美国农耕机器设备长达半个世纪之久，1966 年达到顶峰，此后每况愈下，虽然公司后来力图振作，甚至将名字改为航星国际（Navistar），但仍然无法重振往日的辉煌。约翰－曼维尔（John-Manville）曾是绝缘材料业的巨头，1971 年达到巅峰之后便一蹶不振。美国铝业公司（The Alumnus Company of America）曾以美铝（Alcoa）之名闻名遐迩，当铝箔刚被发明时，铝被广泛使用，而其股票也非常吃香，在 20 世纪 50 年代美铝公司的股票在华尔街炙手可热，但到了 1957 年其股价攀升到每股 23 美元的高价后，股价一路下跌，直到 1980 年股价才再次回到 23 美元的价位。

通用汽车公司曾是全世界最具主导地位的汽车公司，其股票是汽车行业中最大的蓝筹绩优股票，在 1965 年 10 月达到顶峰后，30 年来从来没有再创新高。尽管直到今天通用仍然是美国最大的汽车公司，也是最早具有完整产品线的汽车厂，然而，与世界上最赚钱的汽车公司相比，它已经江河日下，早在 20 世纪 60 年代时就有老态龙钟之象。

当时，德国人带着他们的大众汽车和宝马汽车登陆美国大陆，同时日本的丰田汽车及三洋汽车也乘机而入，他们进攻的目标都是底特律，但通用汽车却反应迟钝，如果当时通用汽车是一个血气方刚的汽车公司，可能早就快速迎接这个挑战，可惜以老大自居的通用汽车还是在以不变应万变。

当国外生产小型车的汽车公司在美国已如火如荼地抢占市场时，通用汽车仍然继续生产大型车。尽管后来通用意识到了这股潮流，并且耗资数亿美元更新设备，翻修过时的厂房，可是，当通用开始生产小型车时，汽车市场又峰回路转，重新追捧舒适、豪华的大型车了。

在长达 30 年的时间内，美国的制造业公司都不是最赚钱的公司，不过，即使你在 1965 年正当通用处在巅峰状态时就预测到这个结果，也不会有人相信你。相比之下，人们宁可相信猫王舞台假唱的说法。

我们再来考察 IBM 公司，在 20 世纪 60 年代晚期，IBM 公司就是一个已经步入中年的上市公司，此时大约是通用汽车公司开始步入衰退的时期。而早在 20 世纪 50 年代初期，IBM 就创造出惊人的盈利表现，公司股票也非常值得持有。IBM 是一个超级的品牌和品质的象征，IBM 的公司商标就像可口可乐瓶罐一样闻名遐迩。公司凭借其完善的管理，赢得了无数的荣耀与赞誉，许多公司争相效仿 IBM 的管理方法。20 世纪 80 年代末期，第一本有关 IBM 经营哲学的书面世，书名为《追求卓越》(*In Search of Excellence*)，很快就成为炙手可热的畅销书。

当时，几乎所有的证券经纪商都鼎力推荐 IBM 这只超级蓝筹股票。对共同基金经理人来说，IBM 是必不可少的选股标的，如果没有投资 IBM 的股票，简直就是特立独行。

尽管如此，发生在通用汽车身上的故事，同样也在 IBM 身上重演。投资人过于沉湎 IBM 过去优越的表现，对眼前的新变化视而不见。其实就在那个时候，人们已经不再购买大型主机个人电脑，可见这个市场已经没有什么成长空间，然而这却是 IBM 的核心业务。与此同时，IBM 的个人电脑产品在竞争者低价产品的围攻中四面楚歌。正如你所能猜到的，IBM 的盈利和股价如疯狂过山车般地往下滑落已在所难免。

现在，人们可能会感到疑惑不解，持有像美国钢铁、通用汽车和 IBM 这些规模庞大而毫无新意的老企业意义何在呢？这样做的理由还是很多的：第一，一般大型企业已经稳固，倒闭风险较小；第二，发放股利的概率很高；第三，大型企业一般都有些颇具价值的资产可获利变现。

事实上，这些奇怪的老公司随处可见，它们什么都做过，不断投资各种有价值的资产。实际上，研究一个老公司，需要深入研究其财务情况，就好像在有钱老姑妈的阁楼上翻箱倒柜一样，不知道什么时候会在哪个阴暗的角落里发现一些价值连城的宝藏。这些宝藏可能是土地、大楼、设备、存放在银行的股票和债券，或是并购的小型企业。可见，这些老公司都有巨大的"分拆"价值和潜在的利益，这些公司的股东也就像有钱老姑妈的亲戚一样，坐等分到该得的一份遗产。

当然，返老还童也不无可能，比如施乐和美国运通过去几年来一直努力创新，期望有朝一日找到转机。

换一个角度来说，当一个老公司日渐衰老时，可能需要花上二三十年的时间才能重新回归正常运作。可见，耐心固然是美德，但如果你持有盛年不再的股票，你的忍耐未必终有所获。

上市公司的收购兼并

上市公司时时出现关停并转、你争我夺的情况，如果仔细观看这些事件，就像正在上演的精彩的"泡沫剧"——公司间不是"结婚"［即合并（merger）］，就是"离婚"（通常指出售子公司，或裁撤某一部门）。此外，还有"并购"（takeover）。所谓并购，也就是一个公司吞并另一个公司。如果这个被并购的公司并没有任何反抗，则称为"善意收购"；但当这个公司拒绝被并购，并反抗试图摆脱这一结局时，则通常被称为"恶意收购"。

真实状况并不像听起来这么恶劣，因为这种公司间的并购在金融界早已被普遍接受。当一个公司公开发行股票后，它无法再控制谁做公司股东。它可能竭尽所能地保护自己以免被别家公司吞并，然而很少有公司能保证自己永远不被收购。此外，由于每家公司都有权力去收购别的公司，因而当自己成为被收购的对象时，其管理阶层也不能太愤愤不平。

不管是善意收购还是恶意收购，被收购的公司都已不再独立存在，而成为收购方的一个部分。卡夫食品公司就是个很好的例子，卡夫曾是一个独立的奶酪生产商，什么人都可以买它的股票。卡夫股票为许多个人投资者、共同基金和退休基金所持有。接下来，菲利普－莫里斯公司出现了。

当时，菲利普－莫里斯的董事们认定对其公司而言只卖香烟是不明智的，他们决定收购制造其他产品的公司，比如奶酪和啤酒生产商。很久之前，该公司就买下了米勒酿酒公司（Miller Brewing Company），还收购了威斯康星面纸（Wisconsin Tissue）、七喜汽水和通用食品。1982 年，该公司买下恩特曼公司（Entenmann's），正式进入炸面包圈的行当，并在 1988 年收购了卡夫食品。

一场收购的过程是，收购方以一个固定的价格从数以千计的被收购公司股东手中买下其所拥有的股票。在卡夫食品的案例里，卡夫食品是被收购方，菲利普 – 莫里斯是收购方。一旦菲利普 – 莫里斯收购了卡夫食品 51% 的股权，收购就算板上钉钉了。菲利普 – 莫里斯已经掌握了卡夫食品的控股权。此后，菲利普 – 莫里斯很容易就能说服卡夫食品股东把手中剩下的 49% 持股也卖给自己。

善意收购的过程既短暂又温馨。因为如果有一个公司本身经营不好，其股东会很欢迎管理层的变化。在绝大多数这样的案例中，股东都会乐意卖出持股，因为收购方一般会出比市价高得多的价格。而随着收购消息的公开，被并购公司的股价常会在一夜之间涨两三倍。

一场敌意收购最后可能会导致对簿公堂并发展成为一场费时、你死我活的诉讼大战。如果有两三家公司想收购同一家公司，就有可能发生一场竞购大战。通常类似的情况可能持续数月之久。偶尔会有小公司收购大公司的所谓"蛇吞象"的案例，但通常情况是大公司收购小公司。

一般而言，当一个大公司四周寻找收购机会时，其本身总是有不知如何加以运用的多余资金。公司可以把这些多余资金当作特殊股利发放给股东，但管理层会告诉你把这些钱分给股东远远不如动用这些资金发起一场收购来得刺激。不论他们想并购的公司身处什么行业，他们都相信自己能比其现有的管理层把公司管得更好更赚钱。因此，收购本身并不仅仅是为了钱，事实上这些交易还事关管理层的尊严和雄心。

最成功的收购和兼并，是那些涉及的公司在相同的行业或至少有某些共通之处的案例。在爱情世界里，我们称这种情况为"找到一个情投意合的伴"；在商业上，我们则称之为"协同作用"（synergy）。

乔治亚太平洋（Georgia Pacific）公司是伐木业巨头，它通过收购普吉圣纸浆木业公司（Puget Sound Pulp & Timber Co.）和哈德森纸浆纸业公司（Hudson Pulp & Paper）来扩张生意。这是一个典型的"协同作用"的案例，因为这三家公司都同样经营木业。它们将受益于同住一个屋檐下，原因正如夫妻们搬到同一个屋檐下居住一样，毕竟两个人一起住（在乔治亚太平洋的案例中是三个人）的生活成本比一个人自己住要低。

另外一个具有代表性的"协同作用"的收购案例是好时巧克力公司在20世纪60年代收购H. B. 瑞斯糖果公司（H. B. Reese Candies）。这相当于是一个著名花生酱瓶子和一块著名巧克力之间的战略联盟，而且此后双方"永远幸福地生活在一起"。

百事可乐的多元化收购非常成功。该公司收购的企业包括肯德基、塔可钟和必胜客。快餐公司和软饮料公司之间的协同效应显而易见，百事可乐公司收购的快餐店在销售各类快餐时卖出了相当多的百事可乐。

就菲利普－莫里斯而言，人们可能有点难以理解香烟、奶酪、面包圈和面纸之间的"协同作用"。但如果你意识到其所收购的企业全部是消费者非常熟悉的消费品品牌，情况就不同了。

这里有一个很讽刺的企业整合例子。亨氏公司并购了星琪（Star Kist）鲔鱼、欧伊达（Ore-Ida）薯制品和慧俪轻体（Weight Watchers），于是，亨氏公司一边卖食品杂货，一边卖减肥食品。一般人对慧俪轻体不屑一顾，但亨氏公司却了解如何通过品牌效应推动其产品行销，最后慧俪轻体成为一棵摇钱树。

曾经以莎莉厨房而闻名的莎莉（Sara Lee）公司，在其收购伊莱克斯（Electrolux）进入吸尘器行业以前，也曾疯狂收购过包括布斯渔业（Booth Fisheries）、牛津化学（Oxford Chemical），以及富乐牙刷（Fuller Brush）在内的很多公司。那时，该公司一面卖蛋糕，一面售卖打扫蛋糕屑的吸尘器，可谓是将"协同作用"发挥到了"极致"。但莎莉真正眼光独到的做法是并购了恒适（Hanes）企业，它的"蕾丝丝袜"（L'eggs）在美国一半的女性中风靡。是莎莉公司将"蕾丝丝袜"的崛起发展成为横扫全美的巨大成功。

如果一个公司收购了很多几乎与其完全没有共同之处的公司，就一般称之为联合企业（conglomerate）。联合企业在三四十年前很流行。但联合企业的管理人员后来发现管理别人的生意并不容易，所以这种联合企业的经营大多很难达到原来的预期，因此现在联合企业的概念已经过时了。

联合企业的世界纪录可能属于美国制造业。美国一度几乎每天都有不同的收购事件在各行各业发生。海湾-西方（Gulf & Western）公司的查尔斯·布霍恩（Charles Bullhorn）是联合企业的巅峰，他几乎没有不想收购的公司。他收购如此多的公司以至于海湾-西方公司被戏称为"饥不择食公司"。由于收购太多公司，该公司股价在查尔斯死后上涨，因为股东相信新管理层将可以卖出部分查尔斯的收购企业而大获其利，后来事实证明的确如此。之后，海湾-西方公司成为派拉蒙通信事业（Paramount Communications），一直到派拉蒙公司后来由维亚康姆公司并购为止。

此外是美国罐头公司，它收购的公司包括矿业公司到山姆-古迪（Sam Goody）音乐城，之后又与史密斯-巴尼和商业信贷公司合并。合并后，公司改名为普美利加（Primerica）。后来，普美利加买下美国运通旗下的席尔森公司，并将该公司并入史密斯-巴尼公司。随后，普美利加又买下旅游者保险公司，并把普美利加更名为旅游者企业集团。

最后要谈的是 ITT 电讯公司，该公司的"结婚"次数比伊丽莎白·泰勒还多。从 1961 年开始，该公司兼并或收购过的企业不少于 31 家，之后又卖掉其中 6 家。其收购的公司包括艾维斯租车、大陆饼业公司、利维家具、喜来登酒店、坎廷公司、伊顿石油、明尼苏达国家人寿公司（Minnesota National Life）、瑞安公司（Rayonier）、索普财务公司（Thorp Finance）、哈福特保险公司，以及宾夕法尼亚玻璃砂公司（Pennsylvania Class Sand）。ITT 还收购了恺撒世界集团（Caesar's World）及麦迪逊广场花园（Madison Square Garden）。

然而，在长达 25 年时间里的收购并没能给 ITT 带来什么好处，其股价始终停滞不前。倒是在 20 世纪 90 年代，ITT 实行削减成本及降低负债的措施使公司重获生机，其股价在 1994～1995 年间上涨 3 倍多。现在 ITT 已宣布计划将公司分为三部分，恺撒世界集团和麦迪逊广场花园被分在同一个部分。

公司的终结

每天都有公司死去。其中有一些是成立不久的年轻公司，由于发展得太快太急，它们往往会超出其偿还能力借贷，这让它们很容易死于非命。有一些公司在中年撒手人寰，原因可能是其产品有缺陷或者过时导致再也无人问津；也可能是它们选择的行业不对，或者选对了行业但没选对时机；或者是最糟糕的情况，既选错了行业又选错了时机。大公司像小公司和年轻公司一样也会死亡，诸如美国棉油、拉克列德煤气公司、美国活力、鲍德温、胜利者留声机以及莱特航空等，因其规模的庞大和地位的重要曾均被列入道琼斯工业平均指数成分股，但它们现在都已无影无踪。谁还记得它们呢？同样的情况也存在于斯图贝克、纳什企业、哈德森汽车、雷明顿打字机以及中央皮件等大公司身上。

有一个方法可以让公司消失而又免于死亡的命运，那就是被别的公司收购。还有一种经常性的情况是，一家公司通过向破产法庭寻求破产保护来避免立即死亡。

当一家公司无法偿付债务，而且又需要时间来解决问题的时候，它可以考虑上破产法庭。公司可以提出适用破产第十一条的申请，这条法案允许其继续营运且逐步清偿债务。法院会指派一位托管人监管公司解决问题的努力，以确保所涉及的各方都得到公平对待。

如果公司已经无药可救，根本无望再恢复盈利能力，那它可以申请适用破产第七条，这意味着一个公司要关门大吉了，这时它必须遣散员工，变卖桌、椅、灯及文字处理机等公司资产。

在公司宣布破产的案子中，不同相关利益方（包括员工、销售商、供应商、投资人）通常会为公司资产如何分配而大打出手。这些利益冲突的各方代表常会花费巨资聘请律师打官司。这些律师往往薪水丰厚，但债权人却很少能拿回其全部债款。一个宣告破产的公司虽然不会有什么葬礼，但却有无尽的遗憾和哀痛，尤其是失去工作的员工及投资受到损失的公司债券和股票投资人。

变化无常的经济气候

公司生存在一种"经济气候"里。公司的生存依赖于外部环境，正如植物及人类必须依赖大自然才能生存一样。它们需要钱做血脉，以供给营运所需的流动资金；公司需要顾客来购买其产品，也需要供应商来供给其生产所需的原料；它们还需要一个有为的政府为其创造良好的经营环境，而不是用繁杂的赋税和监管把它们压得喘不过气来。

当投资人谈到"经济气候"时，他们并不是指所谓的晴天阴天或者春夏秋冬。所谓的经济气候，是指影响企业的外在力量，或者说那些影响其赚钱还是赔钱，乃至影响其兴盛成败的因素。

在农业时代，当80%的人口还在农田里工作时，我们说的经济气候就和自然天气息息相关。如果遇上干旱或是水灾，谷物不是枯死就是被洪水淹没，农民自然很难赚到钱。农民没有钱，商店自然门可罗雀，甚至连这些商店的供应商也没有生意可做。当天气有利，农民获得了创纪录的大丰收，其口袋里的钱比较丰厚时，商店生意才会兴隆，才会有钱继续上货，供应商的口袋才会变得比较饱满。这样，良性循环就会不断地继续下去。

难怪以前街谈巷议最流行的话题就是天气，而不是股票市场行情。因为天气之于人们生计的影响是如此之大，以至于《农夫年鉴》这本天气预测书籍成为当时一年四季的畅销书。今天，你看不到任何有关天气的书排在畅销书单上，但有关华尔街的书则是经常上榜。

今天，和农业相关的人口不到全美人口的1%，天气的影响力已经大幅降低。在商业社会，大家对天气预报的关心远远比不上对来自华盛顿或是纽约的利率预测报告和消费者支出预测报告的关心。这些都是影响经济气候的人为因素。

有三种主要的经济气候：一是过热，二是过冷，三是偏暖。过热的气候使投资人紧张，而过冷的气候则使投资人觉得压抑。他们最期待的是偏暖的气候，这种气候是最好的，因为一切都达到了最佳状态。不过，这种气候很难持续。大多数时间，气候的变化总是从一个极端到另一个极端：不是从冰点变成沸点，就是从沸点转为冰点。

我们先看看过热。当景气升温，人们蜂拥至商店里购买新车、新沙发、新录像机等所有新商品。陈列在架上的展示商品很快就销售一空，商店必须雇用更多的职员来处理飙升的生意，工厂也是日夜赶工生产更多的产品。当经济达到炙热阶段，工厂生产出了如此多的产品，以至于在商店、仓库和工厂等各个环节库存都堆积如山，而商店为了不致落入货品短缺的窘境，还在不断囤积货品。

当景气过热时，勉强合格的人找工作也不是一件困难的事，报纸上的招聘广告连篇累牍。对于中学或是大学毕业的年轻人而言，经济过热是找工作的最佳时刻。

这种状态听起来就像是已经臻于完美。各行各业在这个阶段几乎都能赚到大钱，失业率走低，人们的收入丰厚，充满信心及安全感。于是，人们在消费上敢于大花特花。但在金融市场，过热的经济是一件坏事，这会让华尔街的职业投资人深感不安。如果你注意经济新闻，就会看到这样的标题："经济强劲增长，国家欣欣向荣，股市却大跌百点。"

人们最主要的担忧是，一个过热的经济和过度的繁荣会导致通货膨胀，通货膨胀是物价上涨的学术名词。当人们对商品及劳务的需求高涨时，通常会导致原材料和劳工的短缺。任何时候一种东西出现短缺，其价格都倾向于上涨。汽车生产商必须付出更多的钱来购买钢铁及铝等原料，因此它们便会调高汽车售价。当员工感觉到物价上涨时，他们就会要求加薪。

如果商家和雇员轮流加价以赶上彼此的加价步伐，一个价格上涨就会导致另一个价格上涨。公司为电、原料和员工支付越来越多的钱。工人虽然拿到更多的钱，但是他们并没有享受到什么好处，因为他们必须付出更多的钱才能买到商品。房东也调高租金来覆盖其上涨的成本。很快，通货膨胀就失去了控制，每年以5%、10%甚至20%的速度（在某些极端的情况下）飙升。1979～1981年，美国的通货膨胀率一度高达两位数。

当新的工厂及商店在全美各地扩张开来时，许多公司要靠贷款来支付公司的新建项目。同时，许多消费者用信用卡赊账购物，最后的结果就是银行贷款的需求激增。

当人们在银行门口排队贷款时，银行及信贷公司就会追随汽车生产商等其他人的步伐加价，那就是提高贷款的利率。

很快，你会发现利率提高的速度和物价上涨的速度亦步亦趋，此时唯一往下走的就是股票价格及债券价格。投资人撤出股市的理由主要是担忧公司的盈利增长无法赶上通货膨胀。在20世纪70年代末期和80年代初期，股市和债市都是双双下滑的。

过热的经济不会永远保持热度。受到利率上涨的影响，经济会冷却下来。由于房贷、汽车贷款以及信用卡利率高涨，越来越少有人能买得起新车新房。他们宁愿住在老房子里，开旧车，而推迟购买新房和新车。

如此一来，汽车销售一落千丈，底特律的大车商们连最新款的车型都没有办法推销出去，因此车商争相提高销售回扣，汽车售价也会下调。随后数以千计的汽车工人被解雇，失业队伍越来越长。那些失业的人由于收入减少，消费支出变得更为节制。

原本计划去迪士尼乐园度年假的人改在家里看迪士尼录像带，这对奥兰多的汽车旅馆来说是一个打击。想穿新秋装的人也将就着穿往年的旧衣服。商店的客户开始流失，卖不出去的商品在货架上里越堆越多。

为了得到现金流，商家无不想尽办法展开价格战。然而，失业人口仍在增加，门可罗雀的商家更多了，更多的家庭也缩减了支出预算。经济可以在短短几个月中由过热转为过冷。事实上，如果经济继续冷却下去，整个国家就面临一场经济"深寒"（也就是衰退）的危险。

本书后面的内容回顾了第二次世界大战以后的所有萧条。你可以发现，经济衰退在美国通常会维持长达11个月，并造成162万人失业。

当经济衰退来临时，企业的生意状况更加糟糕。那些生产生活必需品和日常消费品的厂家，例如饮料、汉堡、医药生产商，能安然渡过难关；而生产汽车、冰箱、房子等耐用消费品的公司会遇到严重的问题。它们的亏损可能数以百万计甚至十亿计，如果它们在银行里没有足够的现金，就会有倒闭的风险。

很多投资者从历史经验中学会了如何让其投资组合"防衰退"，那就是只投资麦当劳、可口可乐、强生以及其他所谓的"消费成长类"公司，因为这些公司在过冷的经济中往往表现良好。他们懂得避开像通用汽车、雷诺兹金属公司（Reynolds Metals）及美国房屋公司（U. S. Home Corp）等这些所谓的"周期类"公司，这些公司在过冷的经济中会倍受打击。"周期类"公司要么销售的是非常昂贵的商品，要么是制造昂贵商品的零部件，要么为昂贵产品生产原材料。当经济衰退时，人们会完全停止购买这些昂贵的商品。

对公司及其投资者而言，最佳的情况是既不过冷也不过热的偏暖气候，但是这样的情况通常不会维持太久。大部分时间经济不是在升温就是在降温，而经济指标往往又自相矛盾，人们经常很难确定经济到底走向何方。

政府无法控制很多事情，特别是天气这种事情，但其对经济气候却有很大的影响力。联邦政府管的事情相当多，从打仗到扶贫，政府都要管。但其最重要的工作可能还是莫过于防止经济过热或过冷。如果不是政府干预，也许另一次类似大萧条的灾难早已重新降临在我们身上了。

经济衰退期美国非农就业人口变化

经济衰退时间	时间长度（月）	工作减少数量（百万）	增减幅度（%）
1948.11 ~ 1949.10	11	−2.26	−5.0
1953.07 ~ 1954.05	10	−1.53	−3.0
1957.08 ~ 1958.04	8	−2.11	−4.0

（续）

经济衰退时间	时间长度（月）	工作减少数量（百万）	增减幅度（%）
1960.04 ～ 1961.02	10	−1.25	−2.3
1969.12 ～ 1970.11	11	−0.83	−1.2
1973.11 ～ 1975.03	16	−1.41	−1.8
1980.01 ～ 1980.07	6	−1.05	−1.2
1981.07 ～ 1982.11	16	−2.76	−3.0
1990.07 ～ 1991.03	8	−1.35	−1.2
平均	11	−1.62	−2.5

资料来源：美国劳工部，美国劳工统计局，美国国家经济研究中心。

经济扩张期美国非农就业人口变化

经济扩张时间	时间长度（月）	工作增加数量（百万）	增减幅度（%）
1946.01 ～ 1948.11	34	+5.35	+13.5
1949.10 ～ 1954.05	45	+7.58	+17.7
1954.05 ～ 1957.08	39	+4.06	+8.3
1958.04 ～ 1960.04	24	+3.83	+7.5
1961.02 ～ 1969.12	106	+17.75	+33.2
1970.11 ～ 1973.11	36	+7.54	+10.7
1975.03 ～ 1980.01	58	+14.31	+18.7
1980.07 ～ 1981.07	12	+1.73	+1.9
1982.11 ～ 1990.07	92	+21.05	+23.7
1991.03 ～ 1995.06	51	+8.13	+7.5
平均	50	+9.13	+15.0
到 1990 年 7 月的平均值	50	+9.24	+14.3

资料来源：美国劳工部，美国劳工统计局，美国国家经济研究中心。

美国联邦政府现在比起 60 年前大萧条时要大得多。当时的政府对经济没什么影响力，因为当时既没有公共福利及社会保障制度，也没有房地产部，今天我们数以百计的政府部门当时完全都不存在。1935 年，整个联邦政府预算只有 64 亿美元，仅占目前美国经济总量的 1/10 而已。今天，美国政府预算每年高达 1.5 万亿美元，几乎占到整个经济总量的 1/4。

我们最近跨越了一个重要的界线。那就是在 1992 年，为地方政府、州政府以及联邦政府工作的人数首次超过了制造业的就业人数。这个所谓的"公共服务领域"提供了如此多的就业机会并为经济注入了如此多的资金，以至于足以促使经济免于陷入"深寒"。不管经济好坏，数以百万计的政府雇员、社保受益人和公共福利受益人都仍然有钱可花。如果遭到解雇，人们也可以在找到另一个工作前领到长达数月的失业补偿金。

当政府支出膨胀时，其负面影响也显而易见。巨大的财政赤字侵蚀了其他投资支出，导致经济无法维持以往的快速增长。这就是所谓的过犹不及、物极必反了。

在很多年前的一次调查中，一些人认为美国联邦储备委员会是一个国家公园，而其他人认为它是一个牌子的威士忌。其实，它是管理着货币供给的中央银行。只要经济过冷，美联储就会做两件事：一是降低商业银行向中央银行贷款时的利率，这使银行随之也降低对其客户的贷款利率，人们便可以有能力承担更多贷款购买房屋和汽车，经济就能开始升温。

二是把钱直接输入银行体系，银行因此就有更多的钱可以用于放贷，这样就会使利率降低。在一些特定情况下，政府还可以增加支出来刺激经济，其原理就像你直接在商店里花钱消费一样。

如果经济过热，美联储则可以采取相反的措施：提高利率以及把资金从银行体系内吸走。这会使货币供给紧缩、利率上扬。这时银行贷款的成本对很多消费者而言就会变得非常高昂，他们就会停止买房买车，企业生意下滑，失业人数增加，商家便会想尽办法降价来吸引人气。

当经济冷却到一定程度后，美联储再度介入刺激经济回暖。这样的过程循环往复，华尔街也因此永无宁日。

在过去 55 年里，美国历经了 9 次经济衰退。也就是说，你这一辈子里有机会经历 12 次或更多次经济衰退。每当经济衰退时，记者和电视评论员总是说整个国家正在陷入深渊，投资股市是非常高风险的事。但你要记住，自从大萧条以来我们每一次都能摆脱衰退实现复苏。经济衰退在美国通常会维持长达 11 个月，并造成 162 万人失业。而经济复苏平均长达 50 个月，创造的就业机会达到 924 万个。

任何股市老手都知道，股价会在预期发生经济衰退时下跌，或者因为华尔街担忧通胀走高而下跌，但是无论是对经济衰退还是通胀进行预测都是没有意义的，因为经济气候是无法预测的。你只需相信通胀最终会走低，而衰退总会结束。

交替出现的牛市熊市

在平常的交易日里，很多股票价格上涨而其他股票价格下跌。但是偶尔会出现齐涨齐跌的特殊现象，也就是说上千只股票价格往同一个方向狂飙，就像上千头牛一齐往一个方向狂奔一样。如果股价的这场集体狂奔是向上的，我们就说这是一个"牛市"。

在牛市里，十只股票有时有九只股价会每周创出新高。人们蜂拥进入股市倾其所有购买股票。他们和股票经纪人说话的时间经常比他们与最好的朋友聊天的时间还多，因为没有人愿意错过这样的天赐良机。

只要这场天赐良机还没结束，这个国家数以百万计的股票持有人在每天晚上上床的时候都觉得自己幸福无比。他们洗澡的时候哼着小曲，上班的时候吹着口哨，看到老太太过马路的时候也乐意搀扶一把，当然睡前也绝不会忘记计算自己的投资组合今天又赚了多少钱。

然而牛市不可能永远维持下去，迟早股市的集体狂奔方向总会转为向下。这时股价会下跌，十只股票里有九只会每周创下新低。那些在牛市里急着追涨的人这时会更急着杀跌，其理由是今天卖股票能得到的价格一定比明天高。

当股价从最近的高点下跌 10% 时，这就被称为"调整"。20 世纪里美国股市已有 53 次调整，也可以说是平均每两年就会出现一次调整。当股价下跌 25% 或更多时，我们称为"熊市"。在 20 世纪的 53 次调整中有 15 次最后变成了熊市。平均来看，每 6 年就有一次出现熊市。

没有人知道当初是谁创造了"熊市"这个词。但把熊和赔钱联系在一起，对熊而言是很不公平的。如果不把纽约动物园里的熊计算在内，在华尔街方圆 50 英里⊖以内，你绝对找不到一只熊。而且，熊也不会像熊市里的股价狂跌一样从山顶纵身一跃而下。

所谓的"超级熊市"于 1929 年开始，这个问题我们已经讨论过了。在 1973～1974 年间的"次超级熊市"中，股价平均下跌了 50%。还有一次 1982 年的熊市，再后来就是 1987 年的大崩盘。当时道琼斯指数在短短 4 个月内下跌了近 1 000 点，其中有一天跌了 508 点。然后 1990 年因为萨达姆·侯赛因又有一次熊市，原因是投资者对海湾战争的担忧。但是近期的这些"小熊"比起 1929 年以及 1973 年和 1974 年的大熊来说容易对付得多。

一次长期的熊市，是对每个人耐心的巨大考验，并且足以让最有经验的投资者焦虑不安。因为不管你的选股实际能力多么高超，你持有的股票价格都会下跌。而当你觉得股市已经见底时，股价却还可能继续下跌。如果你投资的是股票型基金，其情况也好不到哪里去，因为股票型基金和它们持有的股票命运是一致的，在熊市里同样会下跌。

如果人们在 1929 年的高点买入股票（幸运的是，那样做的只是一小部分人），则他们必须等 25 年的时间才能解套。想象一下你的资金被套牢

⊖　1 英里 =1.609 344 千米。

达到 1/4 世纪是什么滋味！如果你是在 1973 ～ 1974 年大崩盘前的 1969 年的股市高点买入股票，你要等 12 年才能解套。也许 1929 年那样因为大萧条冲击而迟迟未能好转的严重股灾不会再重演，但是我们无法忽视类似 1973 ～ 1974 年的大崩盘再度发生的可能性，要记住那次熊市长到足以让小孩子从小学读到高中。

投资者无法避免调整和熊市，就像美国北方人无法避免暴风雪一样。在 50 年的时间里，你会遇到 25 次调整，其中有八九次会变成熊市。

如果能够提前得到预警信号，使你在熊市到来前卖掉手上的股票和基金，然后在更便宜的时候重新买入，那当然再好不过。问题在于，没有人有办法正确地预测熊市。人们在这方面预测的成功记录和其预测经济衰退的成功记录相比好不到哪里去。的确有人偶尔能正确地预测到一次熊市的来临而且一夜成名。一个名叫伊莱恩·葛拉瑞利（Elaine Gazelle）的股票分析师就是因为成功预测了 1987 年股市的崩盘而成名。不过，你从来不会听说有人能连续两次正确预测到熊市的降临。你更常听到的是一群所谓的"专家"齐声高呼他们已经看到"熊"来了，但后来却是啥也没发生。

当暴风雪或飓风来袭时，人们都会采取行动来保护自己免于受到伤害。自然而然，我们也会想办法采取行动避免受到熊市的伤害。但是，在股市里像一个童子军那样保持戒备实际上是弊大于利。人们在避开调整的尝试中损失的金钱，往往远远超过所有的调整给他们真正造成的损失。

投资者最大的错误之一，就是在股票和基金里杀进杀出，指望避开调整。还有一种错误就是手上拿着一大笔钱迟迟不入场，而是期待下一个调整来临时来捡便宜货。在试图通过选时来躲开熊市的同时，人们往往也错过了与牛市共舞的机会。

回顾 1954 年以来的标准普尔 500 指数的表现可以发现：如果在股市

出现最大涨幅的几个短暂时刻在场外观望，投资者将付出极大的代价。如果你这 40 年来能够将全部的钱投入股市，你的年平均回报率为 11.5%。但是如果你错过了这 40 年里 40 个涨幅最大的月份，你的年平均回报率就只剩下 2.7%。

我们前面已经解释了这一点，但这一点绝对值得一提再提。这里还有一个统计数据可供参考，假设你的运气很差，自 1970 年以来你都在每年的最高点买入 2 000 美元的股票，则你的年平均回报率仍有 8.5%；如果你完美地实现了选时，每年都在股市的最低点买进，则你的年平均回报率为 10.1%。也就是说，选时最准和最差劲的投资人年均回报率的差距也不过 1.6%。

当然，你很希望自己更走运一些以抓住那多出的 1.6% 的回报率。但事实是，只要你坚持投资股市，即使你选时很差劲也没太大关系。你要做的就是买入好公司的股票并且长期持有。

还有一个对付熊市的简单办法：那就是定期用少量的资金买入股票和股票基金，其周期可以是每个月、每 4 个月或每 6 个月。这样，你就不用再受到所谓牛市熊市争论的困扰。

第 4 章

上市公司的成功秘诀

富人如何脱颖而出

每年《福布斯》都会发布一张全美排名前 400 位的富豪榜单，对于这张富豪榜单，商界认为意义重大，这就好比《体育画报》杂志的泳装评选对于体育界意义非凡。这张富豪榜还颇具可读性，因为它不仅告诉人们这些富人是谁，他们靠什么致富，还能揭示整个国家近期的发展变革趋势。

1982 年，当《福布斯》发布第一张富豪榜的时候，排名第一的是船运大亨唐纳德·路德维希（Donald K. Ludwig），排名第二的是保罗·盖蒂（J.Paul Getty），他获得财富的方式是继承了大笔遗产，这种致富方式非常传统。前十名富豪中有五位都来自亨特（Hunt）家族，他们在得克萨斯凿地挖井，发现了好几口油田，这不由得使我们想起亿万富翁盖蒂说的一句话："要想过得比别人好，就要早起挖石油。"

在这张 20 世纪 80 年代初的富豪榜单中，洛克菲勒家族、杜邦家族、弗里克、惠特尼、梅隆（Mellon）就囊括了 19 世纪发家的所有有钱家族。

"遗产"致富成就了 65 位富豪，除了这 65 个继承人外，还有至少 12 个继承人的子女在家族企业中担任要职：玛氏糖果集团的玛氏后裔、迪士尼后裔，以及来自布施啤酒的布施和强生集团的强生。

1993 年的富豪榜单上的家族遗产继承人就不如 20 世纪 80 年代这么多了，由此我们可以总结出美国财富的以下几个规律：首先，要永葆财富殊为不易，哪怕是亿万富翁。财富从上一代传到下一代，通常就会损失一大笔遗产税，除非财产继承人能够谨慎精明地投资，否则，他们的百万资产流失的速度会和当年祖先赚取这笔财富的速度一样快。

其次，美国是创业的乐土，像微软创始者比尔·盖茨那样有头脑的年轻人可以后来居上，跻身《福布斯》榜单，并领先洛克菲勒、梅隆、盖蒂和卡内基。

在 1993 年的富豪榜单上，排在盖茨前面的是巴菲特，他获得 100 亿元美金的方式就是人们津津乐道的选股（否则你不会一直把这本书读到现在）。巴菲特是历史上第一个通过选股投资从而成为首富的人。

巴菲特的选股策略很简单：没有窍门、不使花招、不炒作市场，只是购买业绩好的公司的股票，并不厌其烦地长期持有。其实，持有这些股票的结果一点也不烦：如果你让巴菲特 40 年前投资 1 万美元，现在已经值 8 000 万美元。这些投资收益大部分来自你耳熟能详且本可以给自己买点儿的企业的股票，如可口可乐、吉列和《华盛顿邮报》。如果你曾经对长期持股是不是一种明智的选择而感到疑惑，那么就看看巴菲特的成功记录吧。

如果把杜邦家族看成一个人，那么，1993 年《福布斯》榜上的 400 个富豪中只有 43 个人通过继承遗产登上富豪榜。我们看到榜单上的昔日大亨的子女逐渐减少，而像贺拉旭·阿尔杰（Horotio Algers）那样的后起之秀则越来越多，他们出身草根，靠着初生牛犊的冲劲、运气和智慧达到财富的巅峰。雷奥娜的丈夫亨利·赫尔姆斯利拥有多家宾馆，他的职业生涯始于地产公司邮件收发室；大卫·格芬（David Geffen）这位音乐界的大亨曾经在威廉－莫里斯公司的邮件收发室工作；麦当劳的创始人雷·克洛克曾经游走各地，销售牛奶机；沃尔玛的创立人山姆·沃尔顿开始只是彭尼公司的实习生；罗斯·佩罗是 IBM 的销售员；优待券之王柯蒂斯·卡尔森（Curtis Leroy Carlson）是一个瑞典裔的杂货店老板的儿子，他靠把送报生意转包给他的兄弟获得的微薄利润、为宝洁售卖肥皂赚来的 110 美元以及 50 美元的贷款创立了金券优惠券公司（Gold Bond Trading Stamp）。

从比尔·盖茨开始，中途辍学创业致富跻身富豪行列的也屡见不鲜。创立微软的神童盖茨离开哈佛大学后研究软件，全球大多数个人电脑都安装着他发明的操作系统。

中途辍学的还有柯克·科克莱恩，他是一个移民到美国的果农的儿子，初中还没有毕业就辍学；拉斯·韦克斯纳是利米特商店（Limited stores）的创立人，他是一个从法学院退学的学生；之前提及的大卫·格芬，只是大学肄业；盖茨的合伙人保罗·艾伦也未念完华盛顿州立大学的学位；特纳广播公司的特德·特纳，从布朗大学退学，之后才返回学校念完了学位；建立甲骨文公司的劳伦斯·埃里森从伊利诺伊大学退学；大卫·霍华德·莫达克（David Howard Murdock）通过房地产和企业收购发迹，是旅游产品推销员的儿子，高中还没毕业；约翰·理查德·辛普劳（John Richard Simplot）是麦当劳薯条所用马铃薯的供应商，8 年级时退学离家，找了份分土豆养猪的工作；哈利·韦恩·休伊曾加（Harry Wayne Huizenga）大专肄业，凭着一辆旧卡车开始了他的垃圾处理业务，31 岁时，建立了全球最大的垃圾处理公司即美国废物管理公司，之后他又将目光投向了达拉斯音像商店，并在它的基础上建立了百事达音像公司。

人们不必仿效这些人放弃学业。他们创业的时候，没有大学学历仍能找到一份体面的工作，但是在今天的社会没有一纸文凭想找工作谈何容易。此外，他们中的每个人在离开学校时都已掌握了创业所需的基本技能，他们退学不是因为好逸恶劳，而是为了创办公司或追求个人的兴趣爱好。

20 世纪 90 年代能够赚到 10 亿美元的方法不胜枚举：经营汽车零部件、水龙头、黄页、咖啡伴侣、塑料杯子、翻新轮胎、从工业废弃物中提炼塑料、卖减肥药、高额汽车保险、免税店、嘉年华邮轮、比萨连锁店（像达美乐比萨和小凯萨比萨）、汽车租赁行。甚至可以做律师，就靠劳其筋骨办理案子也能发家致富。

这些价值上亿的好生意有些是从地下室、车库、小镇店面酝酿产生，而且能在有限的预算内得以实施。电脑业巨头惠普靠戴维 - 帕卡德（David Pachard's）车行的 538 美元起家；沃尔玛是从阿肯色州新港的廉价商品专卖店成长起来的，这家商店后来因租约到期，在本顿维（Bentonville）重新开张；安利公司的创始人理查德·马文·德沃斯（Richard Marvin De Vos）和杰·温安德（Jay Van Andel）在地下室照着从底特律药剂师那里买来的配方研究了一种可被生物分解的肥皂。

只有 31 个富豪从事房地产业，18 个来自石油行业，看来盖蒂的名言已经不像过去那么灵验了。有几个富翁开证券经纪公司和基金公司，还有 30 个左右靠电视、传媒起家，起码有 20 个人从事电子和计算机。

和 1982 年的榜单相比，1993 年的榜单最大的不同在于富豪 400 强的规模。1982 年的时候，1 亿美元就能登上富豪榜，现在 3 亿美元才能够入榜。在富豪榜单上，有 25 个人的资产超过 20 亿美元，而 1982 年只有 5 个人。

也许正如弗·斯科特·菲茨杰拉德曾经说的，富人"有别于你和我"，但是，单从《福布斯》榜上是看不出这种区别的。榜单上有各种各样的富人：高矮胖瘦，好看的或长相欠佳的，智商高的或智商平平的，奢侈的或节省的，吝啬的或大方的。令人惊讶的是，有些人发财以后仍然守着节俭的习惯。拥有沃尔玛的亿万富翁，在 20 世纪 90 年代初去世的时候，他掏出点儿零钱就可以买上一个车队的豪华轿车，但他却宁愿开着一辆破旧的雪佛兰车，方向盘上还是斑斑点点。他本可以搬到巴黎、伦敦、罗马和其他一些描述名流生活方式的影片中常常出现的地方，但他却和妻子住在家乡阿肯色州本顿维两居室的房子里。

沃伦·巴菲特是另一个没有让经济上的成功阻断其与家乡（内布拉斯加州的奥马哈）联系的人。拥有了亿万家财之后，他仍然安居家乡，享受读一本好书、玩一局桥牌的乐趣。戈登·摩尔建立了美国仙童半导体公司，同时也是英特尔公司的创始人之一，他每天开着破旧的皮卡上班。有许许多多这样的故事，关于靠自我奋斗成功的富翁如何低调地生活、避开大众、长时间地工作，即使根本不用抬下手指就可以付清所有的账单。"平静地生活""回避媒体"常常用来形容《福布斯》400 强。

这些人富有了以后，仍继续做着创业时做的事情。这对我们很有启发：去做感兴趣的事情，并且倾其所有地为之付出，钱自然而然就会有了。你终有一天可以每天在游泳池边拿着一杯饮料来享受余生，当然你未必真的会这么做，而是在办公室里忙得不亦乐乎。

可口可乐的成功之道

上帝不会某一天俯视凡间说，"让可口可乐诞生吧。"造物主绝不会做这些，除非你认为上帝在创造约翰·彭伯顿（John Pemberton）博士的时候脑子里就想着可乐。1869 年，彭伯顿从佐治亚州的哥伦布到亚特兰大，做专利药，从而赢得了声望。

那时，我们还不相信广告，食品与药品管理局也没有开始监管人们吃的喝的产品，所以，彭伯顿可以毫无顾忌地把他配置的饮料从家里的澡盆里一勺一勺地灌进瓶子，然后把它当作神奇水来兜售，这也就是所谓的专利药。

彭伯顿的产品线包括印度女皇染发剂（India Queen Hair Dye）、三叶肝片（Triplex Liver Pills），以及由糖、水、古可叶、可乐果、咖啡因等混合而成的糖浆。糖浆的标签上写着：它可以"补脑、治疗各类神经痛"，彭伯顿将它的销售卖点定位在治愈头痛、歇斯底里、忧郁症等，并能让消费者心情愉快。这就是最早的可口可乐。

彭伯顿第一年花了 73.96 美元做广告，但只卖了 50 美元的糖浆，可见消费者并不相信他的话。5 年后，人们还是不相信，彭伯顿也懒得去说服消费者了。所以，他干脆作价 2 300 美元把配方、设备、古可叶、可乐果卖给了一个亚特兰大的药剂师阿萨·坎德勒（Asa Candler）。

坎德勒是一个宗教徒，习惯于说真话，他承诺继续彭伯顿的事业，去除了原配方中的古可叶成分，到了 1905 年，可口可乐已经完全不含可卡因了。事后证明这件事他做对了，否则，人们会因饮用可乐而蹲大牢，因为 1914 年后食用可卡因是非法的。修改后的可乐配方至今仍然存放在佐治亚信托公司的保险箱里，这是 20 世纪保守得最好的秘密。

他还修改了标签，去掉了"补脑"、"治疗各类神经痛"等模棱两可的语言。1916 年他发明了一种曲线瓶，从此之后，世人都能一眼认出可口可乐。

在坎德勒的工厂，可乐果、糖、水、咖啡因和他自创的一些神秘成分被放在一个大壶里煮沸，然后用大木棒搅拌成厚厚的糖浆，然后将糖浆卖到药店，药剂师加入苏打水让它起泡，提供给柜台前的人饮用。一时之间，喝可乐变得十分流行，药店必须雇用帮手来倒糖浆起泡。于是乎，放学后帮助药店搅拌可乐成了全美无数青少年赚取零花钱的途径。

1916年，美国国会立法加收了一项企业税，这使得坎德勒大为恼火，因为他必须为销售可乐带来的利润支付更高的营业税。于是，他以2 500万美元将公司卖给了一个亚特兰大的银行家厄内斯特·伍德罗夫，他的儿子罗伯特也就成为可口可乐的总裁。

伍德罗夫家族不仅收购了可口可乐公司，而且让其公开上市了。1919年，他们发行了100万股股票，每股40美元。那时，由于糖浆的成本一路飙升，人们大都并不看好可乐的股票。愤怒的罐装厂商抗议价格的攀升，威胁要取消与可口可乐公司的合同，导致官司接踵而来，可口可乐的销量也随之下降，企业濒临破产。

多亏了罗伯特·伍德罗夫大力削减开支，可口可乐才逃过一劫，捱过了大萧条时期。在大萧条时期，大多数企业都举步维艰，但对可口可乐来说却是个好光景。因为尽管人们手头拮据，不再买新鞋，购新衣，但他们仍然要买可口可乐。

这对投资者来说提供了一条有益的启示：要像警犬一样敏锐，果敢地抓住机会，除非危险的事实确凿地摆在眼前。尽管1930年美国的经济已经跌到谷底，但是，因为可口可乐保持了较高的盈利水平，所以它的股价从1932年时的20美元逆势上涨到1937年时的160美元。你投资可口可乐股票的资本上涨了8倍，而周围的人则惶惶然仿佛世界末日，真是令人不可思议。

罗伯特·伍德罗夫经营可口可乐长达30年，他为人低调，力图不让自己的名字在媒体上曝光。他只有几栋房产和一个大牧场，由此可见，他在富翁当中算是节省之辈。显然，他从不阅读书籍，很少听音乐，对油画也知之甚少。此外，他只在不得已的时候才举办派对。

可口可乐不仅从经济大萧条的艰难时期获益，还从另一艰难时期第二次世界大战中获益。全世界的人看到美国大兵喝可乐，决定仿效他们的英雄，可见，美国大兵是商业广告史上最有效的免费代言人。

可口可乐直到第二次世界大战后才真正成为跨国企业。它那耀眼的红色广告牌在六大洲的墙上、大楼上随处可见，有的广告牌甚至用来填补一些大楼与大楼之间的空隙。可口可乐成为美国生活方式的象征。美国与苏联各自将导弹瞄准对方，但是苏联却很担心一个小小的饮料会影响其国家安全。即使在法国，也有某些人试图禁止可口可乐。

要从可口可乐这只股票中赚足好处，你要有耐心等上 20 年的时间，一直等到 1958 年股价再一次跳升。1958 年时它价值 5 000 美元，1972 年价值近 100 000 美元。在 14 年间将 5 000 美元资产扩大到 100 000 美元，这种机会少之又少，除非你中彩票或干非法勾当。

在 1972 年的经济危机中，可口可乐和其他股票一样受到重挫，市值迅速下跌了 63%，之后的 3 年都没能恢复过来，直到 1985 年才重拾升势。耐心再一次得到了回报，1984 ～ 1994 年，5 000 美元的可口可乐股票涨到了 50 000 美元。

1930 年百事可乐濒临破产时，可口可乐曾一度可以不费吹灰之力地将它收购。但是，当时可口可乐没有这么做，导致百事可乐在 50 年后卷土重来与可口可乐一争高下。1984 年，百事可乐在美国市场的销量超过了可口可乐，迫使可口可乐总部不得不做出反击。迫于竞争，可口可乐公司发明了健怡可乐，从而改变了软饮料行业，也使人们减少了上百万磅⊖的腰间赘肉。没有百事可乐的竞争压力，可口可乐可能从来不会想到要发明健怡可乐。

⊖　1 磅 =0.453 592 4 千克。

伍德罗夫时代结束于 20 世纪 50 年代中期，他退休后靠捐钱打发时间。他捐款几亿美元给医疗事业、艺术事业和埃默里大学，并捐地建造了亚特兰大的疾病控制防治中心。他向亚特兰大艺术中心联盟捐款，尽管他自己从来不爱去博物馆，听交响乐。他的很多捐款都是不记名的，但是人们还是猜得出来，因为在亚特兰大除了伍德罗夫谁有这样的实力和善心做这些呢？人们开始称他为"匿名先生"。

郭思达（Roberto Goizueta）于 1981 年执掌可口可乐，直到本书写作时仍担任董事长。他和可口可乐的前总裁唐·基奥（Don Keough）是一对绝佳拍档，他们将可口可乐推广到全球 195 个国家，人们像喝水一样喝可乐。在全球水质欠佳的情况下，喝水还不如喝可乐好。

郭思达本身就是一个传奇。他出生于古巴一个富裕的农民家庭，家庭财产在卡斯特罗时期的古巴革命中被没收。他在古巴为可口可乐打工，卡斯特罗上台后，他被调到巴哈马的可口可乐办公室。他从古巴的可口可乐办公室起步，然后调到了亚特兰大总部，一路晋升。

可口可乐在全球流行的程度不可估量，但华尔街过了很久才注意到可口可乐，而且还有一些所谓的"专家"至今仍然视而不见。

比肩可口可乐的优秀公司

箭牌口香糖

1891 年，威廉·瑞格理（William Wrigley Jr.）从美国费城来到芝加哥，在他父亲的肥皂公司做推销员。公司除了生产肥皂，还生产发酵粉，卖发酵粉时另外派送烹饪书作为赠品。很快，发酵粉比香皂更加畅销，他们就当机立断只做发酵粉买卖。

又过了一段时间，他们不送烹饪书，改送口香糖了。这个赠品计划获得了极大成功，他们干脆停止销售发酵粉，做起了口香糖买卖。

1893 年，箭牌生产出了第一种薄荷口香糖。箭牌的境遇与可口可乐相似，上市之初并不畅销。但到 1910 年，箭牌成为美国最受欢迎的品牌。1915 年，箭牌糖果公司为了进一步拉动销售，在美国按着电话簿里的地址给每个人寄了一份免费的口香糖。

金宝汤公司

约翰·多伦斯博士（Dr.John T.Dorrance）热爱化学，他拒绝了四家大学的教授职位，去他叔叔亚瑟·多伦斯（Arthur Dorrance）及其合伙人约瑟夫·坎贝尔（Joseph Campbell）的金宝汤公司打工。在那里，他研究出了浓缩汤的制作流程，并买下了他叔叔的所有股份，成为公司的唯一所有人。这是他叔叔的失策，他没有预见到这个公司的收益会不断增长，1995 年市值达到 114 亿美元。

多伦斯博士业余时间热衷于选股，他听取了经纪人的建议，在 1929 年股市崩盘之前卖掉了所有的股票，这是有史以来股票经纪人给出的最好的建议。

李维斯

李维·施特劳斯（Levi Strauss）从德国的巴伐利亚移民到美国。他用帆布做成裤子卖给 1849 年淘金热时期来到加利福尼亚挖金矿的人，大多数淘金者都两手空空而归，而李维·施特劳斯却靠卖牛仔裤发了财。1873 年，他还为斜纹版牛仔裤申请了专利。

李维斯的公司到 1971 年才公开上市，1985 年他又赎回了所有的股份，李维斯再度成为私人公司。

李维斯牛仔、金宝汤、箭牌口香糖、可口可乐产生于 100 年前，当时人们的生活远远没有现在这么复杂，也没有这么多的律师中途介入。但这并不意味着，你不能在现代社会里白手起家，开创一番事业。本和杰瑞、比尔·盖茨和伯纳德·马库斯就分别成功开办了冰淇淋、软件和硬件商店。

本杰瑞

本·科恩和杰瑞·格林菲尔德在长岛七年级的一节体操课上相识，几年后两人都变成了嬉皮士。本大学退学后，开过出租车，煎过汉堡，拖过地板，看过马场，做过陶瓷。他曾住在阿迪伦达克山区（Adirondacks）的一个小木屋里，那里只有一个火炉，连水管都没有。他蓄了个大胡子，腹部隆起。

杰瑞在俄亥俄州进入欧柏林大学念书，除了修完课程之外，还学会了派对上的小把戏和狂欢节的游戏。他申请医学院被拒，就找了一份把牛心塞到试管里的工作。他比本瘦，看上去很颓废，当时颓废派还没有流行起来。

他们两人在纽约州相遇，经过讨论做出决定：既然无所事事，干脆合伙开个冰淇淋店。杰瑞花了 5 美元参加一门函授课程，学习如何做冰淇淋。1978 年，他们的积蓄有 6 000 美元，又向本的爸爸借了 2 000 美元，将佛蒙特州博林顿的一间废弃加油站整修了一下，墙上刷了油漆，命名为勺子商店（Scoop Shop）。

人们对勺子商店卖的冰淇淋欲罢不能，因为本杰瑞的冰淇淋丰富多脂，含有大块水果、巧克力和其他配料。它是一种高脂、高胆固醇的食物，但是，那个时候人们不太关心胆固醇的高低，所以，他们可以吃很多本杰瑞冰淇淋，却一点也不感到内疚。

没过多久，本杰瑞的冰淇淋越卖越好，加油站已经无法适应生意的发展，于是，他们决定建立一个冰淇淋工厂。他们当时本来可以得到风险投资家的帮助，但是他们还是选择了直接上市。1984 年，他们以每股 10.5美元的价格募集了 73 500 股，共计 75 万美元。这对于大公司来说只是一笔小钱，但已经足够他俩兴建冰淇淋工厂了。

为了保持公司的本土化，他们制定了一条招股规则：只有佛蒙特州人才能购买原始股。因为佛蒙特州并不富裕，有不少投资者至多只能买得起一股。10 年后，股票的价格是原来的 10 倍。

本杰瑞是有史以来最有趣的上市公司之一。老板们整天穿着体恤上班，从不穿西装（其实他们也根本没有西装）。他们以感恩而死乐队（Grateful Dead）的领唱盖瑞·戴德（Garry Dead）的名字命名了一种樱桃冰淇淋，即樱桃加西亚（Cherry Gareia）。在公司年会上，本曾躺在地上，肚子上放一块砖，让杰瑞抡起大锤把砖劈开。

你甚至无法看出公司高管和打扫卫生的阿姨之间的区别。公司停车场里都是大众车。按一般的标准衡量，他们的高管薪水很低（他们的理念认为：每个人都可以挣钱，但不应该挣得太多）。由于薪酬差别较小，管理层和工人们相处得更为融洽，周末晚会上的派对气氛也很热烈。

本和杰瑞在工厂里播放摇滚乐以激发员工的工作热情，夏天他们甚至在博林顿的户外播放电影。他们从当地的奶农那里收购鲜奶，从而振兴了整个佛蒙特州的乳品业。他们甚至为了帮助奶农，有意高价收购他们的牛奶。他们还把每年利润的 7.5% 直接捐给慈善机构。

这样的故事只可能发生在美国：两个嬉皮士从 5 美元的函授课程开始，一跃成为全美第三大冰淇淋供应商。20 世纪 90 年代初，公司遇到了"中年危机"：人们开始发现胆固醇的存在，并停止食用本杰瑞闻名于世的高脂冰淇淋。

不过，公司也在与时俱进，20世纪90年代中期引进了酸奶和低脂的生产线，用以替代原先颇受顾客青睐的高脂冰淇淋。

1994年，本辞去了首席执行官一职，虽然他看上去从来也不像一个首席执行官，而更像一个冰淇淋品尝专家。公司为了寻找接班人举办了一场竞聘，要想赢得这一职位，竞聘者必须在简历后附上一些别出心裁的东西，比如，最终获得这个职位的人就特别附上了一首诗。

微软

比尔·盖茨生于1955年，祖父是威廉·亨利·盖茨。他在华盛顿的贝尔维尤郊外长大，在附近的湖滨中学念书。湖滨中学有个电脑实验室，这在20世纪60年代是很稀罕的，盖茨则充分利用了这个教室。

盖茨迷上了电脑，不分昼夜地和长他几岁的小伙伴保罗·艾伦泡在电脑室里。他沉溺于电脑中不能自拔，他的父母不得不立下一条禁令：让他暂时离开电脑。盖茨迫不得已地答应了，但这种阻隔反而加深了他对电脑的迷恋。

没过多久，盖茨和艾伦旧病复发，用最早的硬件和现有的软件做测试。但是，由于没有什么操作手册或"傻瓜学DOS"之类的书，盖茨和艾伦自创发明了DOS操作系统。与此同时，软件业的先锋人物——乔布斯和沃兹尼亚克也正在数百公里之遥的南部研发苹果机。

科学家和工程师在装备精良的实验室里做出的成就还不及这两个年纪轻轻、身穿牛仔和体恤的"黑客"。盖茨和艾伦念完中学之前，已经堪称电脑编程这一新兴领域的专家了。

随后，盖茨考入哈佛大学深造，他想成为一名律师，而艾伦则在新墨西哥州的一家叫"MITS"的小型电脑公司找了一份工作。盖茨整日来往于教室、扑克台、电脑室之间，很快就厌倦了大学生活。终于有一天他无法忍受这样的生活，退学去找他在新墨西哥州的老朋友。那时他俩已经研究出了一种计算机语言，名叫 BASIC。

MITS 雇艾伦为英特尔公司的一款电脑芯片设计一种 BASIC 版本。但是 BASIC 反响热烈，几家电脑厂商都想用它来做电脑的操作系统。这就引发了官司：BASIC 归谁所有，是归盖茨、艾伦还是归 MITS 公司所有？法院站在了开发者一边，因为盖茨和艾伦早在加入 MITS 之前就开发出了 BASIC。法院的宣判使他们可以自由销售自己开发的电脑语言，而利润则收归己有。

早在离开 MITS 之前，盖茨就开办了自己的公司"微软"。官司结束后，他将全部精力都投入到微软上。那时，微软公司很不正规，非常松散，员工们没日没夜地工作。办公室里，电脑摆得七零八落的，但书籍则被小心翼翼地摆放着。来访者不禁看着老板的办公室问："那个坐在盖茨先生位子上的孩子是谁？"其实，那个孩子就是盖茨本人，他当时 25 岁，人看上去比实际年龄更小。

往后，微软的好消息接二连三。1980 年，这个小公司与电脑巨头 IBM 并驾齐驱地坐在谈判桌前。IBM 开发了一条新的个人电脑生产线，需要一个与之相匹配的软件系统。盖茨参加了那次谈判，他的表现给 IBM 的管理层留下了深刻的印象，得到了一个永久的合同。按照与 IBM 的合同，盖茨和他的团队没日没夜地秘密工作，设计出了 MS-DOS 系统。

人们没能开发出一种世界通用的语言，但是微软却向这个理想迈进了一步，20 世纪 90 年代中期，全世界 75% 的个人电脑使用的都是 MS-DOS 系统。

如果 IBM 当年更聪明一些，它就应该索要 MS-DOS 的部分版权，这样它的股票价格会高出很多。然而事实是，IBM 让微软仍然拥有所有的版权，从而成就了微软日后成为资产超过亿元并且拥有全部版权的公司。这个故事的教训就是：如果你要让一个人发财，就要想方设法分得一杯羹。

家得宝

家得宝的发端源于三个被便利车建材中心（Handy Dan Home Center）解雇的年轻人。他们坚信自己可以比解雇他们的人干得更好，于是决定开办自己的建材商场。后来，便利车退出了历史舞台，而家得宝的分店则遍地开花。

做出创业决定，这只是家得宝创始人迈出的第一步。接着，他们说服了一个风险投资集团投资，在亚特兰大建造了第一个超级家具建材商店。可惜，建材商店的盛大开张却以失败告终。开业当天的广告上写着：每光顾一次都能拿到 1 美元。但一天结束时顾客还是寥寥无几，一叠厚厚的美元依然无人问津。看来，即使你出钱，人们也不想到家得宝建材商店。

可是，没过多久，家得宝就开始顾客盈门了，吸引他们的是种类繁多的商品、低廉的价格和训练有素的员工（从地板到照明的一切问题，店员都能解答）。这家店获得了空前的成功，即使在经济大萧条、多数的零售商都受到了冲击的时候，销售依然旺盛。当美国彭尼公司因经济不景气退出了四家亚特兰大附近的购物中心的时候，家得宝租下了它留下的场地，又开了四家店。

他们一旦看到成功，就计划着大规模地扩张。为此，他们去股市筹措资金，于 1981 年公开发行了自己的股票，发行价格为每股 12 美元。1995年时，这些股票（复权后）每股价值飙升至 3 308 美元。

到 1984 年，家得宝已有 19 家门店。但 1985 年，公司遭受了挫折，利润开始下滑。当年，家得宝犯了扩张过快的错误，这也是大多数公司都容易犯的错误。1986 年，公司不得不卖出更多留存的股票，得来的收益用于归还负债。最后，家得宝从困境中挺了过来，三年后，家得宝成为全美最大的家居零售连锁商店，1995 年，家得宝拥有 365 家分店，销售量达 140 亿美元。

美国神话还在延续

尽管人们常说美国已经衰退，失去了昔日的国际地位，但是，事实上我们在创新方面仍然引领潮流。我们在音乐、电视、电影领域堪称世界一流，我们在森林产品、纸制品、铝制品和化学产品领域成本甚低，华尔街在资本市场的地位仍然不可动摇，银行体系也重振了往日的雄风，而日本银行则深陷困境。

无论人们相信与否，美国的铁路系统在运输货物方面还是无人能比、令人羡慕，其他国家都在研究我们的成功之道。不过，我们的客运系统还有待改进。

美国在移动电话、电子测试、医药、电信和农业设备上都领先全球，我们在遗传工程、半导体、医药研发领域也表现出色。我们的出口市场在经历了几年的衰退后开始复苏，这就说明消费者正越来越多地购买我们生产的东西。

美国将钢铁出口到首尔，晶体管出口到东京，汽车出口到科隆，氨纶材料出口到锡耶纳，自行车配件出口到孟买。全球六大洲的男士都用吉利刮胡刀，天空飞翔的是波音的飞机。日本应该是电子产品（存储芯片、电视机、传真机等）的故乡，但日本的创新远远不及英特尔、美光科技

（Micron Technology）、微软和康柏这样的美国企业。

美国的个人电脑世界第一，在软件、空间站、激光打印机、电脑网络和微处理器领域也是行业领导者。

美国许多的创新来自小企业，而且美国的小企业也是世界一流的。我们已经看到微软和苹果的年轻人如何改变了电脑业，20 年后，软件业又涌现出一批创造奇迹的年轻人。

在此期间，美国的报纸杂志经常指责美国人肥胖、懒惰、薪水过高。那是因为我们实行新闻自由，而媒体又常常只反映阴暗面，鲜有正面报道，原因在于负面报道总是比较吸引眼球。

所以，美国人常常听说：日本人比我们勤劳，德国人比我们工作认真，而美国人只知道坐在沙发上切换电视频道，或在学校里吊儿郎当地投掷飞盘（这也是美国的一项伟大发明），似乎其他国家已经超越了美国。

世界末日论者认为，美国不可避免地将成为一个游手好闲的懒汉的乐土，将来会堕落到只会做鸡尾酒会上的小纸伞。

最显而易见的是汽车行业遭遇的困境。20 世纪 60 年代之前，我们在汽车制造领域就像在战场和维和领域一样，都处于世界最高的水平，那时，底特律就是汽车爱好者的圣地麦加。但在 60 年代以后，美国的汽车业就开始江河日下。工人们通过工会的力量，争取到越来越高的工资。而与此同时，日本和德国却以外观漂亮、制造精良、价格低廉的汽车向底特律的霸主地位发出挑战。成千上万的美国消费者更喜欢这些进口的车型，而不是设计乏味、制造粗糙、价格高昂的美国车。

记者和学者在他们的文章和书中写道："美国汽车业的衰退是美国生活方式落寞的一个征兆。"这些书中最有影响力的要数大卫·哈伯斯塔姆（David Halberstam）的《罪孽的代价》（*The Reckoning*）。

如果你看了哈伯斯塔姆的书，可能会为福特、通用、克莱斯勒公司的未来，为美国的未来忧心忡忡。但是，就在这本书出版的那一年，也就是1986 年，却正是克莱斯勒从破产边缘起死回生，福特在业界开始强力反弹的时候，而尼桑和其他日产汽车制造商却业绩下滑。可见，昔日的失败者又开始重振雄风。

那些认真研究、专注到这种转变的投资者，在福特、克莱斯勒、通用汽车的股票上大赚了一笔。如果他们适时买入，那么他们购买的克莱斯勒公司的股票已经涨了 15 倍，福特涨了 10 倍，通用涨了 5 倍。

这种转变绝非在 1 年内或 5 年内完成的，而是一个漫长的过程。就像底特律用了许多年的时间才失去了霸主地位，它的振兴同样需要许多年。这种振兴令许多人大为吃惊，因为他们听到的不是真实的情况。我们听到的关于汽车业被日本主导的新闻是过时的。发明小货车的不是日本人，而是克莱斯勒。生产新一代时尚、低价车型的不是日本制造商，而是福特、克莱斯勒和通用。重新设计吉普车的不是尼桑，而是克莱斯勒。在欧洲最畅销的车型不是丰田，而是福特嘉年华（Ford Fiesta）。

20 世纪 90 年代中期，日本车渐渐失去了在美国的市场，而美国汽车企业赢回了市场份额。

美国企业重整其工厂，使之更为高效。美国工人的工资下降，生产成本也随之下降，企业可以以更低的价格销售产品，与国外竞争者一争高下。

20 世纪七八十年代，美国人自我感觉很差，但到了 90 年代，美国劳动力已经成为世界上最高效的。美国的每个产业工人每年生产价值 49 600美元的产品，比德国人平均多 5 000 美元，超过日本人 10 000 美元。德国工人一年休带薪假 5 个星期，美国工人比一般的德国工人工作的时间更长，休假的时间更短。

这也不等于说美国人没有问题。比如，经济增长速度在放缓，最低工资不能说没涨，只是增长幅度很小。此外，美国的内陆城市犯罪率、失业率居高不下，还有近一半的孩子没有念完高中，没有学历，他们不可能争取到 IT 和高科技公司里的职位。

和这些问题同样糟糕的是，美国人普遍弥漫着和 20 世纪 40 年代相同的悲观主义。那时，战争刚结束，一两千万人失去了他们在军事、国防领域的工作，当时美国人也曾感到悲观。超过 1/3 的人需要另谋职业，这种危机的规模远远超过我们今天面临的任何一次裁员。然而，时下的报纸头版却让人们觉得美国现在的处境比第二次世界大战后那段时间还糟糕。

其实，20 世纪 50 年代经济本来不错，尤其对股市来说，其繁荣程度仅次于 20 世纪 80 年代。所以，人们对未来的悲观和低预期都是多余的，就像他们在 90 年代初的错误预计一样。

TOP25 企业英雄

念书的时候，我们争论哈姆雷特到底是英雄还是懦夫，李尔王是愚蠢的还是其贪婪女儿的受害者，拿破仑是伟大的将军还是掠夺土地的暴君。但我们从来不用争论山姆·沃尔顿是恶棍还是英雄，他靠经营沃尔玛发家：这是好事还是坏事？迪士尼的迈克尔·艾斯纳呢？他是暴发户还是企业的救星。

橄榄球明星乔伊·蒙塔纳是一个名人，他对社会的贡献几乎被人们神化了。毫无疑问，他对社会确有贡献，但是，如果和山姆·沃尔顿或李·艾柯卡相比呢？谁创造了更多的就业机会？

艾柯卡不会像乔伊·蒙塔纳般地在球赛第四节落后的情况下反败为胜，但却让克莱斯勒在 1981 ～ 1982 年那几个艰难的季度里起死回生。这是惊心动魄的一幕，如果艾柯卡失败了，后果将不堪设想。

不仅克莱斯勒的 115 948 个员工要失业，而且那些与汽车制造相关的产业如轮胎、铝、钢、汽车玻璃、座椅皮革业等的供应商也将随着克莱斯勒的倒闭裁减员工。艾柯卡拯救的不仅是克莱斯勒 11 万多个工作岗位，而是超过 30 万个工作岗位。而乔·蒙塔纳拯救了几个工作岗位呢？

蒙塔纳让球迷蜂拥进入球场观看比赛，间接地繁荣了票贩子和卖热狗的小贩的生意，这当然没什么不好。但是，艾柯卡拯救的不仅是热狗的品种，而是每小时 20 美元的技术岗位。30 多万个员工都应该感谢艾柯卡，是他让这些员工可以度假、买第二套房、送孩子上大学。

通用电气的总裁杰克·韦尔奇是不是比艾尔顿·约翰更重要呢？罗伊·瓦格洛斯（Roy Vagelos）在执掌默克公司时，开发了多种抗病的创新药，他是不是比朱迪·福斯特、戴安娜王妃、奥尼尔（篮球明星）更重要呢？如果由一般人来投票，大家可能会选择韦尔奇和瓦格洛斯；但实际上唐恩都乐（Dunkin Donut）甜甜圈广告中的面包师，可能比上面提到的大部分人还要出名。

在商业上，我们通常将两种人称为企业英雄，一种是创立公司的人，另一种是经营公司的人。这些 20 世纪 90 年代"看不见的手"会使亚当·斯密都刮目相看，这些分布在各个国家的企业家正在全球范围内履行着资本家的使命。

只可惜上市公司的企业英雄名单中女性和少数族裔人士很少，只有盖璞服饰的创始人之一的多丽丝·费雪是女性，希望未来更多的女性及少数族裔人士有机会经营上市公司。

或许在读完此书后（这是一项家庭作业），林奇的三个女儿玛丽、安妮、贝丝以及罗斯柴尔德的两个女儿白纳斯和沙斯采会受到鼓舞，立志成为女企业家。

美国的企业家不是一群只想着乘坐里尔喷气式飞机（Learjets）到全球各地高尔夫球场去打球的守财奴。弗雷德·史密斯不是因为想赚钱才创立联邦快递（Federal Express，或称 FedEx），当时的史密斯已经相当富有了，他只是想挑战自我，建立一个比邮局更好的邮递系统。他的成功使得邮局也不得不迎头赶上，现在不论下雨、下雪，还是下冰雹，美国境内的邮件都能隔夜送达。

人们看到这些企业家迅速致富，就将他们与抢银行的恶棍、骗子混为一谈，认为这些企业家自己给自己支付 1 000 万美元的薪水，然后扬长而去。其实，这些钱并不是来自他们的现金薪水，这一点常常被批评者所忽略。

其实，他们的财富大多数来自于所拥有的公司股票。通常你在公司的职位越高，越有可能拿到公司股票而不是现金，公司会分配给高管"股票期权"，也就是未来某时间以特定的股价买进股票的权利。

但是，只有在公司盈利、股票上涨时，公司高管才能从中获益。如果公司不赚钱且股价下跌，那么，这些人只能眼睁睁地看着自己的财富流失，还不如领点现金薪水划算。

利用股票期权激励管理者，使得公司的管理层与股东利益攸关。当股票上涨，管理者受益时，其他投资者也同样从自己购买的股票中获益，这就形成了双赢的局面。

所以，不要眼红迈克尔·艾斯纳从自己的迪士尼股票中赚进 5 000 万美元，反而应该为之欢呼，因为迪士尼在他的领导下兴盛起来，进而带动了股价上涨（10 年内增长了 11 倍），大大小小的投资者都从中获益。

我们敢打赌艾斯纳先生这么做并不完全为了钱，试想一下，他们这样的高层管理者，原本就已经很富有了，为什么还要每天勤奋地工作呢？他是在享受超越竞争对手的满足感，做生意需要精明、力量和机智。董事会和高级管理者的工作绝不像生产线那么乏味。

弗雷德·史密斯创造了就业，而且给了传统邮局一记教训。在这个章节中谈到的商业英雄全都创造了就业机会，但我们却不常听到这样的宣传，我们听到的更多是失业的消息。

单看近几年的新闻报道，你大概会认为工作岗位已经所剩无几，因为每次翻开报纸都会看到大公司裁员的报道。新闻记者不用去深入挖掘这类题材，因为裁员的新闻比比皆是。全美 500 强的企业在 20 世纪 80 年代裁员 300 万，90 年代的裁员幅度也与此不相上下。

对被裁员的个人而言，失业是痛苦的，但这并不会蔓延成全美性的危机，以宏观的角度来看，这种裁员反倒是积极的。其实，企业并不是欢天喜地将员工扫地出门的吝啬鬼，相反，企业一般多采用渐进的方式裁员，即将退休的员工一般不会被辞退。裁员的目的在于：使公司更具竞争力，赢得未来的竞争。

我们可以想象，如果这 500 家大企业在 20 世纪 80 年代没有裁员 300 万，会是什么样的情形：逐渐膨胀的工资支出将毁了这些公司，它们将无法和更有效率的对手竞争，因为对手可以用较低的成本把它们逐出市场。由此可见，为保留这 300 万人就业，可能要有 1 000 万或 1 500 万人失去工作岗位，国家也可能因此进入另一次经济大萧条。

本章附表即将列出的 25 个企业可以分成三大类型：公司维持数十年的增长（如麦当劳、箭牌、雷神等）；公司曾经面临衰退，后经某位英雄妙手回春，重整旗鼓；公司历史悠久，业绩平平，当人们认为其风光不再的时候，它却柳暗花明迎来第二次繁荣。

克莱斯勒属于重整旗鼓的企业，高露洁、联盟信号（Allied Signal）、卡特彼勒（Caterpillar）、房利美公司及花旗银行等，也都是这方面的代表性企业。在这些峰回路转的企业案例中，可口可乐、吉列、摩托罗拉、默克表现更为突出，它们经营业绩骄人，一直保持高增长率。

在房利美的成功故事中，有两个英雄人物—大卫·麦斯威尔和吉姆·约翰逊。房利美全名为联邦国民抵押贷款协会（Federal National Mortgage Association），是美国国内承揽房屋贷款最大的公司，在大卫·麦斯威尔加入之前，公司的经营极不稳定，常常前一年赚钱，隔年又亏钱，徘徊在破产边缘。麦斯威尔将公司重新整顿后，公司每年稳定地盈利。

约翰逊于1991年接管房利美公司，在其经营下，公司的收益增长一倍，增长更具可持续性。公司的业务直接或间接地影响着数百万户美国家庭，但是它只有3 000名员工，以公司的规模而言，人力可说是相当精简。

许多人的工作都取决于房利美是否有能力提供贷款，如果该公司经营不善或出现问题，将导致新房市场及二手房市场的崩盘，相关的建设公司、地毯业、不动产中介、保险经纪人、银行、日用品商店、五金行、家具店等行业，都将因此受到影响。

惠普从前是一家制造电子工业测试设备的老公司。在随后的附表中你可以看到，在1975年时，惠普的营业额为9.81亿美元，20年后，营业额已接近300亿美元。目前，测试设备部门的营业额仅占公司营业额的11%，其他78%的营业额来自打印机及电脑。15年前，惠普从未生产打印机，但现在已蜕变为业界巨人，每年卖出价值90亿～100亿美元的打印机及相关产品。高品质的打印机树立了惠普的品牌，也带动了其电脑的销售。1995年，惠普已名列全世界第六大个人电脑厂商。

惠普公司的经营规模1975年不及IBM的1/15，1995年其规模成长为 IBM 的一半，这种成长和兴盛都源于鼓励员工发明新产品与发展新构想，而推行鼓励这种创新的人则是公司总裁约翰·扬。

这些促使公司更具竞争力的举措，可以追溯到 1982 年。当时美国遭遇第二次世界大战后最不景气的阶段，汽车工业前景一片黯淡，失业率居高不下，所有的美国人都可以感受到国势欲振乏力。

在这种危机下，企业界领袖们做了一个重要决定，他们决定改变传统的经营方式。在 1982 年以前，他们受制于每次经济周期的影响，在经济繁荣期就增加人力，当景气衰退时就开始裁员。现在，当生意不好时，公司首先考虑减少加班时数，并让老员工先行退休。

自从 1982 年以来，所有企业都追求提高效率，在华尔街这些行动被称为 "企业重整"（restructuring）、"组织重构"（rightsizing）、"缩减规模"（downsizing）或 "组织瘦身"（getting leaner and meaner），无论人们如何称呼这些措施，它们的主要目的都在于降低成本、提高生产力，不只是为了躲过萧条期，更要创造更多收益以及提升竞争性。

以强生公司为例，它拥有 30 年持续不断增加盈利的纪录，在旧的体系下，公司根本不会考虑组织重构的需要；但在新系统下，像强生这样健全的公司，也意识到必须不断发展新产品，以保持竞争优势。

现在我们知道为什么公司在过去 15 年间利润有了大幅提高，从而造成了股价不断创历史新高。目前美国已比 1982 年时更加富有与繁荣，其中部分归功于企业改变了经营方式，包括裁员以使公司更具竞争性的做法，但是没有人注意到这些变化，他们仍然一味认为许多企业领导人还只顾着打高尔夫球。

企业不再能长久地依恋眼前盛况，也许今年很赚钱，但它们已经开始担忧 10 年后公司的轮廓，它们不会重蹈泛美、东方、博瑞奈福等航空公司的覆辙，这些公司因缺乏竞争力而结束营业，导致数十万人直接或间接地失业。

使公司更具竞争力不是只解聘几位员工或关掉几盏灯以节省开支那么简单。举例来说，假如某公司投资1亿美元增设新厂，那原班人马可以增加15%的产能。

这额外15%的产能可以使许多人受惠，公司可以提高员工薪资5%，使他们工作起来更愉快；可以降低5%售价使顾客更满意；也可以增加利润，使股东更欢喜。当然，这15%可以用不同的形式来分配，但重点是竞争力更强的公司将在多方面受惠。

还有另一个增加生产力的方法：减少出错，制造更好的产品。减少出错意指减少客户抱怨、减少打电话向客户道歉的次数、减少退货、减少需要修理的瑕疵品等。若公司能将失误率由5%降至0.5%，那么将省下大量用于解决问题和安抚客户的时间与金钱。

在后面，你可以看到一张将小企业做大做强的商业伟人的列表，这是上述就业问题的另一面。如前所述，20世纪80年代有300万人被大公司解雇，90年代的情况也差不多，但也许你不知道，80年代的中小企业实际上创造了2 100万个工作岗位，那是因为这方面的报道实属罕见。

没有人统计过这些新兴的小企业究竟创造了多少岗位，但我们知道20世纪80年代成立了210万家公司。有些规模较大，有些成功了，有些失败了。如果我们假设平均每个小企业雇10个人，那就是2 100万个新的岗位，这一数字比媒体上宣传的大规模裁员多了7倍。

在这210万家新兴企业中，有一些成功的公司逐渐成为上市公司，其中25家最成功的公司名列企业英雄榜，它们能在短期内达到这种成就，实在令人叹为观止。在1985年时，这25家公司营业额总共是3 080万美元，还不到埃克森石油公司的一半，IBM 公司当时所赚的钱是 25 家公司总获利的 4 倍。

当时，这 25 家公司新增了 358 000 个工作机会，这些大企业总共提供的工作机会已超过 260 万个。不过，看看 10 年后发生了什么事：当表中的大公司在此期间裁掉约 42 万位员工时，一些小公司却日益羽翼丰满壮大起来，在 1995 年这些小公司总营业额达到 2 250 亿美元，而且雇用了约 140 万个员工，足足新增了 100 万个就业机会。

1975 年时迪士尼只是一个小公司，今天却成为这么大的一家公司。沃尔特·迪士尼是迪士尼成功故事中的超级英雄，迈克尔·艾斯纳（Michael Eisner）则是另一功臣，是艾斯纳点醒了曾在瞌睡中的迪士尼巨龙。以往迪士尼曾将一些经典动画片重新推出，但艾斯纳加入后，公司不再沿袭老路。在他的领导下，推出了《狮子王》《阿拉丁》和《美女与野兽》等作品，使迪士尼再度成为卡通电影的主要生产者，同时又为主题公园注入了新活力，并开办了新的主题公园。另外其出版的音乐原声带也和电影一样流行，并且在全世界的商店推广迪士尼纪念品。

1985 年，玩具反斗城还是一家中型企业，但今天其营业额已超过吉利及高露洁，员工人数比固特异轮胎公司还多出 2 万名；而 1985 年时，沃尔玛超市只是小型企业中最大的，但到了 1995 年，除了埃克森石油外，它比我们所列的所有大企业还要大。安进公司在 1975 年时根本还未成立，1985 年时员工人数还不到 200，今天它却每年生产 20 亿美元的药品，这些重要的药品不仅帮助了全世界的病人，而且使安进在 1995 年的收益超过 3 亿美元，其企业英雄为乔治·罗斯曼斯（George B. Rothmans）及高登·宾德尔（Gordon Binder）。

接下来要谈的是罗斯·佩洛特所创立的电子数据系统公司（Electronic

Data System，EDS），此公司后来在 1984 年被通用买走。佩洛特原为
IBM 工作，他曾试着建议 IBM 替其他公司解决资讯处理问题，但 IBM 并
不感兴趣，所以他离开 IBM 而自创 EDS 公司。1975 年 EDS 拥有 1 亿美
元的营业额，1985 年跃升为 34 亿美元，1995 年达到了 100 亿美元。佩
洛特于 1986 年离开 EDS，但公司仍然快速增长，看来通用的收购真是物
超所值。

由此可见，企业英雄对企业的发展至关重要。至少已有 20 年 IBM 未
曾出现这种英雄般的领导者，这家独一无二的大公司已经沦落为跛脚鸭：在
信息服务领域输给了佩洛特的 EDS，软件业务上输给微软，微处理器输给
英特尔，让出个人电脑销售第一的位子给康柏，很大部分的大型电脑集成
块的市场输给 EMC。以上所提到的与 IBM 竞争成功的五家公司都列在我
们由弱变强企业的榜单上。

TOP25 上市公司的企业英雄杰出贡献榜单

公司名称	企业英雄	重要贡献
联合信号公司	拉里·博西迪，董事长兼首席执行官	峰回路转。博西迪剥除了亏本的业务，强化了盈利产品，从而使利润增长了两倍多
美国运通公司	哈维·戈卢布，董事长兼首席执行官 杰弗里·斯蒂夫勒，总裁（至 1995 年） 肯尼斯·切诺特，乔治·法尔，副董事长	峰回路转。在戈卢布的带领下，这个团队致力于内部优化、降低成本，卖掉了希尔斯－雷曼，恢复了银行卡业务的增长。加强 IDS 和其他金融服务，成为旅行社业务的领跑者
波音	弗兰克·施龙兹，董事长兼首席执行官 菲利普·康迪特，总裁	峰回路转。革新企业文化，提高管理效率，坚定了股东对公司发展的信心。提倡团队合作式的领导风格。开发了波音 777
卡特彼勒	唐纳得·费德斯，董事长兼首席执行官	峰回路转。实施了为期 6 年的全球工厂现代化计划，成为世界公认的公司，扩大了全球市场份额占比，缩短了新品上市的时间
克莱斯勒	李·艾柯卡，董事长兼首席执行官 （1978～1992） 罗伯特·伊顿，董事长兼首席执行官 （1993 年起至今）	两次峰回路转。重整企业，凝聚人心，将公司从破产边缘起死回生。通过零件外包降低了成本，投放厢式车（Minivan），收购 AMC 以获得吉普

（续）

公 司 名 称	企 业 英 雄	重 要 贡 献
花旗集团	约翰·里德，董事长	尽管遇到经营困难，公司仍然大力开展国内消费金融。解决了房地产问题。降低了成本，改善了服务。在其他银行都已放弃海外市场的情况下，坚守国际市场
可口可乐	郭思达，董事长兼首席执行官 唐纳德·基奥，退休的总裁兼首席运营官	提高增长率。调动全球 190 多个国家的罐装厂商的积极性。基奥协助郭思达确立发展战略，实施全球计划
高露洁	鲁本·马克，董事长兼首席执行官	峰回路转。通过以下方式增加市场份额：整合工厂、降低成本、重点拓展公司具有支配力的海外市场
迪尔公司	罗伯特·汉森，董事长	峰回路转。改进了农场器械产品，提升了非农业业务的增长
艾默生电气	查尔斯·奈特，董事长兼首席执行官	几十年来，盈利持续增长。执行一套严格的销售及利益计划体系
埃克森	劳伦斯·罗尔（Lawrence G. Rawl），董事长（1987～1993） 李·雷蒙德（Lee R. Raymond），董事长兼首席执行官（1993～）	峰回路转。持续关注成本，削减或去除非主营业务，高瞻远瞩地抓住全球的发展机遇来扩展业务
房利美	大卫·麦斯威尔，首席执行官（1981～1991） 詹姆斯·约翰逊，董事长兼首席执行官（1991～）	峰回路转。创新地解决问题，消除官僚文化。约翰逊整合了财务实力，为低收入、少数、弱势群体提供福利。加强技术变革。与国会合作推动变革
通用电气	杰克·韦尔奇，董事长兼首席执行官	保持持续增长，这对于一个大公司来说非同小可。鼓励创新性地冒风险，提高了很多陈旧的、低效的业务的生产力，剥除绩效不佳的业务，实施了大规模的兼并
吉列	科尔曼·莫科勒（已故），董事长兼首席执行官（1975～1991） 阿尔弗雷德·泽恩，董事长兼首席执行官（1991）	提高增长率。将公司重新定位，回归基础业务，削减成本，公司凭借创新击退了其他企业收购企图。因为公司拒绝收购，赢回了股权，股东因此获得了 10 倍的收益。泽恩强调快速发长，推动了区域市场的扩张，加大了新品研发力度
固特异	斯坦利·高尔特，董事长兼首席执行官	峰回路转。减少了债务，控制了成本，引入全球产品采购，创立新的分销渠道

（续）

公司名称	企业英雄	重要贡献
惠普	戴维·帕卡德和威廉·休利特（William R. Hewlett），创始人 约翰·扬，总裁兼首席执行官（1977～1992） 刘易斯·普莱特，总裁、董事长兼首席执行官 理查德·哈克伯恩，执行副总裁	提高增长率。休利特和帕卡德将公司文化定义为团队合作、目标管理、建立共识。引入新的业务，包括打印机、电脑及相关产品，而原先的业务占销售比例不到20%
IBM	托马斯·沃森，前董事长兼首席执行官（已故） 郭士纳，董事长兼首席执行官（1993～）	峰回路转。沃森以整个公司为赌注投资了360系统。信息需求不断增长，公司成为第一个允许用户升级电脑的企业。郭士纳是第一位来自其他公司的最高管理层，将IBM重整为一个以市场为导向、拥有价格优势的企业
美国古尔兹制泵公司（ITT）	兰德·阿拉斯库格，总裁、董事长兼首席执行官（1971～）	峰回路转。出售亏本资产，削减成本，将公司分成三个部分从而实现了各自的价值
强生公司	詹姆斯·伯克，董事长兼首席执行官（1976～1989） 拉尔夫·拉森，董事长兼首席执行官（1989～）	提高增长率。愿意投入医疗研发，协调运营成本，在不影响开拓性的前提下整合了原先各自为政的业务
麦当劳	雷·克洛克（已故），创始人 詹姆斯·坎塔卢波，麦当劳国际总裁兼首席执行官	保持持续增长。克洛克负责公司早期的国内市场拓展，实施了连锁经营战略，并开始关注全球市场。坎塔卢波加速了全球发展的步伐
默克集团	罗伊·瓦格洛斯，医学博士，董事长、总裁兼首席执行官（1986～1994）	提高增长率。鼓励科研，并研发出几款畅销药
摩托罗拉	罗伯特·加尔文，1940年加入公司。1956年成为总裁。1990年起任管理委员会主席 乔治·费雪，总裁兼首席执行官（1988～1990）；董事长兼首席执行官（1990～1993） 盖瑞·吐克，副董事长兼首席执行官（1993～） 克里斯托弗·加尔文，总裁兼首席运营官（1993～）	保持持续增长。加尔文的父亲于1928年成立了公司，形成了家族文化。罗伯特·加尔文引领了半导体产业，发展了无线、移动通信。费雪击败了日本竞争对手，并进入了日本寻呼业务。吐克和克里斯托弗·加尔文负责销售，改进了产品、降低了成本

（续）

公司名称	企业英雄	重要贡献
雷神公司	托马斯·菲利普斯，首席执行官（1968～1991），董事长（1975～1991）丹尼斯·皮卡德，董事长兼首席执行官（1991～）	尽管国防开支削减，公司仍然持续增长。扩大了产品种类，简化了管理层，关注产品品质，倡导将国防技术转化为商业运用并引入市场竞争
沃尔格林药店	查尔斯·沃尔格林，董事长	保持持续增长。将沃尔格林定位成药店经营者，剥除非主营业务，关注扩张战略
施乐	大卫·卡恩斯，首席执行官兼董事长（1985～1991）保罗·阿莱尔，董事长兼首席执行官（1991～）	峰回路转。卡恩斯努力解决了公司品牌影响力和市场份额日渐萎缩的问题，通过关注品质来击败日本竞争者。阿莱尔扩大了高品质计划，出售了非主营业务，降低成本，使公司更有竞争力

比尔·麦高文（Bill McGowan）和波尔特·罗伯（Bert Robber）是 MCL 电话公司的英雄，不少人嘲笑他们居然敢于挑战美国电话电报公司。但他们勇于行动，过去十年来虽然亏钱，但幸运地存活了下来，而且取得了一定的成功。正是因为有了他们的竞争，美国人今天才得以享受较低的长途通话费用。

肯·艾弗逊（ken Iverson）是纽科钢铁公司（Nucor）的英雄，钢铁业一直被美国人认为是前景黯淡的产业；但艾弗逊不喜欢在琐事上浪费金钱，所以他将纽科的总部设立在南卡罗来纳州达灵顿的一个板材房里。纽科刚开始是采购钢铁者，很快它学会了如何从废铁中炼制高品质的钢铁，这个生产流程至今仍为其他美国钢铁公司所不及。预计到 2000 年，纽科将会达到和美国钢铁旗鼓相当的产能，迎头赶上美国有史以来首家资本达到 10 亿美元的公司。

汤姆·斯坦伯格则是史泰博文具公司的企业英雄。他曾经写过一个有关办公室用品超级市场的企划案，但并未受人重视，于是他就在布赖顿成立了第一家文具超级市场。今天，办公用品的市场几近 100 亿美元，照这种成长率来看，在 2000 年以前，它将会成为 200 亿美元的产业。

在企业英雄榜上，还有一对兄弟档，他们走的是不同的路线。吉姆·伯克（Jim Burke）走的是大企业路线，最后成为强生公司总裁；而丹·伯克（Dan Burke）则投入小型企业，加入一家小型通信设备公司，最后使之成为成功的 ABC 公司（Capital Cities/ABC），最近该公司将与迪士尼公司实现合并。

不妨想象一下，如果这 500 强企业排行榜的公司没有采取组织瘦身措施，而是最终倒闭了，则美国将有 1 500 万人丢掉工作，即使中小企业创造了 2 100 万个工作岗位，失业率也将高达 20%。

不要认为这是不可能的事情。如果公司决定保留每个员工而置生产力于不顾，让外国的竞争者逐步蚕食，或者一些企业英雄没有出现，这种情形就有可能发生。

在美国，既有很多力争上游的中小企业，又有努力不懈的大企业，两者共同奋斗，这与缺少小型企业的欧洲大不相同。我们很容易挑出过去 20 年来表现卓著的 250 家小型企业，以及 100 家重整转型的大企业，但要从中只挑选 25 家公司实在不容易。

我们也可以从软件、电脑及电子等明星产业挑选一些公司出来，像思科、太阳微电子系统及美光科技等，其绩效可能看起来更为耀眼。但附表所列公司只是试图从不同的产业取样，代表这些不同产业都可以在美国快速成长，包括玩具公司、资料处理公司、航空公司，甚至做碳素（carbon black，用来强化轮胎）的卡博特公司，卡博特公司曾经经历过困难时期而后才起死回生，这是 25 家公司中唯一一家由危转安的公司。

这份企业英雄榜也再一次证明，投资大公司和小公司都可以赚钱，但如果你专注于投资小型企业，你的投资收益将会更好。在这些大企业中，有

3 家公司的股票上涨了 10 倍，它们是房利美公司、高露洁以及可口可乐公司。1985 ~ 1995 年，在这些小型企业中，有 6 家公司股票上涨 10 倍，3 家上涨 25 倍，还有 3 家上涨了 40 ~ 50 倍。你可能看到安进公司股价从 1.36 美元上涨到 84 美元，甲骨文公司从 0.83 美元上涨到 42 美元，而康柏电脑从 1.69 美元上涨到 50 美元，这些都是令人惊羡的表现。

因此，可以说投资股票并不需要每只都赚钱。假设你有 10 只小型股，其中 3 只股票的公司营业额从 4 000 万美元变成零，股价因而从每股 20 美元跌为零了，但这些损失可以轻易地被一只飙升的股票所抵消，只要有只股票的公司营业额可能从 4 000 万美元上涨到 8 亿美元，股价就可以从每股 20 美元飙涨到 400 美元。

新公司正如火如荼地上市交易，1993 ~ 1995 年，有超过 1 700 只新股上市。投资人在这些羽翼未丰的新公司上已经投下了 1 000 亿美元，在这 1 700 家公司中，固然有些会失败，但你也可能发掘出下一个像安进、史泰博文具以及家得宝一样成功的公司。

企业英雄榜

公司名称	企业英雄	重要贡献
安进公司	乔治·拉斯曼，博士，至 1988 年任首席执行官，至 1991 年任董事长，后任名誉董事长 高登·宾德，1988 年后任首席执行官，1991 年起任董事长	开创了重组技术和基因工程商业化的先锋。前福特汽车财务总监宾德在产品获得批准之前通过采取保守的措施来避免金融风险
自动数据处理公司	亨利·陶柏，创始人 弗兰克·劳滕伯格 乔希·威斯顿，首席执行官兼董事长 亚瑟·韦恩巴斯，总裁兼首席运营官	维持 30 年每季度两位数的收益增长，即使是在经济萧条期也不例外，这是商业社会的奇迹。自动数据处理公司的成功表明：通过外包将降低成本、改善服务
凯创系统公司	克雷格·本森，创始人之一，董事长，首席运营官，1989 年后任财务主管	从一个车库的两人公司起步，本森和莱文将凯创系统建成一个领先的区域网络设备生产商，走直销战略，强调用户控制，拥有极佳的客户服务，产品种类多但成本低

（续）

公司名称	企业英雄	重要贡献
卡博特公司	萨缪尔·伯德曼，董事长兼首席执行官（1988）	绝处逢生的企业。剥除了部分业务，专注于核心的特殊化学材料和原创的炭黑处理
大都会公司	托马斯·默菲，董事长兼首席执行官 丹尼尔·伯克，总裁兼首席运营官（1972～1990）	1954年加入纽约州阿尔巴尼电视台和AM广播电台。后扩张到出版业、有线电视节目、8个电视台和19个广播台。极其注意控制成本。默菲和伯克通过发展和兼并（1986年买下ABC）建立了传媒帝国
电路城公司	塞缪尔·沃泽尔，创始人 阿兰·沃泽尔，现任副董事长、总裁兼首席执行官（1972～1986） 理查德·夏普，总裁兼首席执行官，1994年任董事长	塞缪尔·沃泽尔建立了沃尔兹公司，也就是电路城公司的前身。阿兰加入公司后，发展了超市概念。夏普在激烈的竞争中使公司创下了连续10年增长的佳绩。公司以产品线宽、价格低廉著称
康柏电脑	约瑟夫·凯宁（Joseph R. Canion），创始人，首席执行官（1982～1991） 本杰明·罗森，董事长 艾克哈德·费弗尔，首席执行官	和IBM同时期，关注到个人电脑市场与英特尔和微软的兼容。在罗森的带领下，公司成为全球个人电脑市场上的低价电脑生产商。费弗尔维持了低价战略，但提升了产品品质
迪士尼公司	沃尔特·迪士尼和罗伊·迪士尼，创始人 迈克尔·艾斯纳，首席执行官和董事长（1984～）	创立了公司，并提出了充满创意的远景。相继建立迪士尼乐园、迪士尼世界和艾波卡特中心（Eptot）。弗兰克·韦尔斯使迪士尼主题乐园重新盈利。罗伊·迪士尼和前工作室总监杰弗瑞·卡森伯格促进了动画的发展，创下了史无前例的高票房和附加利润
电子数据公司（EDS）	罗斯·佩罗，创始人兼首席执行官（1975～1986） 莱斯·阿尔伯萨，首席执行官（1986～）	对市场充满激情，为公司选择的时机恰当，并工作努力。莱斯是个梦想家，激励员工负责人有所作为。在他的领导下，电子数据公司获得巨大成功
易安信公司（EMC）	理查德·伊根，创始人之一，首席执行官（1979～1992） 罗杰·马里诺，1979年创始人之一，1990年离开公司 迈克尔·鲁特格斯，1992年起任总裁兼首席执行官	伊根和马里诺组建了一支年轻、有冲劲的销售团队。鲁特格斯则强调品质和运营秩序，进入了用户/服务器市场，使公司在主机存贮领域击败IBM，成为第一个在核心市场打败IBM的企业
联邦快递	弗雷德里克·史密斯，创始人，1983年任董事长、总裁兼首席执行官	有远见的领导者，他发现了小包裹快递的需求。将运营建立在信息技术的基础上，提升了稳定性，建立的派送中心和辐射网络为偏远的地方提供服务

（续）

公 司 名 称	企 业 英 雄	重 要 贡 献
盖璞服饰	多丽丝（Doris F.）和唐纳德·费雪，创始人 米拉德·迪克斯莱尔，1987 年起任总裁，1995 年起任首席执行官	创立了公司，开创了以牛仔休闲为主的概念。迪克斯莱尔将公司转型为特殊零售商，在 20 世纪 80 年代末实现了历史上最大规模的增长
家得宝	伯纳德·马库斯，创始人，董事长兼首席执行官 亚瑟·布兰克，创始人，总裁兼首席运营官	马库斯和布兰克创立了第一家仓储式家居用品连锁商场，销售量大、成本低、服务优质。创新式的管理也非常成功
英特尔	戈登·摩尔，博士，创始人和董事长（1979 ～ ） 罗伯特·诺伊斯，博士，创始人兼董事长（1975 ～ 1979）（已故） 安德鲁·格鲁夫，博士，总裁（1979 年起），首席执行官（1987 年起）	英特尔在摩尔和诺伊斯的带领下，发明了微处理器。在之后的几年间每年都使微处理器的性能提高 1 倍。诺伊斯是第一个将 DRAM 存储芯片商业化的人。格鲁夫成就了英特尔在微处理器领域的无敌霸主地位
美国微波通信公司（MCI）	威廉·麦高恩，创始人，董事长兼首席执行官（1968 ～ 1992）（已故） 波尔特·罗伯茨，董事长兼首席执行官（1992 ～ ）	建立了全国性的电信网络，在电信市场的各个领域击败了美国电话电报公司。罗伯斯的战略促成了美国微波通信公司和英国电讯的联合，使美国微波通信公司成为全球领导者
微软	比尔·盖茨，创始人之一，董事长兼首席执行官 保罗·艾伦，创始人之一，执行副总裁（1981 ～ 1983） 史蒂夫·鲍尔默（1984 ～ 1989）	为公司设定了科技发展方向。被称为产品梦想家。艾伦和盖茨为个人电脑设计了第一款电脑语言软件。鲍尔默建立了销售和市场团队
纽科钢铁公司	肯·艾弗森，董事长，首席执行官兼董事 约翰·科伦蒂，总裁，首席运营官兼董事	奖励提高资产收益率的员工，发生产奖金，公司避免人员过剩。"成功七分靠文化，三分靠技术。"科伦蒂鼓励承担风险，大大降低了成本
甲骨文	劳伦斯·埃里森，创始人，总裁兼首席执行官（1977 年起），董事长（1990 年起） 杰弗瑞·亨利，执行副总裁兼首席财务官 雷蒙德·雷恩，执行副总裁兼全球运营总裁	领导公司直至 1990 年一直是技术领先者。亨利在公司 1990 年亏损的情况下，使公司扭亏为盈。雷恩在四年时间里将销售额从不到 10 亿美元增加到 30 多亿美元

（续）

公司名称	企业英雄	重要贡献
肖氏地毯工业公司（Shaw Industries）	罗伯特·肖，总裁、首席执行官兼董事（1967年起），董事长（1995年起） 诺里斯·里特，高级运营副总裁（1977年起），董事（1979年起） 威廉·拉斯科，财务总监（1971年起），高级副总裁（1977年起）兼董事（1973年起）	通过整合和降低成本，改变了地毯产业。是一个凶狠的竞争对手，愿意牺牲短期利益以换取长期利益。里特改进了生产成本结构。拉斯科在发展公司的体系和财务兼并中发挥了重要作用
西南航空	赫伯特·凯勒赫，创始人、董事长（1967年起）；总裁兼首席执行官（1982年起）	和蔼可亲的风格激励了员工。客户服务和低价对公司的成功起了重要作用
史泰博	汤姆·斯坦伯格，创始人、首席执行官（1985年起）和董事长（1988年起）	以普通商品超市为模板建立了办公用品超市，第一次使用统一的商标和仓库模式。创业家式的领导风格
电视通信公司	约翰·马隆，博士，首席执行官兼总裁（1973年起）	通过复杂的融资，运用现有的小型电缆所有权来获取电缆系统。坚信本产业的发展，愿意承担风险，只用了10年成为行业第一，在之后的10年间又加固了领导地位
美国热电公司	乔治·海佐波勒斯博士，创始人、董事长、首席执行官、总裁（1956年起） 约翰·海佐波勒斯，1956年加入，首席财务官兼执行副总裁（1991年起） 阿尔文·史密斯，热电设备系统公司的总裁兼首席执行官（1986年起），美国热电公司的执行副总裁（1991年起）	一个典型的走出困境的企业，有11家子公司分离上市，他们兄弟俩是这一概念的先行者和倡导者。此外，他们还实施了"聪明的"内部兼并。史密斯是个了不起的运营生产人才，是两兄弟的好帮手
玩具反斗城	查尔斯·拉扎勒斯，董事长（1987年起）兼首席执行官（1987～1994）	拉扎勒斯设计了玩具超市的概念。反斗城成为第一批美国百货的"杀手"之一。拉扎勒斯之后将这一概念向全球推广
沃尔玛	山姆·沃尔顿（1918年3月～1992年4月），创始人（已故），1962年成立公司	曾在彭尼公司工作，将折扣零售的概念推广到小城镇，关注客户需求，使用分销中心来控制成本

TOP25 上市公司的数据

许多股票价格看涨

公司名称	员工人数（千）			销售额（百万美元）			净收入（百万美元）			股价		
	财年1975	财年1985	1995年第一季度	财年1975	财年1985	1995年7月	财年1975	财年1985	1995年7月	1975.0	1985.0	7/31/95
联合信号公司	33.4	143.8	87.5	2 331.1	9 115.0	13 250.0	116.2	−279.0	788.0	11.7	21.2	46.8
美国运通	32.3	70.5	72.4	2 490.2	12 944.0	14 683.0	165.0	810.0	1 413.0	9.1	22.4	38.5
波音	72.6	104.0	115.0	3 718.9	13 636.0	20 616.0	76.3	566.0	745.0	1.6	20.2	67.0
卡特彼勒	78.3	53.6	54.0	4 963.7	6 725.0	14 955.0	398.7	198.0	1 063.0	22.1	17.6	70.0
克莱斯勒	217.6	114.2	121.0	11 598.4	21 255.5	51 051.0	−259.5	1 635.2	3 367.0	4.9	16.5	48.8
花旗集团	44.6	81.3	82.6	4 780.5	21 597.0	28 110.0	349.5	998.0	3 642.0	16.2	22.6	62.5
可口可乐	31.1	38.5	33.0	2 872.8	7 903.9	16 674.0	239.3	722.3	2 671.0	3.3	5.9	65.6
高露洁	42.0	40.6	32.8	2 860.5	4 523.6	7 798.2	119.0	109.4	587.1	14.2	13.5	70.0
迪尔公司	53.8	40.5	34.3	2 955.2	4 060.6	9 789.2	179.1	30.5	702.8	21.8	28.8	89.9
艾默生电气	34.0	61.9	73.9	1 250.3	4 649.2	9 279.9	96.2	401.1	846.7	11.7	24.4	70.8
埃克森	137.0	146.0	86.0	44 865.0	86 673.0	102 927.0	503.0	4 870.0	5 600.0	10.5	26.1	72.5
房利美	1.5*	1.9	3.2	2 475.6	10 342.0	17 756.9	115.0	37.0	2 072.7	5.2	6.6	93.6
通用电气	375.0	304.0	216.0	13 399.1	28 285.0	62 082.0	580.8	2 336.0	5 030.0	5.8	15.6	59.0
吉列	33.5	31.4	32.8	1 406.9	2 400.0	6 245.1	80.0	159.9	730.4	1.9	3.9	43.8
固特异	149.2	131.7	90.3	5 452.5	9 585.1	12 621.9	161.6	412.4	584.3	9.4	14.2	43.4
惠普	30.2	84.0	98.4	981.2	6 505.0	27 787.0	83.6	489.0	2 002.0	6.1	17.4	77.9
IBM	288.6	405.5	219.8	14 436.5	50 056.0	66 414.0	1 989.9	6 555.0	3 918.0	51.5	131.9	108.9
美国古尔兹制泵公司	349.0	232.0	110.0	11 367.5	11 871.1	24 949.0	396.2	293.5	1 048.0	21.0	33.3	120.0
强生	53.8	74.9	81.5	2 224.7	6 421.3	16 540.0	183.9	613.7	2 116.0	7.5	11.3	71.8
麦当劳	71.0	148.0	183.0	926.4	3 694.7	8 686.1	86.9	433.0	1 261.7	2.5	7.3	38.6
默克	26.8	30.9	47.5	1 489.7	3 547.5	15 272.8	228.8	539.9	3 079.2	4.2	6.2	51.5
摩托罗拉	47.0	90.2	132.0	1 311.8	5 443.0	23 563.0	41.1	72.0	1 634.0	3.9	8.7	76.5
雷神公司	52.7	73.0	60.2	2 245.4	6 408.5	10 085.5	71.0	375.9	763.8	5.7	24.3	82.6
沃尔格林	29.0	37.2	61.9	1 079.1	3 161.9	9 831.0	9.8	94.2	305.7	0.4	6.5	25.9
施乐	93.5	102.4	87.6	4 053.8	8 732.1	17 321.0	244.3	475.3	812.0	63.8	50.5	119.4
总价	2 376.0	2 642.1	2 216.7	147 538.7	349 536.1	608 288.6	8 257.8	22 948.4	46 783.4			

减少了400 000个工作岗位。但是组织瘦身 使这些公司保持了竞争力，得以在市场上立足

销售和利润增长一倍

注：* 表示估值。

由弱变强企业的数据

公司名称	员工人数（千）			销售额（百万美元）			净收入（百万美元）			股价		
	财年1975	1985	1995年第一季度	财年1975	1985	1995年7月	财年1975	1985	1995年7月	1975	1985	7/31/95
安进公司	—	0.2	3.5	—	21.1	1 723.3	—	0.5	334.8	—	1.36	85.13
自动数据处理	5.4	18.5	22.0	154.7	1 030.0	2 758.8	13.8	87.9	379.3	3.28	12.46	64.00
凯创系统公司	—	0.4	4.9	—	3.9	870.8	—	0.2	174.1	—	4.78	52.88
卡博特	5.6	7.7	5.4	411.8	1 407.5	1 755.8	14.1	71.3	120.7	1.63	13.33	56.38
大都会公司	2.9	8.9	20.2	174.4	1 020.9	6 581.1	25.4	142.2	721.5	1.91	20.68	116.25
电路城	0.6	4.6	31.4	61.2	705.5	5 925.9	1.4	22.0	172.5	0.02	3.07	37.00
康柏电脑	—	1.9	14.4	—	503.9	11 547.0	—	26.6	870.0	—	1.69	50.63
迪士尼公司	14.5	30.0	65.0	520.0	2 015.4	11 276.5	61.7	173.5	1 291.3	2.68	5.48	58.63
电子数据公司	—	0.2	3.4	—	33.4	1 531.0	—	7.5	279.8	—	1.70	22.88
易安信公司	—	34.0	101.0	—	2 606.2	9 187.3	—	131.8	291.0	—	44.61	67.50
联邦快递	—	11.0	55.0	—	647.3	3 820.0	—	27.7	306.9	0.54	2.13	34.88
盖璞服饰	3.7	40.0	69.9	119.4	3 406.4	10 519.2	14.6	189.8	847.0	—	9.36	44.00
家得宝	—	5.4	67.3	—	700.7	13 173.5	—	8.2	622.5	—	1.41	44.00
英特尔	4.6	21.3	32.6	136.8	1 365.0	12 418.0	16.3	1.6	2 560.0	0.93	4.58	65.00
美国微波通信公司	0.5	12.4	40.7	28.4	2 542.3	13 678.0	(27.80)	113.3	830.0	0.30	4.78	24.00
微软	—	1.0	15.3	—	140.4	5 609.0	—	24.1	1 447.0	—	1.93	90.50
纽科钢铁公司	2.3	3.9	5.9	121.5	758.5	3 167.6	7.6	58.5	259.1	0.44	6.93	53.50
甲骨文	—	0.6	12.1	—	55.4	2 617.1	—	5.9	374.3	—	0.83	41.88
肖氏地毯工业公司	1.6	4.3	24.2	86.8	519.5	2 714.6	3.5	25.9	128.2	0.27	1.48	16.75
西南航空	0.4	5.3	18.8	22.8	679.7	2 593.5	3.4	47.3	149.5	0.10	5.71	28.75
史泰博	—	0.2	14.6	—	8.8	2 271.4	—	-1.9	44.5	—	3.99	22.50
电视通信公司	1.1	4.7	32.0	40.6	577.3	5 400.0	(0.16)	10.1	(22.00)	0.05	4.11	20.00
美国热电公司	1.3	3.2	10.2	56.2	265.7	1 713.4	1.3	9.6	110.4	0.98	5.45	42.75
玩具反斗城	—	45.2	111.0	—	1 976.1	8 776.6	—	119.8	512.6	—	10.26	28.00
沃尔玛	7.5	104.0	622.0	340.3	8 451.5	85 247.8	11.5	327.5	2 735.5	0.09	3.20	26.63
总计		368.7	1 400.7		31 442.2	226 877.3		1 630.9	15 540.9			

小公司增加了100多万个工作岗位

销售增长了7倍

丰厚的利润

巨大的股利

常用的选股工具

业余投资者以前要想追踪他所持个股基本面的变化殊为不易，即使是经纪商的分析师也要颇费周折才能得到股评资讯，这些资讯很少能够直达一般客户。所以，如果经纪商将某个个股的投资建议由"买入"调为"卖出"，恐怕散户投资者是最后一个知晓的。

如果你要求经纪商提供股票分析报告，它们大都是时过境迁的报告。业余投资者只能直接参考上市公司发布的季报或年报，或者勤跑图书馆，参考一本叫作《价值线》（*Value Line*）的杂志，这份杂志仅用 1 页的篇幅就刊载了几百个上市公司的有用信息，即使在资讯爆炸的今天，这些信息也具有相当大的参考价值。在此，我们建议业余投资者充分利用这份刊物，如果你有股票经纪人，不妨从他们那里得到这些资讯。

从前，人们只能参考《价值线》杂志或是标准普尔的报告，但是，它们都较少给予投资方面的建议。你也可以偶尔免费从经纪商那里得到研究报告，上市公司还会直接寄上相关资讯给投资者。值得庆幸的是，现在电脑改变了这一切。如今投资者可以从电脑里直接获取丰富的财务信息，每天都有许多新的资讯提供商免费提供有用的信息。

电脑也使现在的股票经纪商变得更具价值。从前，经纪商只能把一些过时的分析报告或《价值线》信息邮递给你，现在，经纪商可以运用电脑直接把最新的业内人士分析、行业新闻、几千家企业的盈余预估情况发送给投资者。

如果你自己有一台家用电脑，还可以将这些资讯直接载入电脑，无须经过经纪商。如今网络资讯相当发达，青少年比大人更胜一筹：他们大都知道如何拨号上网，接收网络信息，这些网络服务提供商包括美国在线、Prodigy 公司或是 CompuServe 公司。

线上服务可以提供即时的股票报价，投资者无须等到翻阅第二天的报纸查看股票的涨跌状况。其实，查看即时报价只是线上服务的最初级的使用层次，投资者还可以从中了解更多的公司信息、产业分析、新闻摘要，甚至得到选股分析的建议等。

选股分析的工具可以说是最值得称道的发明，它是电脑和股票之间的有效媒介。运用这个系统工具，人们可以很快找到符合某些条件的股票，比如你想要找一家没有任何负债的公司，或者一家没有负债但有很多现金，且盈余年均增长率20% 以上的公司，或者一家尽管没有赚钱，但是现金充沛又毫无负债且每股价格在 300 美元以下的公司等。须臾之间，电脑便可列出所有符合你要求的股票。这在没有电脑的时代是无法想象的事情，因为人们根本不可能一次看完上千家公司的报告资料，然后从中筛选出来符合某些要求的股票。时至今日，完成此事竟然易如反掌。

你也可以自己设立各种各样的选股要求，搜寻所有过去 20 年来逐年提高分红的公司，或是 20 年来盈利不断上升的公司，抑或是那些每年股利成长率超过 6% 的公司。这是一种全新的选股方式，不需要再在股票市场上随行就市地选择股票，利用网上数据库搜索即可。

除了网络服务日趋活跃之外，上市公司与投资者的关系也发生了变化。从前，上市公司只会专注于照顾那些大股东。现在，他们也开始设法给小额投资人提供更好的服务。现在，所有股东都可以完全免费地通过电脑网络获得上市公司的年报和季报。

在美国，你还可以拨打免费的 800 电话了解最新的公司动态，这些录音资讯通常来自公司的总裁。如果你有阅读《华尔街日报》的习惯，切记不要错过那些标有黑梅花记号的公司，这些公司可以传真提供免费的资讯。

如果你想查询共同基金的资讯，则更加方便。因为基金公司普遍希望客户更多地了解它们的产品，都竭尽所能简化公开招股说明书，并且详尽描述公司的经营策略、投资风险程度及业绩表现情况等。

《华尔街日报》《福布斯》以及《财富》等报纸杂志也会刊登详细的关于共同基金的评论文章，从中人们可以了解不同类型的基金及其风险，并且了解基金在其所属类别里的相对业绩表现。

两大专业研究机构晨星公司和理柏机构还会专门追踪和评价共同基金的业绩表现。晨星通常定期出版《共同基金选购指南》，它的作用就如同《价值线》的个股指南。晨星的刊物往往一页刊登一个基金，投资人可以清楚了解各基金的过往表现及当前情况。

经纪人的办公室里通常保有晨星的定期刊物，在你决定购买基金之前，请务必参考《晨星》对该基金的评级。

理柏的刊物则每年两次刊登在《巴伦》周刊上，并且每年四次刊登在《华尔街日报》上。你可以从中发现不同类别中，哪些基金的业绩表现最为优异。

为了方便投资，以下我们提供一些可供查询的服务机构或网址的资料，其中大多数选股方面的资讯都是免费的，投资人可以随意运用。

（1）股票滤网：位于 Prodigy 搜索引擎（Prodigy Online Service）

在 Prodigy 的战略投资家专栏（Prodigy's Strategic Investor Section），人们可以查询、浏览、打印甚至用主题词筛选 6 000 家感兴趣的上市公司信息，或者查询公司的财务报表、重要财务比率等。此外，还可以按照自己的要求查询特定产业、收益、连续五年的每股盈余、市盈率等情况。

（2）彭博资讯（Bloomberg）

联系电话：800-256-6623

彭博资讯提供许多专家对市场的见解、市场策略分析、上市公司总裁的谈话及最新的财经资讯。它还可以免费提供股票价格分析表、公司研究报告以及上市公司的联系电话、通信地址等信息。

（3）投资者专栏（Investor In Touch）

联系电话：617-441-2770

传真电话：617-441-2760

网址：http//money.com/ssnhorne.htrnl

E-mail 地址：info@money.com

在全球资讯网（World Wide Web）可以方便地找到投资者专栏，投资者可以从中查询尼尔森电话簿（Nelson's Directory）里超过 15 000 家公开上市企业的资讯。这套系统全面提供了这些企业的通信地址、联系电话、传真电话及其在美国证券监管当局备案的档案资料、近期的重要新闻等，同时还提供美国上市公司的技术分析图表。

（4）IRIN

联系电话：800-474-7702

网址：http//www.irin.com

通过这套系统，我们可以得到美国上市公司的年报及其在证券监管当局备案的档案资料。透过网络服务公司，如美国网络（American Online）、Prodigy 以及电脑网上服务 CompuServe，还可以获取最原始的资料。

（5）财经传真（Financial Fax）

联系电话：818-597-2990 或 800-521-2475ext8202

这是《洛杉矶时报》的增值服务，可以传真提供个性化的专业财经资讯，追踪投资者所持股票股价的变化情况。每月的服务收费是 13 ~ 15 美元，投资者每天或每周可以收到自动传真信息。

（6）股票在线（Stocks On Call）

联系电话：800-578-7888

资讯来源于 PR 新闻网（PR Newswire），投资者从中可以马上取得涉及大约 4 000 家企业的即时新闻稿，并且提供免费传送服务。

（7）晨星即时资讯（Morningstar On Demand）

联系电话：800-876-5005

这套系统可以即时传真或邮寄的方式提供晨星公司制作的基金信息，其中包括大约 363 只封闭式基金和 1 500 只开放式基金的资讯，每个基金页面收费 5 美元。

（8）投资索引（Invest quest Inc.）

联系电话：614-844-3860

通信地址：3535 Fashioner Boulevard Suite 140

网址：http // invest.quest.Columbus.Oh.Us

投资索引可以提供每天 24 小时的传真服务，通过传统股票代码或是使用电话簿上的英文代号把公司名称拼出，就可以搜索到指定公司的财务报表、产业比较分析及市场分析等传真资料，还可以获得公司总裁及财务总监的录音留言。

如果你不能上网或者没有传真机，以下推荐几本参考书，提请投资者到图书馆借阅或打电话向你的经纪商索取。

（9）《价值线投资索引》（*Value Line Investment Survey*）

联系电话：800-833-0046

（10）《价值线公告》（*Value Line Publishing，Inc*）

通信地址：220 East 42nd Street，New York，NY 10017-5891

本书将 3 500 家公司依照产业类别进行分类，并且每季更新资料，同时每个股票的历史价格都用技术图表显示出来，并且还有《价值线》的分析师介绍公司的动态、提出投资建议。该书还会提供上市公司的名称、地址及主要办公室的联系电话，每个部分开头都会有该公司分析师的产业分析摘要及市场展望报告。

（11）《尼尔森投资研究指南》（*Nelson's Directory of Investment Research*）

联系电话：800-333-6357

通信地址：One Gateway Plaza，Port Chester，NY 10573

《尼尔森投资研究指南》第一部分简要介绍了 6 800 家在美国公开上市的公司，第二部分简要介绍了 6 800 家在国际上公开上市的公司。该书同时提供了这些公司的地址、电话、主要核心事业、公司主要主管、五年公司营运简介以及华尔街分析师的评论等。此外，还列举了 500 家主要研究机构主管、分析师以及他们擅长的研究领域。可以按照字母、产业类型和公司所在地址三种不同的方式查询。

（12）《尼尔森机构研究报告目录》（*Nelson's Catalogs of Institutional*

Research Reports）

联系电话：800-333-6357

通信地址：One Gateway Plaza Port Chester, NY 10573

该目录汇集了世界各地所发布的研究报告，更新的频度为每年 10 次。

（13）《共同基金公司目录》（*Investment Company Institute's Directory of Mutual Funds*）

联系电话：202-326-5800

通信地址：1401 H Street NW, Suite 1200 Washington, DC20005-2148

这份目录是一本投资共同基金的入门参考书，它列示了 4 500 家共同基金公司的名录，名录按照不同的投资目标进行分类，对于每家基金公司，它都列明其名称、地址、电话、创立日期、投资顾问、管理资产、费率以及销售地点，同时提供了许多基金词汇的解释。

（14）《共同基金总汇》（*Investment Company Institute's Mutual Fact Book*）

联系电话：202-326-5800

出版公司名称：Investment Company Institute

通信地址：1401 H Street NW, Suite 1200 Washington, DC20005-2148

《共同基金总汇》是一份全面总结共同基金发展动态、汇总基金统计数字的年度专刊，图文并茂，并且配有名词解释。

（15）《晨星共同基金》（*Morningstar Mutual Funds*）

联系电话：800-876-5005

通信地址：225 West Wackier Driver # 400 Chicago, IL 60606

　　《晨星共同基金》是一份专业刊物，它全面追踪报道并且评比363只封闭式共同基金和1 500只开放式基金，每只基金都有专页介绍，晨星基金分析师还会提供基金过往的历史技术图分析，并撰文进行点评。

　　（16）《华尔街日报季度最优基金纵览》（*The Wall Street Journal-Quarterly Mutual Funds Review*）

　　这里有专题文章总结过往一个季度共同基金领域的发展动态，同时提供服务电话、最低投资金额，以及手续费、投资绩效之类的实用信息。

　　（17）《华尔街年报服务》（*Wall Street Journal's Annual Reports Services*）

　　联系电话：800-654-2582

　　在《华尔街日报》"财富与投资"（Money & Investing）专栏，免费提供标有黑梅花记号的上市公司的年度报表资讯，如有可能，还可以电子邮件发送公司季报，也可以拨打传真电话1-800-965-5679索取公司年报。

学会看财务报表

　　财务报表是上市公司的全息图，它可以揭示企业经营的成败得失。无论公司总裁在年报的文字部分上描述得如何风光，通过年报后半部分的财务报表，人们可以透视这家公司的实际状况。如果你热衷选股，最好还是进修一堂财务会计课程。

　　为了帮助你解读这些数字的真正含义，在此，我们以一个公司标准的财务报表格式为例加以说明。这份报表反映的是电脑物语（Compuspeak）这个虚构的公司 5 年的经营历史，这个虚拟公司的创始人名叫巴克莱（Barclay）。

　　巴克莱是一位来自美国硅谷的科学家，他利用闲暇时间发明了一种叫作交互界面的新玩意，使用者可以向个人电脑下达各类指令，例如开启、关闭、转换视窗、存档至磁片等。巴克莱把自己的车库改装成实验室，并且自己组装这套新系统。他还把自己的房子拿去做二次抵押，用贷款来的钱当作创业基金。

现在，我们来看一看这家公司的资产负债表（详见表 B-1）。资产负债表列示了这家公司所有的资产和所有的负债，就像罗列自己个性的优缺点一样一目了然。

表 B-1　资产负债表（财务情况表）

资产				
流动资产	开业首日	第一年年底	第二年年底	第五年年底
现金	50 000	25 000	40 000	180 000
应收账款	0	19 500	49 500	254 000
库存	0	30 000	80 000	310 000
流动资产合计	50 000	74 500	169 500	744 500
固定资产	50 000	50 500	120 500	500 000
扣除累计折旧	0	10 000	34 000	250 000
净固定资产	50 000	40 000	86 000	250 000
资产总计	100 000	114 500	255 500	994 500
负债				
流动负债	开业首日	第一年年底	第二年年底	第五年年底
应付账款	0	10 000	20 000	100 000
银行借贷	0	0	121 000	0
长期负债 / 一年到期	0	0	0	0
总流动负债	0	10 000	141 000	100 000
长期负债	0	0	0	0
负债合计	0	10 000	141 000	100 000
股东权益				
流动负债	开业首日	第一年年底	第二年年底	第五年年底
实缴股本	100 000	100 000	100 000	700 000
保留盈余		4 500	14 500	194 500
	100 000	104 500	114 500	894 500
负债及股东权益	100 000	114 500	255 500	99 4500
流通股数	10 000	10 000	10 000	15 000
每股净值	10	10.45	11.45	59.63

我们之所以称之为资产负债表，是因为表内两边的数字永远是相等的，换言之，加项的和减项的数字之和总是相同。一般来说，这张表有左右两

栏，但是，为了方便阅读，在举例的资产负债表中，我们将相加项（资产项目）与相减项（负债项目）分开列示。

依靠巴克莱抵押房屋所得的 10 万美元，电脑物语这家公司就这么开张了，假定这笔钱完全投入新公司。公司开张的第一天，在资产负债表上显示出来的资产分为两个部分：现金 5 万美元，厂房和设备 5 万美元。其实，巴克莱只是花了 5 万美元购置生产这个新界面的设备，他暂时还没有工厂，因为他的工厂就是他的车库。

接下来要谈谈折旧摊销的问题。折旧的意义在于，公司所使用的工厂、办公室、机器、电脑、桌子、椅子等，随着较长时间的使用会渐渐失去它的价值，因此，必须随着使用年限摊销其年度费用。美国国家税务局（Internal Revenue Service, IRS）允许企业扣除老化或过时的机器设备、建筑的折旧费。

不过，土地不能折旧，除此之外，IRS 对于所有物品，甚至是录音带之类的小杂物，都有一套折旧摊销的方法。建筑物可以完全在使用期间 20～25 年内摊销，但是，机器设备、打字机、电脑等，折旧的时间就缩短到 3～15 年，具体的摊销年限要看物品属性。相比之下，这些物品耗损的速度比建筑物快。

公司开张的第一天，账目在固定资产项下累计折旧栏的数字是零，这是因为巴克莱尚未进行任何折旧摊销。

了解了初始的资产信息之后，我们再来看看表 B-1 下半部分的流动负债信息，这代表公司的欠债。第一天公司毫无举债，因为巴克莱的 10 万美元完全是自筹资金，因此，负债其实是零。

在流动负债项目下面，是股东权益项目。一家企业有两种增加股东权益的方法：一是发售股票，二是依靠营运赚钱积累。这样来看，开张第一天，由于电脑物语这家公司毫无盈利，因此，保留盈余是零。唯一的股东权益就是巴克莱投资的 10 万美元，这叫实缴股本。

在股东权益项目下面，是负债及股东权益项目，这是负债总额、实缴股本以及保留盈余的总和。再往下面，是流通在外的股数。当巴克莱投入 10 万美元时，他设定自己拥有 1 万股的股票，因此，每股的价格是 10 美元，在开业第一天股票的账目价值也就是 10 美元。原始股价和股数取决于巴克莱的决定，他也可以设定自己拥有 1 000 股，而将每股股价定为 100 美元。

无论是巴克莱的公司还是通用汽车公司，二者资产负债表的格式都是一样的，粗略一看，你就能看清一家公司的资产项目（如现金、存货等）和负债项目。

公司经营一段时间之后，电脑物语的资产负债表也开始出现变化。在公司营运一年之后，再看流动资产项目，可以发现现金只剩下 25 000 美元，这是因为巴克莱已经花掉一大半的现金来经营他的业务，即生产交互界面这种产品。

随后，应收账款有 19 500 美元，这个账目是所有顾客赊账的总额，表明巴克莱已经卖出他的产品，而顾客尚未付清相应的货款。

再往后，我们可以看到存货部分有 30 000 美元的余额，这显示仓库里有价值 30 000 美元的交互界面产品或制造界面产品的零件有待出售。尽管这些库存的成品或半成品未必最终一定能以正常的价格出售，但是，它们仍然可以算是公司的资产。

接下来，可以看到固定资产项目，在此累计折旧的部分余额有 10 000 美元。也就是说，巴克莱已经就他的资产提取了 10 000 美元的折旧费用，由于当初他购置 5 万美元的设备，所以，固定资产的账面价值只剩下 4 万美元。这里 1 万美元的折旧费还有抵税的效果。由于巴克莱使用的设备淘汰率相当高，因此，IRS 允许他每年以 20% 的折旧率提取折旧费用。可见，这里的 1 万美元就是根据当初购置厂房、设备的 5 万美元按 20% 的折旧率计算得来的。

我们转而来看负债表，这里有 10 000 美元的应付账款，所谓应付账款，是指巴克莱当期所欠的债务，这些欠债可能是未付的电话费或电费，或者是赊欠供应商的债务。

在负债栏底下，是股东权益项目，可以看到"保留盈余"有 4 500 美元。这是巴克莱辛苦一年的经营成果，也就是公司的净盈余。迄今为止，巴克莱公司的价值上升为 104 500 美元，包括初始投资 10 万美元和第一年的盈利 4 500 美元。

此时，巴克莱面临一个选择，他可以给自己发放股息，即落袋为安。但是，他却没有这么做，而是把这笔盈余全部用于再投资，这就是我们称这笔盈余为"保留盈余"的原因。

既然巴克莱的公司现在价值 104 500 美元，由于巴克莱原先设定的股票数量为 10 000 股，因此，每股价值（即每股净值或账面价值）目前为 10.45 美元（104 500 除以 10 000）。

公司经营进入第二年之后，财务数据的变化进一步显示了公司业务增长的过程，出售的交互界面产品越来越多，公司的应收账目和库存也不断增加。到了第二年，负债一栏还增加了一个新的项目，即 121 000 美元的银行贷款，在此，巴克莱不是以个人的名义而是以公司的名义出面借钱，目的在于满足公司业务增长之需，比如购买更多的设备或存货，或者雇用更多的员工。

银行贷款是否应该列入股东权益？显然不妥。这是因为银行借钱给公司，银行无意成为公司的股东，而只是公司的债权人。巴克莱仍然拥有10 000 股，不过，两年后，他的股权价值已经增加到 114 500 美元。

经过五年的努力，公司已有 180 000 美元现金，整个流动资产部分的余额已经达到了 744 500 美元。在固定资产部分，巴克莱已经增加了他的资本支出，厂房设备的价值从第二年年底的 12 万美元增加至第五年的 50 万美元。

不难想象，一旦公司规模不断扩张，巴克莱肯定会搬出他的小车库，另觅他处购置厂房，并安装先进的设备。当然，设备增加也就意味着折旧费用相应增加。

一般来说，不同的公司所需求的资本支出也不尽相同。以钢铁厂为例，其资本支出就相当庞大：维护和升级一个炼钢厂需要巨大的资本投入。而开采石油则不同，一旦油井凿开、石油涌出，就只需要少量的资本投入；广告公关公司的资本支出更是微乎其微，因为它们只需要一间办公室和几张办公桌。

和钢铁厂相比，巴克莱在翻新设备上的资本支出很少，不过，和他其他项目的预算比起来，巴克莱的资本支出还是相当惊人，将占去其公司大部分的资源，这也是高科技硬件开发产业的一大特征。

再来看看负债，在五年后的财务报表上，负债已变成零，可见巴克莱已经还清了银行债务，究竟他是如何还清债务的呢？我们可以在股东权益一栏中找到答案。实缴股本从先前的 10 万美元大幅猛增至 70 万美元，看来巴克莱可能是用增发股票的方式还清了债务，因为我们发现流通在外的股票数量发生了变化，以前是 10 000 股，现在股票数量已经增加为 15 000 股。

从股东权益的实缴股本项目中我们可以发现，巴克莱的合伙人增加了一位！因为资本额增加为 70 万美元，而巴克莱当初投入的资本额只有 10 万美元，所以，应该是新的合伙人投资了 60 万美元，买了 5 000 股新股（相当于拥有巴克莱公司 1/3 的股权）。

由于这笔资金的注入，到年底每股净值已经猛增至 59.63 美元，也就是说，每股公司股票的账面价值是 59.63 美元。巴克莱拥有的 1 万股原始股份已经价值 596 300 美元，他原先投入的 10 万美元资本和前几年的辛勤工作已经获得丰厚的回报。

为什么这个神秘的投资者愿意冒险付出 60 万美元，以每股 120 美元的价格买下巴克莱公司 1/3 的股权呢？这是因为他已经发现了巴克莱的经营业绩，而且相信公司的销售和利润具有持续增长的潜力。一般来说，小公司确实能在创业初期快速增长，达成每年翻番成长的目标。

股东可以从利润表中的每股盈余一栏看到自己的每股收益。第一年的每股盈余为 0.45 美元，第二年为 1 美元，到了第五年，已经上扬至 6 美元。由此可见，这个神秘的投资者以每股 120 美元的价格买入了每股盈余 6 美元的股票。

如果将股价（120 美元）除以每股收益（6 美元），可以得到市盈率为 20 倍。而在纽约证券交易所交易的股票平均市盈率约为十五六倍，可见，这个投资者的买价比一般投资者买进股票的价格略高。但是，这个投资者深信小型股的增长潜力相当惊人，因此，愿意以较高的价格买入电脑物语这家公司的股票，当然，他很了解其中隐含的风险。如果一切顺利，这家公司终将公开上市，届时股价可能暴涨 10 倍、20 倍甚至 50 倍，他的资本可以翻上几番。

巴克莱起初可能并不愿意出售公司 1/3 的股份，但他迫不得已，因为公司需要更多的资金投入，用于扩张公司规模、支付存货成本、垫付应收账款、支付薪资。公司一旦生意兴隆，就有可能出现资金紧张，而出售股份是最便捷的筹措资金的方式。

通过出售 1/3 的股份，公司撑过最困难的阶段。巴克莱的想法是，与其拥有一家营运拮据、难以充分发挥自身潜力的公司的 100% 的股权，不如只拥有一家资金充沛公司 67% 的股份。

过了几年，巴克莱可能又会遇到公司经营捉襟见肘的窘境，又需要更多的资金支持，到时可能就是公司需要上市的合适时机。为了抓住上市的黄金机遇，巴克莱需要为这个公司做出更多的牺牲。首先，他需要全身心专注于经营其事业，而付给自己相当微薄的工资，只够应付日常的生活费用。他还要把自己的房子用来做抵押贷款，因此，他的房贷负担更加沉重。他还要牺牲休假的时间，节约休假的费用。

巴克莱的妻子也要每天加班以求能够贴补家用；巴克莱夫妇每天在家里吃饭，尽量避免出入昂贵的餐馆；从前他们每四年就会换一辆车，现在他们尽可能不换车。生活质量下降很多，但是他们可以忍耐。因为巴克莱夫妇同心同德，他们对于公司的发展前景充满了信心。

回过头来看看利润表中的数据，我们可以了解一些公司内部的运作情况：挣了多少钱，花了多少钱？第一年里，在销售收入部分，可以看到公司卖出了价值 20 万美元的交互界面产品，同时，存放在银行的现金也产生了 2 500 美元的利息，因此，公司第一年的收入就有 202 500 元，用会计学上的术语来说，叫作净收入（net revenue）。

在净收入一栏的下方，我们可以看到这些净收入的流向，也就是所谓的成本支出，它可以分为原料成本、劳务支出以及营业支出（SG&A，包括销售成本、管理成本、营销成本等，见表 B-2）。

在第一年，巴克莱花费了 2 万美元研和开发交互界面产品，改善产品性能，加强竞争能力。

表 B-2 利润表（运营情况表）

	第一年	第二年	第三年
销售收益	200 000	400 000	1 900 000
利率收益	2 500	1 000	10 000
净收入	202 000	401 000	1 910 000
销货成本			
制造人工费用	110 000	204 000	1 000 000
销售费用	55 000	111 000	448 000
研发费用	20 000	40 000	210 000
折旧	10 000	24 000	102 000
利息费用	0	6 000	0
总成本	195 000	385 000	1 760 000
税前净利润	7 500	16 000	150 000
税	3 000	6 000	60 000
净收入	4 500	10 000	90 000
流通股数	10 000	10 000	15 000
每股盈余	0.45	1.00	6.00

每个公司的各项费用都与电脑物语这家公司的费用开支有所不同，这是我们投资任何行业之前都必须明确的事实。要想投资一只股票，首先应该了解清楚，它是否处于一个资本密集型的产业，是否需要许多行销费用以及研发资金。如果是的话，那么，许多原本应该分配给股东的分红，应该考虑花在相关的费用支出上面。

如果你投资的是砂石业的公司，那么，研发费用几乎为零，因为公司基本不需要花费任何费用改进砂石。与此同时，销售费用也会相对较低，因为公司不太需要雇用太多专门的人员来销售这些产品。

与此同理，对于开设汉堡连锁店的公司来说，产品的研发投入也很有限，因为汉堡无须做出太多改进，而推销汉堡也不需要高等学历。

然而，在巴克莱的产业里，他无法聘请一般的销售人员来做行销。公司的销售人员必须训练有素、熟悉交互界面产品的性能，能够与公司顾客以及电脑经销商进行充分交流。

巴克莱的某些费用（例如研发以及资本投入）属于"自由选择"的费用，可有可无，也就是说，巴克莱并不一定非要花费这笔钱做研究，或是更新设备。

公司的高管必须做出决定，要花多少经费再投资在研发或设备的更新上，或者不做任何改进。总裁和公司高管必须始终要面对这样的判断，如果他们选择不要研发，不要更新设备，一旦竞争者研发出性能更好、价格更低的产品，他们就不堪一击。反之，如果不投入资金和研发，公司的盈余会在短期内大幅增加。

一般来说，盈余增长就会带动股价上涨，股东也就比较高兴。由于节约了费用开支，公司还可以分配较丰厚的股利，股东将会更加高兴。不过，如果公司因此丧失了竞争力、失去了市场份额，股东的笑容可能随时消失，因为一旦公司的销售额下降，盈余就会缩水，股价就会应声下跌。过不了多久，公司分配股利也就只能画饼充饥。

就以巴克莱为例，巴克莱也可以把研发经费节省下来，发给自己丰厚的股利，或是通过提高盈余来吸引更多的投资者以高价买入公司的股票，然后，他就可以高位转让股票，悠闲地去打高尔夫球。

但是，就像前文所述许多成功的企业家一样，巴克莱坚持不从公司抽出资本，而是不断增加研发及资本支出，坚定地创造公司更加光明的前景。功夫不负有心人，公司总有一天会变成一家年销售额高达 1 亿美元的大公司，这时他出卖股份的收益说不定可以买下两座高尔夫球场及一架飞机。其实，即使如此成功，他可能也不会这么做，因为他将致力于将公司的营业额提高到 2 亿美元。

在研发费用一栏下面，再度出现了"折旧"这位老朋友。在第一年年底，我们说过巴克莱曾经提取过 1 万美元的折旧费用。考虑到他用的设备淘汰率很高，因此他必须每年花费 1 万美元来更新设备。这些依照政府法规提取的折旧费用，将来都是用来做设备更新的主要资金来源。

接下来，再来看"税前盈余"（earnings before federal & state taxes）一栏。我们注意到，第一年公司税前盈利为 7 500 美元，许多人抱怨 IRS 侵蚀了许多个人的血汗钱，其实政府税收侵蚀企业盈余更是有过之而无不及，以电脑物语这家公司为例，每年它所缴的应收税率就高达 40%。也就是 3 000 美元必须上缴国库，剩下的 4 500 美元才能记录到利润表上的净利部分。如果公司没有发放股利，净利部分也就等于保留盈余，也就是人们常说的"净利润"。

电脑物语这家公司高速成长，反映在财务报表中是每一栏数字都在跳升。经营五年后，公司的年销售额已经超过 200 万美元，其中有 100 万美元是原料费用，21 万美元是研发费用。现在公司的研发费用几乎是初创时期资本额的 2 倍多，而公司的盈余每年可达 9 万美元。

查看现金流量表，我们可以看出现金是从何处转往何处。在现金流入部分（sources of funds section），可以再次看到第一年的 4 500 美元的盈余，而且折旧费用 1 万美元也被列入，再加上巴克莱原先用于购买 1 万股的 10 万美元资本，以及 1 万美元的应付账款，总计是总额为 124 500 美元的总现金来源。

现金流量表

现金流入	第一年	第二年	第三年
营业活动之现金流量			
净收入	4 500	10 000	90 000
折旧	10 000	24 000	102 000
	14 500	34 000	192 000
应收账款调整	10 000	10 000	50 000

（续）

现金流入	第一年	第二年	第三年
投资活动之现金流量			
出售持股	100 000		
短期借贷收支		121 000	
长期借贷收支			
	100 000	121 000	0
现金流入小计	124 500	165 000	242 000

现金流出	第一年	第二年	第三年
购买固定资产	50 000	70 000	160 000
存货增加	30 000	50 000	80 000
应收账款增加	19 500	30 000	60 000
企业并购			
偿还短期借款			
偿还长期借款			
股利发放			
现金流出小计	99 500	150 000	300 000
年初现金余额	0	25 000	238 000
本年度现金增减额	25 000	15 000	−58 000
年度现金余额	25 000	40 000	180 000

在现金流出部分（use of funds section），我们可以明确地了解支出费用的明细。由此可见，其中5万美元用于购置厂房设备，3万美元是存货，1 950美元是应收账款。如果用现金流入总额124 500美元减去现金流出总额99 500美元，就会算出25 000美元的净现金流，这就是资产负债表上现金25 000美元的来历。对于会计师来说，了解和掌握这种财务会计科目之间的平衡非常重要。

可喜可贺！你已经修完了历史上最简短的会计课程，从此之后，你可以从容地打开上市公司的年报报表，那些原本复杂的财务数据已经不再那么晦涩难懂了。

致　　谢

　　在本书的调研和资料核实方面，以下诸位做出了重要的贡献，我想由衷地表达我的感谢和敬意：凯茜·詹森（Kathy Johnson），夏琳·尼尔斯（Charlene Niles），德博拉·蓬特（Deborah Pont），所有来自《价值》（*Worth*）杂志的同人，佩吉·马拉斯比纳（Peggy Malaspina）和她在马拉斯比纳通信公司（Malaspina Communications）的同人，琳恩·哈登（Lyn Hadden），卡伦·伯昆（Karen Perkuhn），伊丽莎白·彭德格斯特（Elizabeth Pendergast）和苏珊·波斯纳尔（Susan Posner）。

　　还要衷心感谢：罗伯特·希尔（Robert Hill），巴特·格雷尼尔（Bart Grenier），苏珊娜·康纳利（Suzanne Connelly），蒂姆·伯尔克（Tim Burke），伊夫琳·弗林（Evelyn Flynn），雪莉·格普蒂尔（Shirley Guptill），鲍勃·贝克维特（Bob Beckwitt），朱利安·林（Julian Lim），黛比·克拉克（Debbie Clark），杰弗里·托德（Jeffrey Todd），丹尼斯·罗素（Denise Russell）以及证券研究公司（the Securities Research Corporation）的唐纳德·琼斯（Donald Jones）和他的同事们。

　　此外，我还要向韦尔斯利公共图书馆（Wellesley Public Library）和巴布森学院图书馆（Babson College Library）致谢。还要感谢：圣·艾格妮丝中学（St. Agnes School）的琼·莫里西（Joan Morrissey），房利美公司（Fannie Mae）的戴维·伯尔森（David Berson），证券交易管理委员会投资者教育部董事南希·史密斯（Nancy Smith），我们的两位代理商多伊·库弗（Doe Coover）和伊丽莎白·达翰索夫（Elizabeth Darhansoff），以及我们的主编鲍勃·班德（Bob Bender）和乔安娜·李（Johanna Li）。

我有一个梦想

　　众所周知，沃伦·巴菲特大学毕业之后就直接从事股票投资，曾经连续40年获得了年均21%以上的投资回报，仅靠精选个股投资就能富甲天下。彼得·林奇投身富达基金公司，曾经连续13年取得了年均29%的基金投资业绩，也靠精选股票组合投资而享誉全球。那么，他们的成功到底是偶然的还是必然的，到底是独门绝活儿还是可以学习复制的呢？尽管巴菲特仍然活跃在资本市场，但他惜墨如金，导致无数"粉丝"只能透过每年的年度报告探秘"股神"的成功之道，为此，人们不远万里前往奥马哈参加一年一度的股东大会，有的人甚至不惜重金投标参加一年一度的"巴氏午餐"，许多介绍巴菲特的书刊更是汗牛充栋。相比之下，林奇则在十几年前从基金经理的职位上功成身退，但他不吝赐教，先后撰写了《战胜华尔街》《彼得·林奇的成功投资》和《彼得·林奇教你理财》，本书就是《彼得·林奇教你理财》的中文版本（中国台湾版本译名为《学以致富》）。

　　有幸投身证券基金行业八年，从而有幸考察学习欧美的股票市场，甚至有幸翻译《彼得·林奇教你理财》，我惊喜地发现，林奇和巴菲特的成功之道并不是遥不可及的，他们只是美国无数个成功经理的杰出代表，实际上，美国20世纪的股票市场和基金市场实实在在造福了半数以上的美国家庭，成就了绝大多数中产阶级钱找钱的财富梦想。于是，我很想致力于实现一个梦想：人人学会投资，家家都能致富。如果果真像罗杰斯、巴菲特所说的那样，未来十几年乃至几十年中国经济、中国股市像20世纪的美国一样大有希望，那么，只要我们金融同人齐心努力，就一定能够帮助国人实现"人人学会投资，家家都能致富"的梦想。

成功选股可以复制，投资致富可以学习。这是《彼得·林奇教你理财》一书表述的核心观点。的确，打工致富、创业致富固然可敬可佩、必不可少，但要应对当代生活，不懂投资致富万万不行，不过，学习投资难以无师自通，也非高不可攀，重要的是，从理论到实践我们当代人都要补上投资这一课。巴菲特也有同样的格言：一生能积累多少钱，不取决于你赚了多少钱，而取决于你如何投资理财。钱找钱胜过人找钱，要懂得让钱为你工作，而不是你为钱工作。套用大师们的观念，前不久，我也曾寄语老家的乡亲：人找钱是财富人生的第一条腿，钱找钱是财富人生的第二条腿，只有学会两条腿走路，才能迈上财务自由之路。

投资致富既要有道又要有术。所谓投资之道，就是要把握股票投资的内在规律。宏观来说，股票市场就是国民经济的"晴雨表"。所以，林奇认为，美国股市的前世今生就是美国经济发展历史的写照，尽管面临无数危机和挑战，只要坚信美国经济还有持续增长的潜力，股票投资就能分享经济成长的成果，股票投资就会比储蓄存款、债券投资、房产投资乃至收藏品投资更胜一筹。微观来说，选股之道就是选好上市公司。无独有偶，巴菲特也和林奇深有同感，他也习惯于以实业投资的眼光投资股票，甚至常以所投资公司的股东、董事的身份，参与上市公司的战略决策和经营规划。所以，林奇并没有形而上学地介绍繁杂的投资理论、技术分析和估值模型，而是直达选股投资的本质，自始至终引导投资者留意和分析身边的上市公司。

所谓投资之术，就是要掌握选股投资的实用方法。既然选股之道重在选好上市公司，那么，选股之法就是透彻分析上市公司。正因为如此，本书连篇累牍、深入浅出地解读可口可乐、迪士尼、苹果电脑、美国钢铁等上市公司经营管理的成败得失，甚至循循善诱地直接教导投资者如何读懂公司的财务报表。

然而，令人费解的是，尽管林奇取得过举世瞩目的基金投资业绩，他曾供职过的富达基金公司更是为无数个美国基民乃至外国基民实现了钱找钱的财富梦想，但是，林奇在本书以及此前出版的书籍之中，涉及基金很少，且无溢美之词，而是着重提倡和推荐投资者直接投资股票。可以想象，身为共同基金的基金经理，林奇深受基金公司某些制度和流程的制约，从而不能更为卓越地展现他的选股能力和投资业绩。所以，林奇特别强调直接投资股票的优势，乐于介绍自己成功选股的心得体会，希望以此惠及普通投资者。尽管我对林奇崇敬有加，但是，对于林奇的这种倾向性观点，本人不敢苟同。对于中国的普通投资者而言，我更愿意提倡：投资正道，首选基金，股海无边，基金是岸。在此，我们必须考虑到国人的赌性普遍较强，想要自律地做到理性投资、长期投资和组合投资谈何容易。此外，我们还要考虑到国内股票市场尚不成熟，相比美国市场而言，中国股市的市场有效性不足，市场信息不对称。所以，在可预见的将来，包括基金在内的机构投资者，很有可能充分发挥其技术面分析能力、基本面分析能力和内幕信息的获取能力，从而战胜市场指数，战胜普通股民。基金在中国诞生多年，先后有不少封闭式股票基金、开放式股票基金成立，实践证明，绝大多数成立两年以上的主动型股票基金都战胜了股票市场指数，而在美国大部分股票基金都跑不赢股价指数。由此可见，国情有别，我们需要谨记大师投资之道，慎用大师投资之法。当然，如果有人愿意以投资股票为生，或以投资股票为乐，或是立志战胜机构投资者，那就另当别论了。

这是我与机械工业出版社第三次合作出版书籍，我再次感受到了出版社相关人员的敬业精神和专业水准，对此，每次我都心存感激。为了又快又好地让林奇大师的经典著作面世，我的一些学有所成的海归同事郭欣、肖莹、王雯婕、胡洁、林良彦、吴文哲和才华横溢的王波给了我极大的帮助和支持，在此，我深表感谢。当然，大恩不言谢的是我的翻译搭档，也就是我的太太罗志芳女士，没有她的帮助和鼓励，我不太可能与她联袂翻译完成我俩的第二本书（第一本书是2008年由机械工业出版社出版的《贵宾理财之道》）。在某种程度上来说，这本书是我们爱的结晶。

译者简介

宋三江　深圳久久益资产管理有限公司董事总经理、首席合伙人，国内知名投资理财专家，先后在国有商业银行、证券公司、公募基金公司、私募基金公司工作26年，曾任中央电视台理财教室特约讲师、中国金融理财标准委员会特聘讲师、上海交通大学高级金融学院职业导师。先后撰写出版《三江讲基金》《基金理财之道》两本专著，牵头翻译出版《彼得·林奇教你理财》《贵宾理财之道》《投资者宣言》《投资先锋》《投资还是投机》《笑傲股市》六本名著。

罗志芳　女，经济学硕士，高级经济师，现任深圳建设银行支行行长，先后在中南财经政法大学、深圳大学担任西方经济学讲师，在深圳建设银行信托公司、第二营业部、福田保税区支行等单位任职，曾校对出版《得失相等的社会》一书，与宋三江合作翻译出版《贵宾理财之道》一书。

投资名家·极致经典

巴菲特授权亲笔著作
杨天南精译

最早买入亚马逊，持股超过20年
连续15年跑赢标准普尔指数

每一份投资书目必有这本大作
美国MBA投资学课程指定参考书

金融世界独一无二的好书
风险与其说是一种命运
不如说是一种选择

美国富豪投资群Tiger21创始人
有关投资与创业的忠告

通往投资成功的心理学与秘密
打败90%的资产管理专家

富达基金掌舵人长期战胜市场之道
彼得·林奇、赛斯·卡拉曼推荐

巴菲特力荐的经典著作
化繁为简学习《证券分析》精华

金融周期领域实战专家
30年经验之作

推荐阅读

序号	中文书号	中文书名	定价
1	69645	敢于梦想：Tiger21创始人写给创业者的40堂必修课	79
2	69262	通向成功的交易心理学	79
3	68534	价值投资的五大关键	80
4	68207	比尔·米勒投资之道	80
5	67245	趋势跟踪（原书第5版）	159
6	67124	巴菲特的嘉年华：伯克希尔股东大会的故事	79
7	66880	巴菲特之道（原书第3版）（典藏版）	79
8	66784	短线交易秘诀（典藏版）	80
9	66522	21条颠扑不破的交易真理	59
10	66445	巴菲特的投资组合（典藏版）	59
11	66382	短线狙击手：高胜率短线交易秘诀	79
12	66200	格雷厄姆成长股投资策略	69
13	66178	行为投资原则	69
14	66022	炒掉你的股票分析师：证券分析从入门到实战（原书第2版）	79
15	65509	格雷厄姆精选集：演说、文章及纽约金融学院讲义实录	69
16	65413	与天为敌：一部人类风险探索史（典藏版）	89
17	65175	驾驭交易（原书第3版）	129
18	65140	大钱细思：优秀投资者如何思考和决断	89
19	64140	投资策略实战分析（原书第4版·典藏版）	159
20	64043	巴菲特的第一桶金	79
21	63530	股市奇才：华尔街50年市场智慧	69
22	63388	交易心理分析2.0：从交易训练到流程设计	99
23	63200	金融交易圣经II:交易心智修炼	49
24	63137	经典技术分析（原书第3版）（下）	89
25	63136	经典技术分析（原书第3版）（上）	89
26	62844	大熊市启示录：百年金融史中的超级恐慌与机会（原书第4版）	80
27	62684	市场永远是对的：顺势投资的十大准则	69
28	62120	行为金融与投资心理学（原书第6版）	59
29	61637	蜡烛图方法：从入门到精通（原书第2版）	60
30	61156	期货狙击手：交易赢家的21周操盘手记	80
31	61155	投资交易心理分析（典藏版）	69
32	61152	有效资产管理（典藏版）	59
33	61148	客户的游艇在哪里：华尔街奇谈（典藏版）	39
34	61075	跨市场交易策略（典藏版）	69
35	61044	对冲基金怪杰（典藏版）	80
36	61008	专业投机原理（典藏版）	99
37	60980	价值投资的秘密：小投资者战胜基金经理的长线方法	49
38	60649	投资思想史（典藏版）	99
39	60644	金融交易圣经：发现你的赚钱天才	69
40	60546	证券混沌操作法：股票、期货及外汇交易的低风险获利指南（典藏版）	59
41	60457	外汇交易的10堂必修课（典藏版）	49
42	60415	击败庄家：21点的有利策略	59
43	60383	超级强势股：如何投资小盘价值成长股（典藏版）	59
44	60332	金融怪杰：华尔街的顶级交易员（典藏版）	80
45	60298	彼得·林奇教你理财（典藏版）	59
46	60234	日本蜡烛图技术新解（典藏版）	60
47	60233	股市长线法宝（典藏版）	80
48	60232	股票投资的24堂必修课（典藏版）	45
49	60213	蜡烛图精解：股票和期货交易的永恒技术（典藏版）	88
50	60070	在股市大崩溃前抛出的人：巴鲁克自传（典藏版）	69
51	60024	约翰·聂夫的成功投资（典藏版）	69
52	59948	投资者的未来（典藏版）	80
53	59832	沃伦·巴菲特如是说	59
54	59766	笑傲股市（原书第4版.典藏版）	99

推荐阅读

序号	中文书号	中文书名	定价
55	59686	金钱传奇：科斯托拉尼的投资哲学	59
56	59592	证券投资课	59
57	59210	巴菲特致股东的信：投资者和公司高管教程（原书第4版）	99
58	59073	彼得·林奇的成功投资（典藏版）	80
59	59022	战胜华尔街（典藏版）	80
60	58971	市场真相：看不见的手与脱缰的马	69
61	58822	积极型资产配置指南：经济周期分析与六阶段投资时钟	69
62	58428	麦克米伦谈期权（原书第2版）	120
63	58427	漫步华尔街（原书第11版）	56
64	58249	股市趋势技术分析（原书第10版）	168
65	57882	赌神数学家：战胜拉斯维加斯和金融市场的财富公式	59
66	57801	华尔街之舞：图解金融市场的周期与趋势	69
67	57535	哈利·布朗的永久投资组合：无惧市场波动的不败投资法	69
68	57133	憨夺型投资者	39
69	57116	高胜算操盘：成功交易员完全教程	69
70	56972	以交易为生（原书第2版）	36
71	56618	证券投资心理学	49
72	55876	技术分析与股市盈利预测：技术分析科学之父沙巴克经典教程	80
73	55569	机械式交易系统：原理、构建与实战	80
74	54670	交易择时技术分析：RSI、波浪理论、斐波纳契预测及复合指标的综合运用（原书第2版）	59
75	54668	交易圣经	89
76	54560	证券投机的艺术	59
77	54332	择时与选股	45
78	52601	技术分析（原书第5版）	100
79	52433	缺口技术分析：让缺口变为股票的盈利	59
80	49893	现代证券分析	80
81	49646	查理·芒格的智慧：投资的格栅理论（原书第2版）	49
82	49259	实证技术分析	75
83	48856	期权投资策略（原书第5版）	169
84	48513	简易期权（原书第3版）	59
85	47906	赢得输家的游戏：精英投资者如何击败市场（原书第6版）	45
86	44995	走进我的交易室	55
87	44711	黄金屋：宏观对冲基金顶尖交易者的掘金之道（增订版）	59
88	44062	马丁·惠特曼的价值投资方法：回归基本面	49
89	44059	期权入门与精通：投机获利与风险管理（原书第2版）	49
90	43956	以交易为生II：卖出的艺术	55
91	42750	投资在第二个失去的十年	49
92	41474	逆向投资策略	59
93	33175	艾略特名著集（珍藏版）	32
94	32872	向格雷厄姆学思考，向巴菲特学投资	38
95	32473	向最伟大的股票作手学习	36
96	31377	解读华尔街（原书第5版）	48
97	31016	艾略特波浪理论：市场行为的关键（珍藏版）	38
98	30978	恐慌与机会：如何把握股市动荡中的风险和机遇	36
99	30633	超级金钱（珍藏版）	36
100	30630	华尔街50年（珍藏版）	38
101	30629	股市心理博弈（珍藏版）	58
102	30628	通向财务自由之路（珍藏版）	69
103	30604	投资新革命（珍藏版）	36
104	30250	江恩华尔街45年（修订版）	36
105	30248	如何从商品期货贸易中获利（修订版）	58
106	30244	股市晴雨表（珍藏版）	38
107	30243	投机与骗局（修订版）	36